시편묵상
새벽설교

김 명 혁 목사

PSALMS

한국문서선교회

머 리 말

나는 시편을 좋아한다. 내가 서울고등학교에 다닐 때 중구 회현동에 살았는데 새벽마다 남대문에 있는 창동교회에 가서 김치선 목사님이 인도하시는 새벽기도회에 참석하여 기도한 후 다시 남산에 올라가서 30여 분 동안 시편을 읽고 기도한 다음 집에 와서 아침밥을 먹고 책가방을 챙겨 학교로 걸어가곤 했다. 그때부터 나는 수많은 시편들을 반복해서 읽고 암송하며 시편을 좋아하게 되었다. 시편은 나의 슬픔과 외로움과 기쁨과 평안의 심정을 사실적으로 표현하고 있었고, 나의 회개와 사죄와 구원의 기쁨을 그대로 묘사하고 있었기 때문이다. 그때부터 나는 시편 23, 37, 51, 103, 121편 등등을 수없이 많이 읽고 암송하며 큰 위로와 은혜를 받곤 했다.

내가 서울대학교에 다닐 때는 종로 5가에 살았는데 새벽마다 충무로 5가에 있던 충현교회로 달려가서 김창인 목사님이 인도하시는 새벽기도회에 참석하여 기도했고, 매주 수요일 저녁에도 김창인 목사님이 설교하시는 시편 설교를 들으며 은혜를 받곤 했다. 때로는 수요일 저녁에 영락교회로 가서 한경직 목사님의 설교를 들으며 은혜를 받은 적도 있다.

나는 목사가 된 후에도 시편을 아주 좋아하여 그 말씀을 본문으로 자주 설교를 하게 되었다. 시편은 우리 신자들의 삶의 내면적 정서를 너무나도 섬세하고 진솔하게 진술하고 있으며, 특히 다윗의 진솔한 참회의 고백과 그에게 베푸신 하나님의 넘치는 위로와 축복이 너무나 충만하고 아름답게 나타나 있다. 나는 시편을 주신 하나님께 깊은 감사를 드리며 시편을 저술하는 데 사용된 하나님의 종들에게 무한한 감사를 드린다. 특히 다윗 선배님께 무한한 감사를 드린다. "당신은 수많은 사람들이 하나님의 은혜와 축복을 체험하고 받게 하는 은혜와 축복의 크나큰 통로가 되었습니다."

여기 실리는 글은 내가 강변교회 강단에서 1994년 4월 10일부터 1999년 9월 29일까지 수요일 저녁마다 설교한 내용을 요약한 것이다. 나는 설교 준비를 하면서 내가 가장 존경하고 좋아하는 박윤선 목사님의 「시편 주석」과 내가 또 존경하고 좋아하는 박종렬 목사님의 「간이한 시편풀이」를 참고했다.

새벽설교로 활용할 수 있도록 편찬한 이 책이 하나님의 은혜로 독자들에게 다소의 감화와 도움이 된다면 더 이상 바랄 것이 없겠다. 하나님의 은혜가 모든 분들에게 함께하시기를 기원한다.

강변교회 담임 목사실에서 **김 명 혁** 목사

차 례

1편 복 있는 사람 / 13
2편 그 아들에게 입맞추라 / 16
3편 역경 중의 기도 / 19
4편 곤란 중의 기도 / 22
5편 사랑의 고백 / 25
6편 눈물의 탄식 / 28
7편 내 하나님이여! 나를 건지소서 / 31
8편 아름다운 주의 이름 / 34
9편 심판의 주 하나님 / 37
10편 어찌하여 숨으시나이까 / 40
11편 내가 여호와께 피하였거늘 / 43
12편 믿을 수 없는 세대와 믿을 수 있는 하나님 / 46
13편 어느 때까지니이까? / 49
14편 어리석은 자 / 52
15편 주의 장막에 유할 자 / 55
16편 성도의 즐거움 / 58
17편 여호와여 일어나 나의 영혼을 구원하소서 / 61
18편 내가 주를 사랑하나이다 / 64

19편 하나님의 영광 / 67
20편 왕을 위한 백성의 기도 / 70
21편 왕의 승리로 인한 감사의 찬양 / 73
22편 고난 중의 부르짖음과 찬양 / 76
23편 여호와는 나의 목자 / 79
24편 여호와의 산에 오를 자 / 82
25편 나의 영혼이 주를 우러러보나이다 / 85
26편 내가 나의 완전함에 행하였사오니 / 88
27편 내가 누구를 두려워하리요 / 91
28편 위급한 때의 기도와 형통한 때의 찬송 / 94
29편 여호와께 영광을 / 97
30편 내가 주를 높일 것은 / 100
31편 내가 주께 피하오니 나를 건지소서 / 103
32편 허물의 사함을 얻은 자의 복 / 106
33편 여호와를 즐거워하라 / 109
34편 내가 여호와를 항상 송축함이여 / 112
35편 여호와여 나와 싸우는 자와 싸우소서 / 115
36편 악인의 패역과 의인의 신앙 / 118
37편 행악자를 인하여 불평하지 말라 / 121
38편 주의 노로 나를 책하지 마소서 / 124
39편 침묵의 기도 / 127
40편 기다리고 기다렸더니 / 130

41편 빈약한 자를 권고하는 자가 받는 복 / 133
42편 네가 어찌하여 낙망하며 불안하여 하는고 / 136
43편 극락의 하나님께 이르리이다 / 139
44편 주여 깨소서 일어나 우리를 도우소서 / 142
45편 왕에 대한 사랑과 축하의 노래 / 145
46편 우리는 두려워 아니하리로다 / 148
47편 찬양하라 하나님을 찬양하라 / 151
48편 시온에 대한 즐거운 노래 / 154
49편 만민들아 들으라 재물의 무력함을 / 157
50편 온 세상을 부르시고 심판하시는 하나님 / 160
51편 나의 죄를 깨끗이 제하소서 / 163
52편 악인의 자랑과 성도의 의뢰 / 166
53편 어리석은 자 / 169
54편 주의 이름으로 나를 구원하소서 / 172
55편 내 기도에 귀를 기울이소서 / 175
56편 두려워하는 날에 주를 의지하리 / 178
57편 내 영혼이 주께로 피하리이다 / 181
58편 너희가 어찌 잠잠하느뇨 / 184
59편 나의 하나님이여 나를 건지소서 / 187
60편 우리를 버리셨으나 지금은 회복시키소서 / 190
61편 하나님이여! 나의 부르짖음을 들으소서 / 193
62편 하나님만 바라라 / 196

63편 마르고 곤핍한 땅에서 주를 갈망하며 / 199
64편 원수의 두려움에서 나의 생명을 / 202
65편 복 있는 성도의 찬송 / 205
66편 즐거운 소리를 발할지어다 / 208
67편 모든 민족으로 주를 찬송케 하소서 / 211
68편 우리에게 구원의 하나님이시라 / 214
69편 고난 중에 부르짖는 성도의 기도와 찬양 / 217
70편 주를 찾는 모든 자로 기뻐하게 하소서 / 220
71편 늙어 백수가 될 때에도 / 223
72편 이상적인 나라 / 226
73편 내 걸음이 미끄러질 뻔하였으니 / 229
74편 우리의 표적이 보이지 않으며 / 232
75편 주의 이름이 가까움이라 / 235
76편 주는 경외할 자시니 / 238
77편 환난 날에 내가 주를 찾았으며 / 241
78편 역사의 교훈 / 244
79편 폐허 위에서 드린 아삽의 기도 / 247
80편 주의 얼굴빛을 비추사 / 250
81편 하나님께 높이 노래하라 / 253
82편 빈궁한 자에게 공의를 베풀지며 / 256
83편 하나님이여 침묵치 마소서 / 259
84편 주의 집에 거하는 자가 복이 있나이다 / 262

85편 우리를 다시 살리사 / 265
86편 내가 곤고하오니 내게 응답하소서 / 268
87편 영광스러운 도성 시온 / 271
88편 곤란 중에 부르짖은 비통한 기도 / 273
89편 여호와의 인자하심과 성실하심을 / 276
90편 주의 은총을 우리에게 / 279
91편 저는 나의 피난처시요 / 282
92편 감사하며 찬양함이 좋으니이다 / 285
93편 여호와는 왕이시라 / 288
94편 보수하시는 하나님이여 / 291
95편 오라 우리가 여호와께 노래하며 / 294
96편 새 노래로 여호와께 노래하라 / 297
97편 여호와께서 통치하시니 / 300
98편 새 노래로 여호와께 찬송하라 / 303
99편 그는 거룩하시도다 / 306
100편 노래하면서 그 앞에 나아가자 / 309
101편 인자와 공의를 찬송하겠나이다 / 311
102편 곤고한 자의 탄식과 기도 / 314
103편 내 영혼아 여호와를 송축하라 / 317
104편 창조주를 송축하라 / 320
105편 언약과 역사의 하나님께 감사하라 / 323
106편 끝없는 범죄와 한없는 자비 / 326

107편 구속함을 받은 자의 감사와 찬송 / 329
108편 내가 노래하며 찬양하리로다 / 332
109편 저희는 대적하나 나는 기도할 뿐이라 / 335
110편 너는 내 우편에 앉으라 / 338
111편 여호와의 행사가 크시니 / 341
112편 복이 있는 자 / 344
113편 해 돋는 데부터 해 지는 데까지 / 347
114편 이스라엘이 애굽에서 나올 때에 / 350
115편 영광을 오직 주님께 / 353
116편 내 음성과 간구를 들이시는 하나님 / 356
117편 모든 나라들아 여호와를 찬양하라 / 359
118편 여호와께 감사하라 / 362
119편 여호와의 법에 행하는 자 / 365
120편 성전을 향해 올라가는 삶 / 368
121편 산을 향하여 눈을 들리라 / 371
122편 예루살렘을 사랑하는 자 / 374
123편 내가 눈을 들어 주께 향하나이다 / 377
124편 여호와께서 우리 편에 계시지 아니하셨더면 / 380
125편 여호와를 의뢰하는 자 / 383
126편 꿈꾸는 것 같았도다 / 386
127편 여호와께서 함께하지 아니하시면 / 389
128편 여호와를 경외하는 자가 받는 복 / 392

129편 어제의 고난과 내일의 승리 / 395
130편 깊은 데서 부르짖었나이다 / 398
131편 내 마음이 교만치 아니하고 / 401
132편 여호와여 주의 종 다윗을 위하여 / 404
133편 형제 연합이 어찌 그리 아름다운고 / 407
134편 밤에 여호와를 송축하라 / 409
135편 할렐루야 여호와의 이름을 찬송하라 / 412
136편 여호와께 감사하라 / 415
137편 시온을 기억하며 울었도다 / 418
138편 내가 주께 감사하며 찬양하리이다 / 421
139편 주께서 나를 감찰하시고 아셨나이다 / 424
140편 나를 건지시며 보존하소서 / 427
141편 여호와여 속히 내게 임하소서 / 430
142편 내가 굴에서 여호와께 부르짖나이다 / 433
143편 여호와여 내 기도를 들으소서 / 436
144편 나의 반석 여호와를 찬송하리로다 / 439
145편 왕이신 나의 하나님을 송축하리이다 / 442
146편 할렐루야 내 영혼아 / 445
147편 이스라엘의 회복자를 찬양하라 / 448
148편 하늘·땅·세상이여 여호와를 찬양하라 / 451
149편 춤추고 소고치며 찬양하라 / 454
150편 모든 곳에서 모든 악기로 다 찬양하라 / 457

복 있는 사람

✱ 시편 1편 ✱

　시편은 구약의 역사서, 시가서, 예언서들 중 시가서에 속하는데, 다윗을 비롯한 솔로몬, 고라자손, 아삽, 모세 등 여러 사람들이 저술했다. 시편은 이스라엘 민족의 신앙고백과 찬양으로 구성되어 있는데 고뇌와 슬픔과 기쁨과 감사 등 깊은 종교적 영감이 풍부하게 나타나 있다. 그래서 시편은 오늘을 사는 우리 신자들의 신앙고백과 회개와 감사와 찬양의 가장 귀중한 자료가 된다. 스펄전 목사는 시편을 가리켜 보화라고 했다. 보화를 함께 캐내어 보자.
　복을 주시는 하나님 : 시편은 "복 있는 사람"이 어떤 사람인지를 자주 언급한다.
　거의 모든 경우 복 있는 사람은 하나님과 관계되어 있는 사람임을 고백한다. 하나님은 자기 백성들에게 복 주시기를 기뻐하신다. 그 이유는 하나님께서 자기 백성을 사랑하시기 때문이다. 물론 하나님께서는 복만 주시는 분은 아니고 심판과 저주를 아울러 주시는 공의의 하나님이시기도 하다(5~6절, 렘 17:5).

1. 복 있는 사람의 성향과 의지(1~2절)

　복 있는 사람은 거룩하신 하나님께로 향한다. 즉 악인의 꾀(도덕적 방종)나 죄인의 길(하나님이 정해 놓으신 길에서 벗어남)이나 오만한 자의 자리(하나님과 인간을 멸시함)로 향하지 않는다.
　복 있는 사람은 세상을 살아갈 때 죄에 대해서 단호하게 거부한다. 또한 사람을 믿고 혈육을 의지하는 길에서 돌이키는 사람이다(렘 17:5).
　복 있는 사람은 사람을 향해서는 단호하게 등을 돌리지만 하나님과 그의 말씀을 향해서는 즐거운 마음으로 달려간다. 여기 하나님의 말씀은 하나님의 뜻과 음성과 마음을 가리키며 예수 그리스도나 하나님 자신을 가리키기도 한다. 세상 사람들은 보화를 좋아하지만, 복 있는 사람은 하나님의 말씀을 사랑하고 주야로 묵상하기를 좋아한다.

2. 복 있는 사람의 부요한 결실(3절)

　복 있는 사람의 넉넉한 모습을 성경은 자주 열매 맺는 나무에 비교한다. 즉 그 모습은 시냇가에 심은 나무와 같고, 시절을 좇아 과실을 맺는 나무와 같다. 그 잎사귀가 마르지 않는 나무와 같다. 이와 비슷한 말씀인 예레미야 17:8에도 복 있는 사람은 "물가에 심기운 나무가 그 뿌리를 강변에 뻗치고 더위가 올지라도 두려워 아니하며 그 잎이 청청하며 가무는 해에도 걱정이 없고 결실이 그치지 아니함" 같다고 했다. 하나님의 집에 심기운 나무, 열매가 풍성한 나무, 항상 싱싱하고 기운이 넘치는 나무가 복 있는 나무이다.

3. 복 있는 사람의 길(3절)

복 있는 사람의 길은 하나님이 인정하신다. 하나님이 알아주시고 보호하시며 인도하시는 길이다. 종국에 그는 하나님의 회중에 들어간다. 즉 그의 삶의 여정과 마침을 하나님이 보호하시고 인도하신다.

4. 악인의 성향과 빈곤한 삶 그리고 종말(4~6절)

악인은 복 있는 사람과 대조적으로 하나님께 향하는 대신 죄악의 길로 향한다. 즉 도덕적 방종과 탈선의 길과 하나님을 멸시하는 길로 향한다. 하나님을 의지하는 대신 사람과 혈육을 의지한다. 결국 악인의 삶은 "바람에 나는 겨"와 같고 "사막의 떨기나무"와 같다. 알맹이 없는 공허하고 빈곤한 삶을 살게 된다. 악인의 길은 하나님이 인정하시지 않는다. 즉 하나님의 보호하심과 인도하심이 없는 길이다. 그의 종말은 멸망이다. 복 있는 사람과 악인의 구분은 하나님과의 관계 여하에 따라 확정된다.

나는 하나님과의 바른관계를 갖기 위해 최선을 다하는 사람인가? 이 새벽에 나의 신앙을 점검해 보고, 복 있는 사람의 행실을 좇아 행하자.

그 아들에게 입맞추라

✶ 시편 2편 ✶

시편은 이스라엘 민족의 신앙고백과 찬양으로 구성되어 있는데 고뇌와 슬픔과 기쁨과 감사 등 깊은 종교적 영감이 풍부하게 나타나 있다. 시편은 또한 메시아의 오심과 사역을 묘사하는 예언들을 포함하는데 신약은 이와 같은 메시아 예언들을 많이 인용했다.

1. 메시아에 대한 군왕들과 관원들의 적대(1~3절)

인간은 메시아를 대망하면서도 참 메시아를 항상 대적한다. 시편 2편의 저자라고 생각되는 다윗 시대에도 메시아의 모형이라고 할 수 있는 다윗을 대적하는 세력들이 많았다. 참 메시아이신 예수 그리스도가 왔을 때에도 군왕들과 관원들이 메시아를 적대했다. 예수 그리스도 때문에 박해를 받은 사도들은 시편 2편을 기억하며 그 당시 군왕들과 관원들이 예수를 대적한다고 호소하며 하나님께 기도했다(행 4:25~28).

"어찌하여"(1절) 열방과 민족들이 메시아를 대적하는 것이 옳지 않은 잘못된 행위임을 지적하는 책망의 말이다. "허사를 경영하는고"는 그들이 분노까지 하며 메시아를 대적할지라도 아무 소용이 없다는 말이다. "그 기름받은 자"는 다윗왕을 가리키기도 하지만 기름 부으심을 받은 자 곧 "그리스도"를 가리킨다(행 4:26).

"그 맨 것을 끊고 그 결박을 …"(3절) 멍에 메운 것을 가리키는 것으로 통치의 상징이다.

2. 군왕들과 관원들의 반항에 대한 하나님의 비웃으심 (4~6절)

군왕들과 관원들은 땅에서 그리스도를 대적하고 하나님은 하늘에서 웃으신다. 그리스도에 대한 적대행위를 비웃으신다는 말이다. 그리고 진노하시겠다고 말씀하신다. 그리고 이렇게 말씀하신다. "내가" "나의" 왕을 "내" 거룩한 산 시온에 세웠다. 하나님은 기어코 자기 뜻을 이루신다. 군왕들과 관원들이 십자가 위에서 못 박아 죽인 예수를 다시 살리어 높이신 것은 그들을 놀라게 하신 것이다.

3. 메시아의 하나님 말씀 전파(7~9절)

여기 메시아 자신이 나타나서 하나님이 자기에게 명하신 영 즉 계명을 전파한다. "이 계명은 내 아버지에게서 받았노라"(요 10:18). 그 명령의 내용은 다음과 같다. 첫째는 하나님께서 아들을 낳았다는 말씀이고, 둘째는 세상의 통치권과 심판권을 아들에게 주시겠다는 말씀이다. 바울은 이 말씀을 예수 그리스도에 대한 예언임을 분명하게 지적했다(행 13:33).

4. 군왕들과 관원들에 대한 다윗의 권면(10~12절)

이 시편의 기자는 메시아를 대적하는 군왕들과 관원들을 향해 세 가지를 권면한다. 이 권면은 메시아를 대적했던 군왕들과 관원들뿐 아니라 모든 인류를 향한 권면이다.

첫째, 여호와를 경외하라고 권면한다. 허리를 굽혀 경배하며 섬기라고 말씀한다.

둘째, 여호와를 떨며 즐거워하라고 권면한다. 하나님을 좋아하고 사랑하되 거룩한 두려움을 가지고 좋아하라는 말씀이다.

셋째, 그 아들에게 입맞추라고 권면한다. 그리스도를 경배하라는 말씀이다.

이 예언의 말씀을 문자적으로 실천한 사람이 누가복음 7:36 이하에 기록되어 있는 "죄인인 한 여자"였다. 그 여자는 "예수의 뒤로 그 발 곁에 서서 울며 눈물로 그 발을 적시고 자기 머리털로 씻고 그 발에 입맞추고 향유를"(눅 7:38) 부었다.

여호와를 의지하는 자만이 복을 받는다. 하나님을 경외하며 하나님을 즐거워하고 메시아에게 입맞추는 자만이 구원을 얻는다. 책망으로 시작한 시편이 축복의 말로 끝난다.

하나님을 경외하며 즐거워하고 그 아들에게 입맞춤으로 구원의 은총을 누리는 하루의 삶이 되길 바란다.

역경 중의 기도

✱ 시편 3편 ✱

이 시편은 환난과 역경에 처한 다윗이 하나님의 도우심을 간구한 역경 중의 기도였다. 성도는 세상에서 많은 환난과 역경에 처하게 된다. 특정한 죄값으로 환난과 역경에 처하게 되는 경우도 있고, 단련을 받기 위해 환난과 역경에 처하게 되는 경우도 있다. 어떠한 경우이든 환난과 역경의 때는 기도할 때이다.

1. 역경에 처한 다윗(1~2절)

"나의 대적이 어찌 그리 많은지요 일어나 나를 치는 자가 많소이다"(1절) 다윗에게는 대적이 너무도 많았다. 한때는 블레셋 사람들이 그를 대적했고, 그후에는 사울왕이 그를 대적했는데 지금은 그의 아들 압살롬이 아비를 대적하여 반란을 일으켰다. 그리고 많은 사람들이 압살롬과 합세했다(삼하 15:13).

"여호와여 나의 대적이 왜 이리 많습니까" 다윗은 부르짖었다. 성도에게는 대적이 많은 법이다. 온 가족과 친척들이 합세하여 성도 한 사람을 대적하는 경우도 있다. 특히 성도가 죄와 실수를 범하는 경우 대적들이 크게 합세하여 달려든다.

"저는 하나님께 도움을 얻지 못한다 하나이다"(2절) 다윗의 가장 심각한 고통은 '하나님마저 다윗을 버리셨다.'는 조소와 비난을 많은 사람들로부터 받는 일이었다. 성도는 때로 하나님의 도우심이 끊어진 듯한 역경에 처하기도 한다. 이와 같은 때 사단은 성도들을 낙심시켜 넘어뜨리려고 대적한다.

2. 하나님께 부르짖은 다윗(3~4절)

다윗은 수많은 원수들의 공격을 받았을 때 낙심하거나 두려워하지 않고 도리어 하나님을 바라보며 "여호와여"하고 부르짖었다. 하나님이 어떤 분이심을 이미 체험했고 잘 알고 있었기 때문이다. "환난 날에 나를 부르라 내가 너를 건지리니 네가 나를 영화롭게 하리로다"(시 50:15)라고 말씀하시는 분이 바로 다윗의 하나님 여호와이심을 다윗은 잘 알고 있었다. 역경 중에서 하나님이 누구신지를 바로 알고 하나님의 이름을 부르짖을 수 있는 것 자체가 은혜요 복이다. 다윗은 하나님이 어떤 분이심을 바로 고백했다.

"나의 머리를 드시는 자"(3절) 즉 나에게 승리를 주시는 분이시라고 고백했다. 다윗은 "그 성산에서 응답하시는도다"(4절)하며 하나님께서 자기의 부르짖는 기도소리를 들으시는 기도 응답의 하나님이심을 계속해서 고백했다.

3. 평안을 소유한 다윗(5~8절)

"내가 누워 자고 깨었으니"(5절) 다윗은 대적의 위협 속에서도 평안한 잠을 잤다. "내가 평안히 눕고 자기도 하리니"(시 4:8). 하나님이 붙드셨기 때문이었다. 그리고 천만의 대적이 자기를 공격해와도 두려워하지 않는다고 고백했다. "나는 두려워 아니하리이다"(6절).

"여호와여 일어나소서 나의 하나님이여"(7절) 다윗은 다시금 무릎을 꿇고 기도했다. 그의 기도는 더욱 더 간절해졌고 확신에 넘쳤다. "나의" 하나님이라고 부르며 하나님이 "일어나서" 자기를 "구원"해 주시기를 간구했다. 과거에 하나님께서 자기의 원수를 꺾으신 것을 기억하며 기도했다. "구원이 하나님께 있음"을 고백하며 하나님의 도우심을 간구했다. 다윗은 소년 때에 이미 "전쟁이 여호와께 있음"을 고백하며(삼상 17:47) 골리앗을 무찌른 일이 있었다.

"주의 복을 주의 백성에게 내리소서"(8절) 하나님은 자기 백성에게 복을 내리시는 분이다. 다윗은 자기뿐 아니라 주의 백성 모두에게 하나님이 복을 내리시기를 간구했다.

오늘 하루 세상에 살면서 많은 역경과 환난을 만날지라도 기도함으로 승리하는 삶을 살도록 하자.

곤란 중의 기도

✱ 시편 4편 ✱

이 시편은 3편에 이어 곤란에 처한 다윗이 하나님의 도우심을 간구한 "곤란 중의 기도"이다. 아마 아들 압살롬의 반란 때에 저술한 것이라고 생각한다. 곤란의 때는 기도할 때이다.

1. 곤란 중에 기도한 다윗(1절)

"내 의의 하나님이여 내가 부를 때에 응답하소서"(1절) 곤란에 처한 다윗이 힘써 한 것은 기도였다. 3편의 기도가 아침의 기도였다면(시 3:5), 4편의 기도는 저녁의 기도(8절)라고 할 수 있다. 곤란에 처한 다윗은 그의 저녁을 기도로 시작했다. 그의 기도는 세 가지 사실에 근거했다.

(1) "내 의의 하나님이여" 세상은 모두 불의하지만 하나님만은 의로우신 분이시고, 세상은 모두 나를 정죄하지만 하나님은 나에게 의를 입혀 주시는 분이심을 믿었기에 기도했다. "의와 힘은 여호와께만 있나이다"(사 45:24).

(2) "곤란 중에 나를 너그럽게 하셨사오니" 곤란 중에 있을 때

과거에도 하나님이 구원해 주셨음을 기억했기 때문에 기도했다. "하나님은 곤고한 자를 그 곤고할 즈음에 구원하시며… 하나님이 너를 곤고함에서 이끌어 내사 좁지 않고 넓은 곳으로 옮기려 하셨은즉"(욥 36:15~16).

(3) "나를 긍휼히 여기사" 긍휼히 여기시는 하나님이심을 믿었기 때문에 부르짖어 기도했다. "나의 인자는 네게서 떠나지 아니하며 화평케 하는 나의 언약은 옮기지 아니하리라 너를 긍휼히 여기는 여호와의 말이니라"(사 54:10).

2. 곤란 중에서 권면한 다윗(2~5절)

기도를 힘쓸 때 불의한 인생들을 향해 할 말이 생긴다. 하나님께 부르짖어 기도하던 다윗의 기도는 이제 자기를 대적하는 원수들을 향한 권면의 말로 바뀐다. "인생들아" 사람은 사람이요, 인생은 인생이란 사실을 먼저 지적하며, 자기를 대적하는 원수들을 향하여 연약한 인생들임을 말하고 있다.

(1) 하나님의 뜻을 거스리는 헛된 일을 그만 두라. "나의 영광" 즉 하나님이 다윗에게 주신 왕의 영광을 욕되게 하는 것은 하나님을 거역하는 헛된 일이다. 하나님께서 자기를 위하여 "경건한 자" 즉 하나님의 은혜를 받은 믿는 자들을 자기의 사자로 택하셨는데 그것을 부인하는 것은 하나님을 거역하는 헛된 일이다. 하나님은 그 사자들의 기도를 들으신다.

(2) 떠들며 범죄치 말고 자리에 누워 조용히 반성하라.

(3) "의의 제사" 곧 회개의 제사를 드리며 하나님을 의뢰하라. "하나님의 구하시는 제사는 상한 심령이라 하나님이여 상하고 통회

하는 마음을 주께서 멸시치 아니하시리이다 그때에 주께서 의로운 제사와 번제와 온전한 번제를 기뻐하시리니"(시 51:17, 19).

3. 곤란 중에서 다시 기도하며 기뻐한 다윗(6~8절)

"여호와여 주의 얼굴을 들어 우리에게 비취소서"(6절) 많은 사람들은 곤란 중에 처한 자기에게 선을 베풀어 줄 자들을 애타게 기다리지만 다윗은 하나님의 얼굴만을 바라보았다(시 42:11).

"주께서 내 마음에 두신 기쁨은"(7절) 다윗이 하나님의 얼굴을 바라보았을 때 다윗의 마음에는 이미 기쁨이 넘치고 있었다. 성도가 하나님을 바라봄으로 누리는 기쁨은 농부의 추수한 기쁨을 능가한다.

"내가 평안히 눕고 자기도 하리니"(8절) 다윗이 하나님의 얼굴을 바라보았을 때 다윗은 또한 단잠을 잘 수가 있었다. 성도는 하나님을 바라봄으로 어떠한 곤란이나 역경 중에서도 평안을 누리며 단잠을 잘 수 있다.

"여호와여 주의 얼굴을 들어 우리에게 비취소서"는 환난의 밤에 처해 있는 성도가 드릴 최상의 기도임을 알고, 이 새벽에 간절히 기도하기를 바란다.

사랑의 고백

✱ 시편 5편 ✱

　이 시편은 하나님이 자기 기도를 들어주시기를 애타게 소원하는 다윗의 사랑이 간절히 나타나있다. 사람은 사랑하는 사람과 교제하고 대화하기를 소원한다. 그런데 두 사람 사이에 잘못이 범해질 때는 그 사이가 소원(疏遠)해져서 말이 통하지 않고 대화가 되지 않는다. 이럴 때 두 사람은 사랑의 관계가 회복되기를 애타게 소원한다. 아마 다윗은 그와 같은 심정으로 하나님과의 대화를 애타게 사모했을 것이다. 그래서 이 시편을 다윗의 "사랑 고백"이라고 불러본다.

1. 나의 소리를 들으소서 (1~3절)

　다윗은 지금 하나님이 자기 기도를 들어주시지 않으면 어떻게 하나 하는 조바심을 가지고 자기 기도를 들어 달라고 애타게 호소한다. 다윗은 ① 자기가 "말"할 때 그 말에 귀를 기울여 달라고 호소했고 ② 자기가 "마음"을 쏟을 때 그 심사를 살펴 달라고 호소했으며 ③ 자기가 "부르짖"을 때 그 소리를 들어 달라고 호소했다. 하나님께서 "아침에" 기도 들으시기를 원하시면 아침에 기도하겠다고 말한다. 다윗은 모든 방법을 동원하여 하나님이 기도 들으시기 원하시는 시간을 고려하며 지금 하나님께 자기 기도를 들어 달라고 애타게 기도한다. 그는 지금 왕이지만 자기의 "왕"은 오직 하나님 한 분이시라고 고백하며 기도를 들어 달라고 애타게 기도한다.

2. 주님이 싫어하시는 죄들을 범했습니다(4~6절)

다윗이 이렇게 애타게 기도할 때 기도를 들으시는 하나님이 얼마나 거룩하신 분이시며, 기도를 들어 달라고 부르짖는 자기가 얼마나 자격이 없는 부족한 사람인지를 깨닫고 이를 고백한다. 즉 기도를 들으시는 하나님은 죄악을 기뻐하시지 않는 분이신데 자기는 죄악을 기뻐한 사람이었고, 오만한 자를 미워하시는 분이신데 자기는 오만의 죄를 범한 사람이었으며, 거짓말하는 자를 멸하시는 분이신데 자기는 거짓을 범한 사람이었다. 또한 하나님은 피 흘리게 하는 자를 싫어하시는 분이신데 자기는 우리아의 피를 흘리게 한 사람이었음을 시인하며 이를 하나님 앞에 고백했다.

3. 주님의 전을 바라보오니 나를 인도하소서(7~8절)

그럼에도 불구하고 다윗은 하나님의 풍성한 인자를 의지하며 주님의 집에 들어가서 주님을 경배하기를 소원한다. "주의 집에 들어가 주를 경외"하기를 간구한다. 집을 떠난 탕자가 아버지 집을 그리워하며 사모하듯이 다윗은 지금 아버지 집을 사모한다.

그리고 자기를 주의 길로 인도해 주시기를 간구한다. 과거에는 그릇된 길로 걸어갔을지라도 이제부터는 주님이 원하시는 길로 걸어가기를 바란다.

4. 나를 괴롭히는 원수들을 쫓아내소서(9~10절)

기도자가 어느 정도 회개하며 하나님의 품에 안길 때 자기의 괴로운 문제들을 하나님 앞에 드러내 놓고 호소하게 된다. 다윗은 지금 자기를 괴롭히는 원수들의 문제를 하나님 앞에 아뢴다. 다윗을 괴롭히는 원수들은 다윗 개인의 원수들일 뿐 아니라 하나님을 대적하는 하나님의 원수들이다. "저희가 주를 배역함이니이다" 그래서 다윗은 하나님께서 저들을 정죄하시고 저희를 쫓아내어 달라고 기도한다.

5. 오직 주에게 피하고 주님을 사랑하며 즐거워합니다(11~12절)

다윗은 끝으로 이제 자신은 주님께 피하고 주님만을 사랑하며 즐거워하겠다고 고백한다. "주의 이름을 사랑하는 자들은 주를 즐거워하리이다" 주님을 사랑하고 즐거워하는 것이 인생의 본분이요 인생의 행복이다.

사랑하는 여러분! 오직 주님께로 피하고, 주님을 사랑하며 주님을 즐거워한다는 사랑의 고백을 드리는 귀하고 복된 하루가 되기를 바란다.

눈물의 탄식

✱ 시편 6편 ✱

다윗은 구약에 나타난 많은 신앙인물들 중에서 하나님의 마음에 합했던 특별한 사람이었다(행 13:22). 하나님은 다윗을 신앙인의 표준으로 삼기까지 했다(왕상 11:4, 33, 14:8).

다윗이 이처럼 하나님의 마음에 합했던 특별한 이유가 어디 있었을까? 그가 죄를 하나도 범하지 않았기 때문은 아니었다. 두 가지 이유를 찾아본다.

첫째는, 다윗이 소년시절부터 노년에 이르기까지 여호와 하나님을 믿고 신뢰하고 섬기는 데 있어서 누구보다도 앞섰기 때문이었다.

둘째는, 다윗이 죄를 범했을 때 신속하고 솔직하게 그리고 철저하게 회개했기 때문이었다. 시편 6편은 다윗이 회개한 시들(32, 38, 51, 143편) 중 하나이다. 그 6편의 내용을 살펴보자.

1. 징계를 받아 떨면서 구원을 호소한 다윗(1~7절)

(1) 여호와의 이름을 불렀다.

다윗은 지금 압살롬의 반역으로 극심한 고통을 당하고 있었을 것이다. 그와 같은 때에 다윗은 하나님을 바라보며 여호와의 이름을 몇 번이나 불렀다. 마치 히스기야 왕이 국가적 위기를 당했을 때 여호와의 전에 들어가 여호와 앞에 글을 펴놓고 여호와께 기도한 것처럼(사 37:14~15) 다윗은 개인적으로나 국가적 역경에 처했을 때 하나님을 바라보며 여호와의 이름을 불렀다.

(2) 자기의 고통을 호소했다.

다윗은 자기가 당하는 고통을 있는 그대로 하나님 앞에 드러내 놓으며 아뢰었다. 다윗의 몸은 병들어 수척해졌고 그의 마음 역시 떨림을 느끼게까지 되었다. 죄로 인한 슬픔의 눈물은 밤마다 그의 침상을 적셨고 근심이 지나쳐 시력마저 희미해졌다.

(3) 하나님의 긍휼과 구원을 호소했다.

다윗은 이제 하나님께서 자기에게 진노 대신 긍휼을 베푸사 자기를 건지시기를 호소했다. 징계는 하나님이 사랑하는 자녀들에게 주시는 사랑의 채찍으로 임하지만 분과 진노는 하나님이 버리시는 원수들에게 주시는 심판으로 임한다. 사실 다윗은 하나님의 진노를 받을 수밖에 없는 죄인이었지만 긍휼을 베풀어 달라고 호소했다. 죄인이 용서를 받을 수 있는 유일한 근거는 하나님의 긍휼과 인자밖에 아무것도 없다. "진노 중에라도 긍휼을 잊지마옵소서"(합 3:2). 그리고 다윗은 심신이 병든 자신을 고쳐 주시고, 건져 주시고, 구원해 주시기를 호소했다. 구원을 간구했던 목적 중의 하나는 살아서 주께 감사와 찬송을 드리기 위함이었다.

(4) 눈물로 탄식하며 회개했다.

여기서 다윗이 자기의 죄목을 나열하며 회개했다고 말하지는 않았지만 그의 눈물은 진정한 회개를 나타낸 것이었다. 다윗은 눈물의 사람이었다. "밤마다 눈물로 내 침상을 띄우며"(6절, 시 39:12, 56:8, 삼상 30:4) 하나님은 눈물과 애통을 귀중히 보신다(사 38:5, 마 5:4, 눅 7:38).

2. 기도응답과 구원을 확신한 다윗(8~10절)

(1) 기도응답의 확신

성도가 회개하며 기도할 때 하나님은 그의 기도를 즉시 응답하신다(삼하 12:13, 사 38:5, 눅 18:13~14). 다윗은 자기 기도가 응답된 것을 세 번 반복하며 고백했다. 탄식의 노래는 확신과 소망의 노래로 바뀌어졌다.

(2) 구원을 확신

회개의 기도는 구원의 확신과 승리를 가져다준다. 원수들이 모두 물러가게 될 것을 확신하며 원수들을 향해 명하게 된다. "내 모든 원수가 … 부끄러워 물러가리로다"(10절). 탄식의 노래는 결국 확신과 승리의 노래로 바뀌어졌다.

우리가 진정 회개하며 기도할 때 하나님께서는 구원의 확신을 주시고 승리케 하신다. 이 새벽에 눈물로 기도했던 다윗과 그 기도의 눈물을 귀중히 보신 하나님을 기억하고 간절히 기도하자.

내 하나님이여! 나를 건지소서

✶ 시편 7편 ✶

본문은 다윗이 사울왕에게 쫓기던 시절에 다윗의 소재를 사울에게 밀고한 첩자가 베냐민 사람 중에 있다는 말을 듣고 환난 중에서 여호와 하나님의 도우심을 간구한 기도이다.

1. 여호와 내 하나님이여(1~2절)

"나를 쫓는 모든 자"(1절) 다윗은 사울왕의 부하들에게 쫓김을 당하면서 배신자와 반역자의 취급을 받고 있었다. 사실 무근한 모함이었다. 다윗은 "여호와 내 하나님이여"라고 쫓김을 당하면서 하나님을 향해 "내 하나님"이라고 부르며 하나님의 도우심을 간구했다. 환난의 때에 하나님을 향해 "나의 하나님"이라고 부르짖을 수 있는 사람은 복된 사람이다(욥 23:1~5, 시 23:1).

다윗은 또한 하나님을 향해 "주께 피하오니"라고 고백했다. 환난의 때에 자기를 의지하거나 다른 사람에게 피하지 않고 "주께 피할 수 있는" 사람은 더욱 더 복된 사람이다(시 11:1).

다윗은 부르짖었다. "나를 쫓는 모든 자에게서 나를 구하여 건지소서"(1절). 하나님을 향하여 "나를 구하여 건지소서"라고 부르짖을 수 있는 사람은 참으로 복된 사람이다(시 31:15). 하나님이 자기를 건져내시지 않으면 자기는 찢기고 뜯겨서 죽게 될 수밖에 없다고 고백했다. 하나님이 자기를 건져내셔야만 자기는 살 수 있다고 고백했다. 하나님은 언제나 이렇게 애타게 하나님의 도우심을 간구하는 자녀들의 부르짖음을 귀하게 보신다.

2. 내가 이것을 행하였거든(3~5절)

다윗은 사울왕에 대해서 악을 행한 일이 없었다. 사울을 죽이지 않고 구해 준 일이 있을 뿐이다. 그런데 사울은 다윗을 죽이려고 추적했다. 다윗은 지금 자기를 쫓는 사울에 대해서 악을 행치 않고 자신의 무죄함을 하나님께 고하며 하나님의 도우심을 간구했다. "나의 의와 내게 있는 성실함을 따라 나를 판단하소서"(8절). 다윗이 죄가 하나도 없다는 말은 아니다. 자기를 죽이려고 쫓는 사울에 대해서 악을 행하지 않았다고 밝히는 것 뿐이다. 사람들에게 선을 베푸는 의로운 삶은 기도의 밑천이 된다.

3. 여호와여 진노로 일어나사(6~16절)

"여호와여 진노로 일어나사"(6절) 다윗은 여기서 하나님의 공의에 기초하여 그의 간구를 계속했다. 악인을 악인으로 취급하시고 의인을 의인으로 인정하시는 것이 하나님의 공의가 아니냐고 호소했다. 대적들의 노를 막으시고 자기를 위하여 깨시기를 간구했다.

"나를 위하여 깨소서"(6절) 하나님은 주무시는 분이 아니시지만

(시 121:3) 종종 그렇게 보여지실 때가 있다. 사실 하나님은 때로 침묵하신다. 그래서 다윗은 "깨소서"라고 호소했다. 그리고 "악인의 악을 끊고 의인을 세우소서"라고 기도했다. 하나님은 의로우신 분이시기 때문에 "마음이 정직한 자"는 구원하시고 "회개치 않는 자"는 칼을 갈아 심판하시는 분이라고 고백하며 회개치 않는 악인들을 심판하시기를 기도했다.

"악인이 죄악을 해산함이여"(14절) 악인은 회개할 줄은 모르고 해를 잉태하며 죄악을 해산한다. 또한 악인은 죄악의 웅덩이를 계속해서 파다가 결국 자기가 판 웅덩이에 빠져서 망하고 만다. 다윗은 이제 자기를 향하신 하나님의 구원을 확신하며 동시에 악인들을 향하신 하나님의 심판이 확실함을 믿는다. 결국 그의 입에서는 감사와 찬양이 흘러나왔다.

하나님께서는 도우심을 애타게 간구하는 자녀들의 부르짖음을 귀하게 보신다. 우리는 전능하신 하나님께 "나를 구하여 건지소서"라고 간절히 기도하며 이 새벽의 문을 열자.

아름다운 주의 이름

✱ 시편 8편 ✱

1. 밤 하늘에 나타내신 하나님의 영광(1~3절)

"여호와 우리 주여"(1절) 밤하늘과 온 땅을 바라보았을 때 다윗의 입에서는 "여호와 우리 주여"라고 주님의 이름을 부르는 소리가 저절로 흘러나왔다. 그리고 주님을 향한 찬양이 흘러나왔다. "주의 이름이 온 땅에 어찌 그리 아름다운지요"(1절). "이름"은 그분 자신을 가리키며, "영광"은 그분의 위대한 모습을 가리킨다. 산천초목과 밤하늘을 바라보며 하나님의 위대한 모습을 의식할 수 있는 사람은 참으로 복된 사람이다(찬송가 40장).

"어린아이와 젖먹이의 입으로 말미암아 권능을 세우심이여"(2절) 다윗은 하늘과 땅에 나타난 하나님의 위대하심을 깨달아 하나님을 높이며 찬양할 수 있는 존재는 어린아이와 젖먹이들 뿐이라고 고백했다. 이는 기록된 대로 어린아이와 젖먹이를 가리킬 수도 있으나 어린아이와 같이 낮아지고 겸손해진 신자들 그리고 하나님의 말씀과 예수님의 피와 살을 받아먹는 순수한 신자들을 가리키기도 한다.

예수님은 어린아이들에게 주신 은혜를 이렇게 지적하셨다. "이 것을 지혜롭고 슬기있는 자들에게는 숨기시고 어린아이들에게는 나타내심을 감사하나이다"(마 11:25). "그렇다 어린 아기와 젖먹이들의 입에서 나오는 찬미를 온전케 하셨나이다 함을 너희가 읽어 본 일이 없느냐"(마 21:16).

하나님은 어린아이들의 찬양을 기뻐받으시는 반면에 하나님을 대적하는 원수들을 잠잠하게 만드신다.

"주의 손가락으로 만드신 주의 하늘과 주의 베풀어 두신 달과 별들을 내가 보오니"(3절) 인간은 태곳적부터 밤하늘의 달과 별들을 바라보며 그 신비로움을 알아내기를 원했으며, 현대의 과학자들도 이 탐구를 계속하고 있다. 그런데 다윗은 이미 밤하늘의 신비를 헤아려 알고도 남았다. 그의 헤아림은 하늘은 주의 손가락으로 만드신 바요 달과 별들은 주님이 베풀어 놓으신 것이라는 거였다. 다윗은 밤하늘을 바라보며 주님의 이름과 영광을 보았고 주님의 손길을 헤아려 볼 수 있었다.

2. 인간에게 나타내신 하나님의 은총(4~9절)

기도하고 일어난 다윗은 하늘과 땅에 편만한 하나님의 위대하고 아름다운 모습을 실감했을 뿐 아니라 인간 자신의 하찮음을 절감하게 되었다. 하나님의 위대하심과 밤하늘의 광대함에 비추어 볼 때 인간은 도대체 어떤 존재인가! 사람은 도대체 무엇인가! 히말라야 산 밑에서 등산대원들은 자신의 왜소함과 미약함을 철저하게 느낀다. 하늘과 땅을 창조하신 그 창조주 앞에서 인간은 아무것도 아닌 존재임을 느끼게 된다. 아브라함은 인간을 티끌로

(창 18:27) 모세는 밤의 한 경점으로(시 90:4) 이사야는 풀로(사 40:6) 그리고 야고보는 아침 안개로(약 4:14) 묘사했다. 다윗은 하나님의 위대하심 앞에서 사람이 얼마나 보잘것없는 존재인가를 깨달아 이를 고백했다.

"주께서 저를 생각하시며 … 주께서 저를 권고하시나이까"(4절) 그런데 참으로 이상하다. 하찮은 존재인 사람을 어찌해서 주께서는 생각해 주신다는 말인가! 생각하신다는 말은 참으로 귀한 말이다. 어떤 사람이 나를 늘 생각해 준다면 이 세상에서 그것보다 좋은 일은 없다. 생각해 준다는 말 속에는 늘 잊지 않는다는 뜻과 깊이 사랑한다는 뜻이 포함되어 있다. 어찌 위대하신 하나님께서 보잘것없는 하찮은 인생을 생각해 주신다는 말인가! 권고하신다는 말은 돌아보아 주신다는 말이다. 돌아본다는 말에도 크게 보호해 주시고 깊이 사랑해 주신다는 뜻이 포함되어 있다.

"저를 천사보다 조금 못하게 하시고"(5절) 어디 그뿐이랴! 하나님은 인간을 하나님 다음가는 자리에 앉혀 놓으셨다. "영화와 존귀로" - 구속의 은총으로 하나님의 형상을 회복케 하셨고 그리고 하나님의 영광에 참여케 하셨다. "만물을 그 발 아래" - 만물을 사람의 발 아래 복종케 하시고 그것을 다스리게 하셨다.

"여호와 우리 주여 주의 이름이 온 땅에 어찌 그리 아름다운지요"(9절) 다윗은 다시금 하나님의 위대하심과 아름다우심을 감탄하며 찬양했다.

이 하루도 우리들의 삶을 통해 아름다운 주의 이름이 드러날 수 있도록 힘쓰기를 바란다.

심판의 주 하나님

✱ 시편 9편 ✱

1. 하나님께 감사하고 하나님을 기뻐한 다윗(1~2절)

"여호와께 감사하오며"(1절) 하나님께 감사하고 하나님을 기뻐하는 것은 성도의 책임이고 특권이다. 바울의 신앙 특징은 감사와 기쁨이라고 할 수 있다. 다윗은 하나님이 행하신 모든 기사로 인하여 하나님께 감사하고 그것을 사람들에게 전하겠다고 고백했다. 하나님의 놀라우신 기사를 다른 사람들에게 전하는 것 또한 신자들의 책임이다. "전심으로" 감사하는 사람은 탐심이 없는 사람이다. 탐심이 있는 사람은 전심으로 감사하지 못하고 언제나 불만과 불평을 한다.

"내가 주를 기뻐하고"(2절) 다윗은 하나님을 기뻐하고 즐거워하며 하나님의 이름을 찬송하겠다고 고백했다. 하나님을 기뻐하는 신앙은 순수하고 깊은 신앙이요 높은 신앙이다. 사도 바울과 다윗의 신앙이 그러했고 하박국도 하나님으로 인하여 기뻐한다고 했다.

2. 감사와 기쁨의 첫째 이유 : 과거에 베푸신 하나님의 심판과 구원(3~6절)

"주께서 나의 의와 송사를 변호하셨으며 보좌에 앉으사 의롭게 심판하셨나이다"(4절) 다윗은 과거에 하나님께서 하나님의 원수들을 심판하시고, 하나님의 백성들의 의를 변호하신 일들을 회상하며 하나님께 감사를 드리며 기뻐했다. 하나님은 모세를 통하여 애굽의 군대를 멸하시기도 했고, 기드온을 통하여 미디안의 대군을 멸하시기도 했다. 다윗을 통하여 블레셋 군대를 멸하시기도 했다. 압제당하는 자와 가난한 자를 건지시는 하나님의 놀라운 일, 심판의 행위와 구원의 행위를 생각하면서 다윗은 하나님께만 전심으로 감사하고 기뻐한다.

"열방을 책하시고 악인을 멸하시며 … 영영히 도말하셨나이다"(5절) 하나님을 대적한 나라들과 악인들을 하나님은 하나하나 망하게 하셨다. 그 자취를 찾아볼 수 없을 정도로 멸망시키셨다.

3. 감사와 기쁨의 둘째 이유 : 미래에 베푸실 하나님의 심판과 구원(7~20절)

"여호와께서 영영히 앉으심이여 심판을 위하여 보좌를 예비하셨도다"(7절) 심판의 행위는 영영히 계속된다. 하나님의 심판은 "공의와 정직으로" 이루어진다. 하나님은 "압제당하는 자"들의 산성이 되신다. 여기서 "압제를 당하는 자, 주의 이름을 아는 자, 주를 찾는 자들, 가난한 자"는 모두 성도의 특징을 묘사한다. 주님은 "주를 찾는 자들을" 결코 버리시지 않는다(10절). "가난한 자의 부르짖음을" 잊지 않으신다(12절). 우리는 보좌에 앉으신 하나님께서 대적하는 자들을 심판하시고, 성도들을 결코 잊지 않으신다는 것으로 인해서 감사하고 기뻐해야 한다.

"여호와여 나를 긍휼히 여기소서"(13절) 감사와 기쁨이 기도로 바뀌어졌다. 어거스틴, 사도 바울, 베드로도 글을 쓰다가 감동하여 중간중간에 기도를 하곤 했다. 다윗도 미래에 일어날 일들을 기록하다가 기도하게 되었다. "여호와여 나를 긍휼히 여기소서" 이것은 우리가 항상 반복해야 할 기도이다. 우리는 긍휼히 여김을 받아야 하는 존재이다.

"궁핍한 자가"(18절) 성도가 가난해지고 압제를 당해서 하나님께서 잊으셨나 했는데 하나님은 결코 그들을 잊지 않으신다는 확신을 가진 다윗은 다시금 하나님께 찬양과 기도를 드렸다.

"여호와여 일어나사 인생으로 승리를 얻지 못하게 하시며"(19절) 교만하여 하나님을 대적하는 인생들을 말한다. "열방으로 자기는 인생뿐인 줄 알게 하소서"(20절). 보잘것없는 인생뿐인 것을 알게 하시고 창조주 하나님께 무릎을 꿇게 해 달라는 기도이다.

이 새벽 우리는 하나님 앞에서 전심으로 감사하고, 전심으로 하나님을 기뻐해야 한다. 그것은 보배로운 선물인 동시에 우리가 늘 가져야 할 의무요 책임이다. 그 이유는 과거에 행하신 하나님의 심판과 구원, 미래에 행하실 하나님의 심판과 구원을 바라보기 때문이다.

어찌하여 숨으시나이까

✱ 시편 10편 ✱

1. 어찌하여 숨으시나이까(1~13절)

"어찌하여 … 어찌하여"(1절) 악인이 극도로 악하여 성도를 박해하고 하나님을 멸시하는 것으로 인해 다윗은 "어찌하여" 이렇게 되었느냐고 부르짖으며 하나님께 호소했다. 선지자 하박국도 나중에 이와 같이 부르짖었다. "어찌하여 나로 간악을 보게 하시며 패역을 목도하게 하시나이까 대저 겁탈과 강포가 내 앞에 있고 변론과 분쟁이 일어났나이다"(합 1:3). "멀리 서시며 … 숨으시나이까" – 하나님께서 어떤 때는 멀리 계시는 것처럼 느껴진다. 다윗은 어찌하여 하나님께서 그와 같은 일들을 보시지 못하는 것처럼 그냥 내버려 두시고 멀리 서서 숨으시냐고 호소했다.

"악한 자가 교만하여"(2절) 다윗은 여기서 성도를 박해하는 악인의 죄악들을 열거한다.

첫째, "교만하여 가련한 자들을 심히 군박"했다. 즉 교만하여 가난한 자들을 학대했다.

둘째, "마음의 소욕을 자랑하며 탐리"했다. 즉 정욕과 탐심을 가리우지도 않고 오히려 폭로하며 자랑했다.

셋째, "그 입에는 저주와 궤휼과 포학이 충만하며 혀 밑에는 잔해와 죄악이 가득"했다. 즉 입만 열면 독설과 저주가 쏟아졌다.

넷째, "은밀한 곳에서 무죄한 자를 죽이며 … 가련한 자를 잡으려고" 기다렸다. 즉 무죄하고 가난한 자들을 간교하고 잔인하게 덮치고 살해했다.

"악인은 … 여호와를 배반하여 멸시하나이다"(3절) 다윗은 여기서 하나님을 멸시하는 악인의 죄악들을 열거한다.

첫재, "여호와께서 이를 감찰치 아니하신다", "하나님이 없다"고 말했다. 즉 하나님을 멸시하다가 하나님의 존재마저 부정했다.

둘째, "나는 요동치 아니하며 대대로 환난을 당치 아니하리라"고 말했다. 즉 자기들은 영원히 안전하고 망하지 않는다고 장담했다.

셋째, "하나님이 잇으셨고 그 얼굴을 가리우셨으니 영원히 보지 아니하시리라"고 말했으며 "주는 감찰치 아니하리라"고 말했다. 즉 하나님의 살아계심과 감찰하심을 멸시했다.

"여호와여 일어나옵소서"(12절) 다윗의 부르짖음과 호소는 기도와 간구로 바뀌어졌다. 일어나 악인을 심판하시고 그리고 가난한 자 즉 성도들을 잊지 마시기를 간구했다.

2. 주께서는 보셨나이다(14~18절)

"주께서는 보셨나이다"(14절) 간절한 기도 끝에 다윗은 하나님께서 악인의 행동을 보신다는 사실과 성도들을 구원하여 주실 것이라는 사실에 대한 확신을 가졌다. "주께서 보셨다", "주께서 감찰하셨다"고 고백했으며 "주는 벌써부터 고아를 도우시는 자"라고 고백했다.

"악인의 팔을 꺾으소서"(15절) 악인의 강한 세력이 꺾어질 수 없듯이 보이지만 그 강한 세력도 꺾어지고 만다. 알렉산더, 나폴레옹, 스탈린, 레닌, 김일성의 종말이 그러했다.

"여호와께서는 영원 무궁토록 왕이시니"(16절) 하나님이 열방을 통치하시는 왕이심을 고백했다. "겸손한 자의 소원을 들으셨다"고 고백했다. "고아와 압박당하는 자를 위하여 심판하실" 것을 확신하며 그렇게 되기를 기원했다.

이 시편에서 하나님은 결국 압박당하는 자와 가난한 자와 고아를 돕는 분이심을 보여준다. 압박당하는 자가 할 일은 하나님을 의지하는 일이고(14절) 하나님께 기도 드리는 일이다(12절).

하루를 시작하는 이 시간, 하나님을 의지하고 하나님께 기도하면서 하루의 삶을 온전히 의탁하기를 바란다.

내가 여호와께 피하였거늘

✱ 시편 11편 ✱

1. 여호와께 피하였거늘(1~2절)

"내가 여호와께 피하였거늘 … 산으로 도망하라 함은 어찜인고"(1절) 악인이 활을 당겨 쏘려할 때 성도들은 산으로 도망할 생각을 하기도 하고 하나님께 피할 생각을 하기도 한다. 성도들은 이 세상에서 언제나 악인들의 간교하고 무자비한 공격의 대상이 된다. 이와 같은 수난을 당할 때 우리의 이웃과 친구들이 우리를 향해서 산으로 피난하라고 충고도 한다.

다윗은 이와 같이 수난을 당할 때 피난의 길에 오르기도 했지만 근본적으로는 하나님께 피하는 것이 최상의 길이었다. 여호와께 피한다는 말은 하나님을 전적으로 의지하며 하나님의 품에 안긴다는 말이다. 다윗은 노란 참새가 산의 수풀 속으로 도망하는 것처럼 그렇게 가볍게 도망할 수는 없다고 선언했다. 그 대신 "여호와께 피하였거늘"이라고 그의 신앙을 고백했다.

다윗은 "여호와께 피했다"는 위대한 신앙의 고백을 거듭해서 반복했다. "여호와 내 하나님이여 주께 피하오니 … 나를 구하여 건지소서"(시 7:1). "오직 여호와는 그 피난처가 되시도다"(시 14:6). "여호와는 … 나의 피할 바위시요"(시 18:2). "주는 나의 피난처시요 원수를 피하는 견고한 망대심이니이다"(시 61:3). 우리가 하나님을 믿는다고 하면서도 하나님께 피하지 못하고 그에게서 멀리 떠나 빙빙 돌고 있는 경우가 있다. 불행한 일이다. 그에게 피할 만한 절박한 환난에 봉착하지 않은 까닭인가? 그래서 박윤선 목사는 하나님께 피하기 위해서라도 "죽음이 임박한 것 같은 위험한 일이 있기를 사모해야 된다."라고 말하기까지 했다.

2. 성전과 보좌를 바라보았거늘(3~7절)

"터가 무너지면 의인이 무엇을 할꼬"(3절) 여기서의 터는 삶의 터전인 정치, 경제, 사회적, 가정적 터전을 말할 수도 있고, 삶의 기본적인 터인 의와 진실을 말할 수도 있다. 삶의 터가 무너질 때 사람들은 당황하거나 두려워하고 좌절하기가 쉽다. 다윗은 이와 같은 때 성전(땅)에 계시고 또한 보좌(하늘)에 앉으신 하나님을 바라보며 하나님을 의지했다. 위기의 때에 하나님을 바라보는 것은 당연하다. 왜냐하면 하나님은 하늘과 땅에 계시면서 만인을 통촉하시고 감찰하시는 분이시고, 의인과 악인을 가려내시어 악인을 심판하시고 의인을 구원하시는 분이시기 때문이다.

"여호와께서 그 성전에 계시니"(4절) 성도들의 기도를 들어주시므로 성도들은 위기의 때에 성전에 들어가서 기도할 수 있다. "여호와의 보좌가 하늘에 있음"은 온 세상을 향한 하나님의 통치가 절대적임을 말한다. 그러므로 성도는 터가 무너지는 위기의 때에 성전에 계시는 하나님께 나아가서 기도하고, 보좌에 앉으셔서 세계를 통치하시는 하나님을 바라보아야 한다.

"악인에게 그물을 내려 치시리니"(6절) 하나님은 결국 악인을 미워하시어 불과 유황과 바람으로 심판하시고, 정직한 의인들을 좋아하시어 하나님의 얼굴을 뵙는 영광을 허락하신다. 하나님의 얼굴을 뵈옵는 것은 성도의 최상의 기쁨이요, 복이다. "나는 의로운 중에 주의 얼굴을 보리니 깰 때에 주의 형상으로 만족하리이다"(시 17:15).

그러므로 성도들은 시편 46편의 "땅이 변하든지 산이 흔들려 바다 가운데 빠지든지 바닷물이 흉용하고 뛰놀든지 그것이 넘침으로 산이 요동할지라도 우리는 두려워 아니하리로다"(2~3절)라는 고백과 같이 오직 여호와 하나님을 바라보고 하나님을 의지하며 하나님께 피하면 된다. 하나님을 전적으로 의지하며 하나님의 품에 안기는 것이 성도가 취할 가장 안전하고 가장 복된 길이다.

우리는 삶의 터가 무너질지라도 당황하거나 두려워하지 말자. 오늘 하루도 하나님의 품으로 안전하게 피하는 믿음의 사람이 되기를 바란다.

믿을 수 없는 세대와 믿을 수 있는 하나님
★ 시편 12편 ★

본문은 거짓이 난무하는 어두운 세대에 처한 다윗이 탄식과 괴로움 속에서도 신실하신 하나님을 바라보며 하나님의 도우심과 보호하심을 간구한 시이다. 이 시는 사울 정권의 말기에 저술된 듯하나 모든 세대 특히 마지막 세대에 처한 성도들이 애독할 시이다.

1. 믿을 수 없는 세대(1~4절)

"경건한 자가 끊어지며 충실한 자가 인생 중에 없어지도소이다"(1절) 세상은 서로 믿고 신뢰할 수 있는 사람들이 있을 때 살만하다. 그런데 시인의 주변에는 믿을 만한 사람이 보이지 않는다. 경건한 자도 끊어졌고 신실한 자도 사라져 보이지 않는다. 사람들은 이웃에게까지 모두 '거짓'을 말한다. '아첨'과 '자랑'—두 마음을 품은 거짓말뿐이다. '아첨'은 상대방의 환심을 사기 위해 그의 장점을 과장하는 거짓말이고, '자랑'은 자기를 잘 보이기 위해 자기의 장점을 확대하는 거짓말이다. "두 마음"으로 말하는 것은 겉

다르고 속 다른 거짓말을 뜻한다.

지금의 세대야말로 거짓이 난무하는 어두운 세대이다. 믿는다고 하는 사람들도 거짓말을 많이 한다. 마음으로는 어느 사람을 무시하고 정죄하면서도 겉으로는 그렇지 않은 것처럼 입에 발린 좋은 말을 한다. 그런 거짓된 말들이 사람을 죽인다. 시인은 거짓이 난무하는 어두운 세대에서 탄식하며 괴로워한다.

"저희가 말하기를 우리의 혀로 이길지라"(4절) 거짓된 인간들은 양심의 가책이나 뉘우치는 마음도 없다. 아첨하는 입술을 끊어버려야 한다는 말이 터져 나올 수밖에 없는 상황이다.

2. 믿을 수 있는 하나님(5~6절)

"여호와의 말씀에"(5절) 탄식과 괴로움에 쌓인 다윗은 눈을 들어 하나님을 바라보며 하나님의 말씀에 귀를 기울인다. 탄식에 쌓인 하박국이 성루에 올라가 하나님의 말씀에 귀를 기울일 때 하나님의 말씀 곧 "의인은 그 믿음으로 말미암아 살리라"는 말씀이 들려왔던 것처럼 다윗에게도 하나님의 말씀이 들려왔다. "가련한 자의 눌림과 궁핍한 자의 탄식을 인하여 내가 이제 일어나 저를 그 원하는 안전 지대에 두리라"(5절). 하나님이 괴로움을 당하는 성도들을 오랫동안 참아 보시다가 정하신 때가 될 때에 일어나 구원하신다는 약속의 말씀이다.

다윗의 마음에는 어느덧 탄식과 괴로움 대신 하나님을 향한 신뢰와 평안으로 가득히 채워졌다. 하나님의 말씀만이 순결하고 믿을 만하다는 확신으로 가득찼다.

"여호와의 말씀은 순결함이여"(6절) 인간들의 말은 이중적이고 불순하지만 하나님의 말씀은 순수하고 믿을 만함이 그지없다. 시인은 믿을 수 없는 어두운 세대에서 믿을 수 있는 하나님을 바라보며 하나님을 신뢰했다.

3. 하나님을 향한 기원(7~8절)

"여호와여 저희를 지키사 … 보존하시리이다"(7절) 다윗은 이 시를 시작할 때에 이미 "여호와여 도우소서"라고 하나님의 도우심을 간구했다. 다윗은 이제 하나님의 지키심과 보호하심을 간구하는 기도로 시를 마친다. 여기서 "저희"는 가련한 자와 궁핍한 자 곧 성도들을 가리킨다.

"여호와여 도우소서, 여호와여 우리를 지키시고 보존하소서". 이것이 악한 세대를 살고 있는 성도들이 하나님을 향하여 부르짖을 기도의 내용이다. "다만 악에서 구하옵소서"라고 날마다 기도할 것을 우리 주님께서도 가르쳐 주셨다.

비루함이 인생 중에 높아져도, 악인이 처처에 횡행해도 상관할 것이 없다. 우리는 우리의 기도를 계속할 뿐이다. 하나님은 우리의 기도를 들으시고 우리들을 구원하시며 우리를 지키시고 우리를 보존하신다.

거짓이 난무하는 어두운 이 세대에 믿을 수 있는 하나님만을 바라보자. 여러분의 마음속에 하나님을 향한 신뢰와 평안이 가득 채워질 것이다.

어느 때까지니이까?

✱ 시편 13편 ✱

1. 어느 때까지니이까?(1~2절)

신자의 삶에 있어서 하나님의 도우심이 아주 끊어진 듯한 절망감과 고독감을 느끼는 때가 있다. 하나님이 나를 아주 잊으신 듯, 나를 내버리신 듯하게 느껴지는 때가 있다. 기도응답이 영영 주어지지 않을 것처럼 느껴지는 때가 있다. 그래서 종일토록 영혼이 고통으로 번민하며 마음이 근심으로 가득할 때가 있다.

2절에 "영혼에 경영하고"는 "영혼에 고통을 가지고"란 뜻이다. 사실 사람에게 버림받은 것은 견딜 수 있어도 하나님으로부터 버림받은 듯한 고독은 견딜 수가 없다.

이와 같은 때에 신자는 "어느 때까지니이까?"라고 부르짖는다. 예수님도 십자가 위에서 이렇게 부르짖은 때가 있었다. "나의 하나님, 나의 하나님, 어찌하여 나를 버리셨나이까?" 다윗은 이와 같은 절망감과 고독감을 있는 그대로 솔직하게 하나님 앞에 털어놓았다. "여호와여 어느 때까지니이까? 언제까지 숨으시겠나이까? 어느 때까지 하리이까?"

2. 나를 생각하사 응답하시고(3~4절)

신자가 절망감과 고독감을 느끼는 때가 바로 하나님께 기도 드릴 때이다. 이때 신자의 절망은 간곡한 기도로 바뀌어진다. 다윗은 절망 중에서 하나님의 이름을 부르며 하나님께서 자기를 "생각"해 주시고 자기 부르짖음을 "응답"해 주시기를 간구했다. 다윗은 하나님께서 인생을 생각해 주시고(시 8:4), 신자의 기도를 응답해 주시는 분임을 믿었기 때문에(시 5:3) 그렇게 부르짖어 기도했다.

다윗은 또한 "눈을 밝게" 해달라고 기도했다. 눈이 어두워질 때 슬픔에 잠기고 "사망의 잠"을 잘 수 있다. 사망의 잠은 하나님의 은혜에서 떨어진 영적 죽음을 의미한다. 신자가 오랫동안 하나님의 은혜로우신 도움을 못받으면 점점 영안이 어두워질 위험에 빠진다. 세 제자가 눈이 어두워져서 잠을 자다가 예수님을 버렸다. 두 제자가 눈이 어두워져서 슬픔에 잠기었고 주님을 알아보지도 못했다. "나의 눈을 밝히소서"(3절), "내 눈을 열어서 주의 법의 기이한 것을 보게 하소서"(시 119:18). 이것이 우리의 기도가 되어야 한다.

"나의 대적들이 기뻐할까 하나이다"(4절) 다윗은 원수들이 이길까봐 두려워했다. 어떤 경우에도 적의 승리는 허용되어서는 안 된다. 내가 넘어지면 사단이 기뻐하고 하나님이 실패하시는 것과 같기 때문이다.

3. 주의 구원을 기뻐하리이다(5~6절)

기도하는 사람에게는 하나님을 의뢰하는 믿음이 생긴다. 하나님의 인자하심을 의뢰하게 되고 하나님의 구원을 확신하게 되며 결국 그 마음은 기쁨으로 가득 찬다. 이것이 기도의 신비이다. 하나님의 사랑과 구원을 확신할 때 신자의 마음에는 기쁨이 넘친다. 그리고 그의 마음에서는 찬송이 흘러나온다. 또한 하나님이 나를 후대하시고 넉넉한 은혜를 베푸실 것을 내다보며 찬송한다.

불만은 자기가 받아야 할만큼 받지 못했다고 생각할 때 생기고, 감사의 찬양은 내가 받아야 할 것 이상으로 넉넉하게 받았다고 생각할 때 생긴다. 참된 신자는 항상 자기는 분에 넘치는 넉넉한 은혜를 받았다고 생각하며 "우리 주의 은혜가 그리스도 예수 안에 있는 믿음과 사랑과 함께 넘치도록 풍성하였도다"(딤전 1:14)라고 고백한다.

절망 중에 있는가? 이 새벽시간에 하나님의 도우심을 바라며 부르짖어 기도하자. 주의 구원으로 인하여 기뻐하게 되는 응답을 받게 될 것이다.

어리석은 자

✱ 시편 14편 ✱

　세상 사람들은 돈 못버는 사람, 말싸움을 해서 지는 사람, 악착 같이 살림하지 못하는 사람, 세상에서 출세하지 못한 사람 등을 어리석은 사람이라고 말한다.

　그러나 성경은 불의로 치부하는 사람을 어리석은 사람이라고 말하고(렘 17:11), 미래를 준비하지 못한 사람을 어리석은 사람이라고 말하며(마 25:2, 눅 12:20), 모래 위에 집을 지은 사람을 어리석은 사람이라고 말하고(마 7:26), 마음이 조급한 사람이나(잠 14:29) 노를 다 드러내는 사람을(잠 29:11) 어리석은 사람이라고 말한다.

　시편 14편은 어리석은 사람의 특징을 세 가지로 기술한다.

1. 하나님이 없다고 말한다

　"어리석은 자는 그 마음에 이르기를 하나님이 없다 하도다"(1절) 어리석은 사람의 첫 번째 특징은 하나님을 부인하는 것이다. 하나님이 없다고 주장한다(시 10:4). 러시아의 우주인 한 사람이 우주를 비행하고 돌아와서 이런 말을 했다. "내가 우주를 자세히 살펴보았지만 하나님은 존재하지 않았다." 북한의 주체사상도 하나님의 존재를 부인한다. 유교도 하나님이나 내세의 존재를 믿지 않는다. 공자는 "현세의 문제도 다 알지 못하는데 어찌 하나님이나 내세에 대해서 알 수 있겠느냐." 말했다고 한다.

하나님을 과학이나 정치나 윤리 도덕으로 알려고 하는 사람은 하나님을 알 수가 없다. 하나님을 부인하게 되고 만다. 하나님은 영적인 신이시기 때문이다. 영적인 눈이 뜨여진 사람만이 하나님을 알 수가 있다. 과학의 선구자 베이컨은 "이 우주에는 질서와 법칙이 있기 때문에 우주의 주인이 있을 수밖에 없다."고 말했다.

어리석은 사람은 하나님을 부인하기 때문에 하나님을 찾지도 않고 하나님을 부르지도 않는다(2~4절). 하나님이 하늘에서 인생을 굽어 살피사 지각이 있어 하나님을 찾는 자가 있는가 보려 하신 즉 하나님을 찾는 자가 하나도 없었나고 했다. 인생은 모두 어리석은 자가 되었다.

2. 부패하고 가증하여 선을 행하지 않는다

"저희는 부패하고 소행이 가증하여 선을 행하는 자가 없도다"(1절) 어리석은 사람의 두 번째 특징은 윤리의 타락이다. 하나님을 모르는 자는 결국 이 세상에서 타락하고 만다. 인간 타락의 근본원인은 무신론 사상 때문이다. 어리석은 사람의 타락한 모습을 여기 이렇게 묘사했다. "부패하고, 소행이 가증하고, 더러운 자가 되고, 선을 행하는 자가 없고, 죄악을 행하고, 내 백성을 먹고" – 하나님을 볼 수 없는 사람은 인간도 바로 볼 수가 없다. 결국 인간에 대해 가증한 죄를 범한다. 사람을 집어삼키기까지 한다.

오늘날 교회 안에도 하나님의 존재와 역사를 마음 중심으로 믿지 못하는 사람들이 있다. 그리고 부끄러운 비윤리적인 죄를 범하는 사람들도 있다. 모두 어리석은 사람들이다.

3. 두려워 떨게 된다

"저희가 거기서 두려워하고 두려워하였으니"(5절) 어리석은 사람의 세 번째 특징은 두려워 떨게 되는 것이다. 무신론자의 마음에는 평안 대신 두려움이 있고, 온갖 악을 자행하는 사람의 마음에도 평안 대신 두려움이 있다. 혹 어리석은 자가 하도 어리석어 두려워할 줄 모르는 경우도 있다. 그러나 그들이 두려워하고 또 두려워할 날이 반드시 오고야 만다. "거기서"라는 말은 "그때에"라는 시간적 의미를 갖는데 이것은 하나님께서 의인들을 신원(伸冤)해 주시고 악인들을 심판하시는 때를 가리킨다. 어리석은 자들은 심판의 때에 두려워서 떨게 된다.

성경은 하나님을 경외하는 자를 지혜로운 자라고 말하고, 하나님을 믿는 자를 의인이라고 말한다. 하나님은 결국 지혜로운 자들과 의인들을 부끄러움과 핍박에서 구원해 주시고 즐거움과 기쁨의 날을 주신다. 이 새벽에 주신 말씀처럼 어리석은 자가 되지 않기를 기도하자.

주의 장막에 유할 자

✱ 시편 15편 ✱

1. 주의 장막에 유할 자 누구오니이까?(1절)

"주의 장막에 유할 자 누구오며 주의 성산에 거할 자 누구오니이까?"(1절) 여기 "주의 장막"과 "주의 성산"은 구약시대에는 모세의 성막과 솔로몬의 성전을, 신약시대와 교회시대에는 그리스도의 교회를 그리고 예수님의 재림 후에는 하나님의 나라를 가리키는데, 하나님이 임재하시는 곳을 뜻한다. 여기서 다윗은 주의 장막에 유하는 것을 인생의 특권과 은혜로 여기며 그것을 사모하면서 이런 질문을 했다. "… 누구오며 누구오니이까?"

사람들은 넓은 아파트나 호수나 해변의 별장에 유하기를 소원할지 모른다. 청와대에 들어가 사는 것을 평생의 소원으로 삼는 사람도 있을 것이다. 그런데 다윗은 주의 장막에 유하기를 사모했다. 다윗은 "주의 집에 거하는 자가 복이 있나이다"(시 84:4), "주께서 주의 뜰에 거하게 하신 사람은 복이 있나이다"(시 65:4)라고 자주 고백하면서 주의 장막에 유하기를 사모했다. 주의 장막에 거하는 사람은 "영영히 요동치 아니하리이다"(5절)라고 했다.

2. 주의 장막에 유할 자의 내면적 성품(1~2절)

"정직하게 행하며 공의를 일삼으며 그 마음에 진실을 말하며"(2절) 주의 장막에 유할 자의 자격은 무엇인가?

첫째, 성품이 정직하고 공의롭고 진실한 사람이다. 정직하게 행하는 사람은 곧고 바르게 즉 양심적으로 행하는 사람이다. 공의를 일삼는 사람은 불의를 미워하며 의롭게 사는 사람이다. 진실을 말하는 사람은 마음에 품은 생각을 그대로 말하는 솔직한 사람이다. 정직과 공의와 진실은 주의 장막에 유하며 주의 성산에 오르는 자의 내면적 성향의 특징이다. 예수님도 팔복에서 "마음이 청결한 자" 즉 섞이지 않은 순결한 마음을 가진 자가 "하나님을 볼 것이요"라고 말씀했다.

믿음도 은혜도 "성품"이라는 그릇 속에 주어지고 담겨지므로 그릇의 종류에 따라 믿음과 은혜의 모습이 달라진다. 정직과 공의와 진실은 하나님나라 백성의 기본적 자질이다. 의심과 회의가 많은 사람은 하나님의 말씀과 은혜를 잘 받아들이지 않지만 진실하고 솔직한 사람은 하나님의 말씀과 은혜를 있는 그대로 잘 받아들인다. 마음밭을 갈아서 옥토로 만드는 것이 필요하다.

3. 주의 장막에 유할 자의 사회적 행위(3~5절)

"그 혀로 참소치 아니하고…"(3절) 주의 장막에 유할 자의 둘째 자격은 이웃과 재물에 대한 사회적 행위가 선한 것이다. 성경은 신자의 내면생활과 하나님에 대한 영적 자세를 중요하게 여기면서도 항상 이웃에 대한 선행을 강조한다. 하나님나라는 공동체적이기 때문이다.

주의 장막에 유할 자의 사회적 행위는 ① 말로 남을 모함하지 않는다. 말로써 남을 해롭게 하지 않는다. 스펄젼은 말하기를 "남을 해롭게 말하기 위해서 돌아다니는 자의 혀에 마귀가 있고 그 말을 잘 들어주는 자의 귀에도 마귀가 있다"라고 했다. ② 친구에게 악을 행하지 않는다. ③ 이웃의 결점을 수집하여 비난하며 돌아다니지 않는다. ④ 눈으로 하나님을 배신한 망령된 자는 천시하고 하나님을 높이고 두려워하는 자는 존대한다. ⑤ 물질에 대해서는 한 번 약속한 것은 내게 해가 되어도 반드시 지킨다. ⑥ 변리를 목적으로 돈놀이를 하지 않는다(신 23: 19). ⑦ 뇌물을 받고 불공평한 재판을 하지 않는다. 즉 주의 장막에 유할 자의 사회적 행위는 말로나 눈으로 이웃을 멸시하며 해를 끼치지 않고 돈에 지배를 받지 않는 사람이다.

이제 위의 세 가지 명제를 마음에 새겨 보고, 하루를 시작하자.

우리의 진정한 관심과 소원이 다윗처럼 하나님의 장막에 유하는 것인가? 하나님의 장막에 유할 자의 자격인 내적 성품들을 갖추고 있는가? 이웃과 돈에 대한 우리의 자세와 책임은 어떠한가?

"저희가 이제는 더 나은 본향을 사모하니 곧 하늘에 있는 것이라"(히 11:16).

성도의 즐거움

✻ 시편 16편 ✻

시편 16편에 "즐거움"이라는 말이 세 번 나오고 "기쁨"이라는 말이 두 번 나온다. 하나님은 우리들에게 기쁨과 즐거움을 주시기를 원하신다.

"주께서 내 마음에 두신 기쁨은 저희의 곡식과 새 포도주의 풍성할 때보다 더하니이다"(시 4:7).

우리 인생은 누구나 즐거움과 기쁨을 추구한다. 그런데 하나님 자신보다는 세상적인 것에서 즐거움을 찾으려고 한다. 컴퓨터, 자동차, 집, 자식, 공부, 명예, 향락 등에서 기쁨과 즐거움을 찾으려고 한다. 심지어는 마약과 난폭한 범죄 행위에서 나름대로의 즐거움을 추구하려는 사람들도 있다. 그러나 이 같은 대상으로 즐거움을 추구하는 행위는 순간적인 또는 어느 기간 동안 만족을 줄 수 있을지 모르나, 그후에는 공허함과 외로움을 가져다 준다. 다윗은 시편 16편에서 기쁨과 즐거움의 대상 세 가지를 지적했다.

1. 여호와를 내 앞에 모심으로 내 마음이 기쁘고(1~2, 8~11절)

하나님이 즐거움의 근원과 대상이 된다고 했다.

첫째, 하나님을 유일한 복으로 삼을 때 하나님이 즐거움이 된다. 둘째, 하나님께만 피할 때 하나님이 즐거움이 된다. 셋째, 하나님만이 나의 산업과 소득과 분깃이 됨을 고백할 때 하나님이 즐거움이 된다. 넷째, 하나님만이 공평하신 분이심을 알게 될 때 하나님이 즐거움이 된다. "주는 나의 주시오니 주밖에는 나의 복이 없다 하였나이다"(2절).

"여호와를 항상 내 앞에 모심이여 그가 내 우편에 계시므로 … 내 마음이 기쁘고 내 영광도 즐거워하며"(8~9절) 다윗은 자기의 모든 것이 되시는 하나님을 자기 앞에 모시는 것이 그리고 그 하나님이 자기 우편에 계시는 것이 자기의 기쁨이고 즐거움이라고 고백했다. 다윗은 다시금 이렇게 고백했다. "주의 앞에는 기쁨이 충만하고 주의 우편에는 영원한 즐거움이 있나이다"(11절). 하박국도 이렇게 고백했다. "나는 여호와를 인하여 즐거워하며 나의 구원의 하나님을 인하여 기뻐하리로다(합 3:18).

2. 나의 모든 즐거움은 성도에게 있나이다(3절)

"땅에 있는 성도는 존귀한 자니 나의 모든 즐거움이 저희에게 있도다"(3절) 다윗은 기쁨과 즐거움의 두 번째 대상을 성도로 삼았다. 성도가 즐거움의 대상이 되는 이유는 성도가 존귀한 존재이기 때문이다. 하나님이 성도들을 귀중히 보시며 기뻐하신다. "너희가 내게 대하여 제사장 나라가 되며 거룩한 백성이 되리라"(출 19:6). 하나님이 성도들을 보시고 기뻐하시며 즐거워하신다. "그가 너로 인하여 기쁨을 이기지 못하여 하시며 너를 잠잠히 사랑하시며 너로 인하여 즐거이 부르며 기뻐하시리라"(습 3:17). 바울도 성도들을 기쁨으로 삼았다. "나의 기쁨이요 면류관인 사랑하는 자들아"(빌 4:1). 목회자의 기쁨과 즐거움도 믿음으로 살면서 순종과 헌신의 열매를 맺는 성도들에게 있다고 하겠다.

3. 주께서 주신 나의 기업이 아름답고 즐겁도다(5~7절)

"내게 줄로 재어 준 구역은 아름다운 곳에 있음이여 나의 기업이 실로 아름답도다"(6절) 다윗은 기쁨과 즐거움의 세 번째 대상을 하나님이 주신 기업으로 삼았다. 다윗은 자기의 생활 터전과 구역과 기업을 하나님이 자기에게 재어 주시고 정해 주신 것으로 받아들이며 그것들을 아름다운 것이라고 고백했다. 나를 왜 이런 곳에서 이런 일을 하며 살게 했느냐고 불평하지 않았다. 하나님이 재어 주시고 정해 주신 삶의 지역과 직업이 모두 아름답다고 말했다. 그것들에 대해 만족하며 그것들을 인해서 기뻐했다.

나에게 주신 가정, 나에게 주신 집, 나에게 주신 직업 특히 나에게 주신 교회와 하나님의 나라를 인해 기뻐하고 즐거워하는 하루의 삶이 되기를 바란다.

여호와여 일어나 나의 영혼을 구원하소서

✶ 시편 17편 ✶

신자들은 세상을 살아가는 동안 원수들의 정죄와 박해를 당하게 된다. 억울한 정죄를 당하기도 하고, 무자비한 박해를 당하기도 한다. 이와 같은 형편에 처한 다윗이 한 일은 하나님께 부르짖어 기도하며 호소한 일이었다.

1. 정직함을 들으소서(1~5절)

여기 "정직함"은 의로움을 의미한다. 즉 옳음을 의미하는 것이다. 물론 이 세상에 의로운 사람은 하나도 없다(시 14:3, 롬 3:10). 다윗이 내세운 것은 자기가 절대적인 의미에서 의롭고 옳다는 것이 아니라 원수들이 자기를 정죄하는 죄목들에 비추어 볼 때 자기가 옳다는 의미였다.

성도들은 때로 자기의 선함과 옳음을 내세우면서 하나님 앞에 기도할 수 있다. 히스기야왕도 어려움에 처했을 때 자기의 진실함과 선함을 내세우면서 하나님 앞에서 통곡하며 기도했다. "히스기야가 얼굴을 벽으로 향하고 여호와께 기도하여 가로되 여호와여 구하오니 내가 주의 앞에서 진실과 전심으로 행하며 주의 목전에서 선하게 행한 것을 추억하옵소서 하고 심히 통곡하니"(사 38:2~3).

다윗은 여기서 자기의 '거짓되지 않음' '공평함' '흠을 찾지 못함' '범죄치 아니함' '스스로 삼감' '실족지 아니함' 등을 나열하며 하나님께 호소했다. 그러나 많은 경우 신자는 죄를 회개하면서 하나님의 구원을 간구할 수 있다(단 9:3~19, 눅 18:13~14).

2. 내게 응답하시겠는 고로(6~8절)

다윗은 여기서 하나님께서 과거에도 자기의 기도를 들으시고 자기를 구원하신 것을 기억하며 하나님의 구원을 호소했다. 하나님께서 과거에도 응답하셨던 것처럼 지금도 응답하시겠는 고로 내가 하나님을 불렀사오니 내 기도를 들어달라고 호소했다.

3. 나를 압제하는 악인과 원수에게서 벗어나게 하소서(9~13절)

다윗은 또한 자기를 정죄하고 박해하는 악인들과 원수들의 잔인성을 나열하며 하나님의 도우심을 간구했다. 저들은 다윗을 "압제"했고 다윗을 "에워쌌고" "그 입으로 교만히 말"했고 "땅에 넘어뜨리려"했고 "움킨 것을 찢으려"했다고 호소했다. 저들은 사나운 젊은 사자같았다.

4. 주의 형상으로 만족하리이다(14~15절)

다윗은 마지막으로, 원수들은 이 세상의 것을 분깃으로 삼는데 비해 자신은 하나님을 분깃으로 삼고 있음을 고백하며 하나님의 구원을 호소했다. 불신자들은 재물로 만족을 삼고, 자녀를 만족으로 삼고, 산업을 만족으로 삼고, 자녀들에게 유산을 남겨 주는 것을 만족으로 삼는다. 그러나 다윗은 현세에서도 주의 얼굴 보는 것을 만족으로 삼고, 사후 내세에도 주의 형상 보는 것을 만족으로 삼는다고 고백했다.

"신자는 이 세상에서 분깃을 받기 원치 않는다. 어떤 때에 우리가 주님을 위하여 일하는 가운데 무슨 업적을 이 세상에 남기는 것을 하나의 분깃으로 생각하는 일도 있는데 그것은 잘못이다. 신자는 그것을 바라보거나 믿어도 안 된다. 신자의 소망은 하나님뿐이다"(박윤선 목사).

깊은 웅덩이와 수렁에서 우리를 건지시는 하나님께 우리들의 형편을 아뢰고 내 영혼을 구원해 달라고 부르짖어 기도하는 하루가 되기를 바란다.

내가 주를 사랑하나이다
✱ 시편 18편 ✱

다윗은 여기서 성도들이 할 수 있는 가장 귀한 신앙의 고백을 하나님께 드렸다. 그것은 "내가 주를 사랑하나이다"라는 고백이며 "내가 주께 감사하며 주의 이름을 찬송하리이다"라는 고백이었다. 시편 116편에서도 "내가 저를 사랑하는도다"라고 고백했다. 우리가 하나님께 드릴 수 있는 가장 큰 고백은 "내가 주를 사랑합니다"라는 고백이며, "내가 주께 감사하며 주의 이름을 찬송합니다"라는 고백이다.

1. 나의 힘이 되신 여호와여(1~2절)

다윗은 여호와 하나님이 자기의 힘이 되시는 사실을 체험했다. 골리앗을 물맷돌로 물리쳤을 때부터 하나님이 자기의 힘이 되셨던 것이다. 사울의 수많은 공격을 당할 때도 역경과 좌절에 빠져 있을 때에도 하나님이 자기의 힘이 되시는 사실을 거듭거듭 체험했다. 하나님은 다윗의 육체와 영혼에 힘을 공급하시는 분이셨다. 우리는 역경에 처할 때 힘이 없어 주저앉는 경우가 많다. 엘리야도 그런 때가 있었다. 하나님께서 그를 어루만져 주시고 물을 먹여 주심으로 힘을 공급해 주셨다.

여호와는 우리 인생의 힘이 되신다. 다윗은 여기 32절에서도 이렇게 고백했다. "하나님이 힘으로 내게 띠 띠우셨나이다". 다윗은 1~2절에서 하나님을 아홉 가지 명사로 표현했다. 그것은 힘과 반석과 요새와 건지시는 자가 되시고, 하나님과 피할 바위와 방패와 구원의 뿔과 산성이 되시는 하나님이시었다. 하나님이 누구신 것을 체험하는 사람이 하나님을 사랑하게 된다.

2. 내 원수들에게서 구원을 얻으리로다(3~19절)

다윗은 극심한 역경과 절망 중에서 하나님의 구원을 체험했다. 그는 자기가 직면했던 역경들을 다음과 같이 표현했다. "사망의 줄이 나를 얽고 불의의 창수가 나를 두렵게 하였으며 음부의 줄이 나를 두르고 사망의 올무가 내게 이르렀도다"(4~5절). 사망, 음부, 두려움, 사망 그보다 더 극심한 역경은 있을 수가 없다. 그런데 하나님은 그와 같은 역경에 처한 다윗을 구원하셨다. 다윗의 부르짖는 소리를 들으시고 그를 건져내셨다. 그가 구원을 베푸시기 위해서 강림하시는 모습은 천지가 진동하는 두려운 모습이었다. "땅이 진동하고 산의 터도 요동하였으니 … 저가 또 하늘을 드리우시고 강림하시니 … 여호와께서 하늘에서 뇌성을 발하시고". 극심한 역경 중에서 하나님의 놀라운 구원을 체험한 사람들만이 하나님을 참으로 사랑할 수 있다. 일곱 귀신에게서 건짐을 받은 막달라 마리아가 참으로 주님을 사랑할 수 있었고, 많은 죄에서 건짐을 받은 한 여자가 주님을 더 뜨겁게 사랑할 수 있었다.

3. 내 의를 따라 상 주시며(20~27절)

다윗은 공의롭게 상급을 주시는 하나님을 체험했다. 하나님은 조건없이 은혜로 죄인들을 구원하신다. 그러나 구원받은 성도들에게 상을 베푸실 때에는 공의의 법칙에 따라 베푸신다. 즉 하나님은 회개하는 자와 참으로 믿는 자에게 은혜를 베푸시고, 기도하는 자에게 은혜를 베푸신다. 깨끗한 자와 자비를 베푸는 자에게 은혜를 베푸시고, 수고하는 자와 귀한 헌물을 바치는 사람들에게 상급을 베푸신다. 세상에는 공의가 없다. 하나님의 은혜로우심과 공의로우심을 체험한 사람들이 하나님을 참으로 사랑하게 된다.

4. 내가 주를 의뢰하고 적군에 달리며(28~50절)

다윗은 하나님의 은혜로 모든 원수들을 물리쳤기 때문에 하나님을 사랑하며 하나님께 감사와 찬송을 돌렸다. "내가 저희를 쳐서 능히 일어나지 못하게 하리니 저희가 내 발 아래 엎드러지리이다"(38절). 다윗은 이 시편 마지막 부분(46~50절)에서 하나님을 찬송하며 하나님께 감사를 올렸다. 하나님께서 베푸신 큰 구원과 인자를 인해서 주께 감사하며 주의 이름을 찬송했다.

나의 힘이 되시고, 나를 죄악 가운데서 건져 주시고, 상 주시기를 원하시는 하나님께 하루를 시작하는 이 시간 '내가 주를 사랑하나이다' 라고 고백하는 여러분이 되기를 바란다.

하나님의 영광

✱ 시편 19편 ✱

　하나님은 자기의 모습을 온 우주만물에 나타내 보이셨고, 그의 특별계시인 성경말씀에 나타내 보이셨다. 다윗은 하늘에 나타난 하나님의 영광을 바라보면서 하나님을 찬양했고, 하나님의 특별계시인 성경말씀을 접하면서 하나님 말씀의 능력을 체험하고 이를 노래했다. 그리고 마지막으로 하늘에 나타난 하나님의 영광과 성경에 나타난 하나님 말씀의 능력 앞에서 자신의 성결을 위해서 기도했다.

1. 하늘에 나타난 하나님의 영광(1~6절)

　신앙의 눈으로 우주만물을 바라볼 때 온 우주는 하나님의 영광으로 가득하다. 하늘과 궁창의 신비로움이 하나님의 창조 손길과 그의 영광을 나타낸다. 낮과 밤의 주기적인 변화와 질서 정연한 움직임이 섭리하시는 하나님의 손길을 드러낸다. 온 우주만물 가운데 하나님의 모습과 그분의 소리가 가득한 것이다. 다윗은 여기서 창조주 하나님의 영광스러운 모습을 하늘의 찬란한 태양에 비유했고, 신방에서 나오는 신랑에도 비유했으며, 장거리를 달리는 힘있는 장수에도 비유했다.

2. 하나님 말씀에 나타난 하나님의 능력(7~11절)

다윗은 자연계에 나타난 하나님의 영광을 찬송하다가 하나님의 특별계시인 하나님의 말씀에 나타난 하나님의 능력을 노래했다. 말씀의 능력을 체험하는 사람은 복된 사람이다.

다윗은 여기서 말씀의 능력 네 가지를 기술했다. 첫째, 하나님의 말씀은 죄와 병으로 약해진 영혼을 소성케 한다. 둘째, 하나님의 말씀은 무지하고 어리석은 자를 지혜롭게 만든다. 셋째, 하나님의 말씀은 그것을 준행하는 자의 마음을 기쁘게 한다. 넷째, 하나님의 말씀은 순결하기 때문에 눈을 밝게 한다.

다윗은 계속해서 이 세상 만물이 모두 변할지라도 하나님의 말씀은 영원까지 이르며, 이 세상 모든 것이 불의하되 하나님의 말씀은 모두 의롭다고 고백했다. 다윗은 그렇기 때문에 하나님의 말씀을 정금보다도 사모하고, 송이꿀보다 더 달게 여기며 하나님이 주신 말씀을 사랑한다고 고백했다. 그리고 하나님의 말씀을 지키는 자에게 주시는 상급을 바라보았다.

3. 자신을 바라보는 성화의 기도(12~14절)

다윗은 하늘에 나타난 하나님의 영광과 말씀에 나타난 하나님의 능력을 노래하다가 자신을 바라보며 자신의 성화를 위해서 기도했다. 하늘의 영광과 말씀의 계시 앞에 자기의 허물과 자기의 숨은 죄가 드러남을 발견했다.

그래서 다음과 같은 세 가지 기도를 드렸다.

첫째, 숨은 허물을 사해 주시기를 기도했다. 숨은 허물은 죄인 줄 모르고 범한 죄를 말하기도 하며 또는 자기만 아는 숨겨진 죄를 말할 수도 있다. 사람은 그런 종류의 허물을 드러내기를 원치 않는다. 어거스틴은 그의 참회록에서 그와 같은 죄들을 낱낱이 드러내며 용서해 주시기를 기도했다.

둘째, 고범죄(故犯罪)를 짓지 않게 해주시기를 기도했다. 고범죄는 죄인 줄 알면서도 고의적으로 범하는 죄이며 교만하게 주님을 멸시하며 범하는 죄이다. 이런 죄를 거듭하면 그 죄의 지배를 받게 된다. 우리는 고범죄를 짓지 않게 해달라고 기도해야 하며 죄가 나를 주장치 못하게 해달라고 기도해야 한다.

셋째, 자신의 말과 생각이 주께 열납되는 삶을 살게 해달라고 기도했다. 하나님은 제사보다는 마음속에 품은 생각과 입으로 토해내는 말들에 대해 관심을 가지신다.

우리가 마음에 품는 생각과 입에서 토해내는 말이 하나님이 기뻐받으실 만한 향기로운 제사가 되기를 기도해야 한다. 또한 우리 삶을 통해 하나님의 영광이 가리워지지 않도록 삼가하고 경건생활에 힘쓰기를 다짐하는 새벽이 되길 바란다.

왕을 위한 백성의 기도

★ 시편 20편 ★

시편 20편은 다윗이 국가적인 환난에 처했을 때 백성으로 하여금 왕을 위해서 기도하도록 백성에게 지어준 기도시라고 한다. 백성들은 왕이 지어준 기도시를 따라 왕의 승리를 위해서 기도했다. 마치 사도 바울이 교회들에게 편지를 쓰면서 성도들에게 자기를 위해서 기도하라고 부탁했듯이 다윗은 백성들로 하여금 자기를 위해서 기도하라고 부탁했다. 왕 자신을 위해서 기도하는 백성을 가진 왕은 복된 왕이라고 하겠다.

1. 환난 날에 여호와께서 왕에게 응답하소서(1~5절)

환난과 위기의 때는 기도의 때이다. 환난의 때는 한 나라의 지도자가 기도해야 할 때인 동시에 그 나라의 백성들이 지도자를 위하여 기도해야 할 때이다. 개인의 문제는 개인의 기도로 해결될 수 있으나 국가의 문제는 국가의 지도자와 그 백성들이 함께 기도할 때 해결된다. 다윗과 그 백성들은 하나님께서 왕의 기도를 응답해 주실 것을 간구했다. "야곱의 하나님" 곧 기도를 들으시는 하나님께서 왕을 높이 드셔서 승리하게 해주시기를 기도했다. 왕과 그의 백성이 "성소에서" 기도를 드릴 때 왕을 도와주시기를 기도했고 또한 "시온" 곧 다윗의 왕국에서 왕을 붙들어 주시기를 기원했다. 왕이 드리는 모든 제사를 하나님께서 받으시기를 기원했다.

하나님의 뜻에 부합한 왕의 소원을 채워 주시며, 하나님의 뜻에 부합하는 왕의 모든 계획을 이루어 주시기를 기도했다. 왕의 승리로 인하여 백성들이 승리의 노래를 부르며 깃발을 높이 쳐들게 해주실 것을 기도했다. 한마디로 하나님께서 왕의 "모든 기도"를 이루어 주시기를 기도했다.

2. 여호와께서 기름 부음받은 자를 구원하시는 줄 이제 내가 아노라(6~9절)

간절한 기도는 기도응답의 확신을 가져온다. 왕을 위해서 기도한 백성들은 조만간 아니 바로 지금 하나님께서 자기가 기름 부은 종을 구원하실 것을 확신했다. 여기 "내가"라는 단수로 표현된 것은 백성의 대표자를 가리킬 수도 있고, 백성들 앞에서 하나님께 제사 드리며 기도하는 제사장을 가리킬 수도 있다. 하나님은 자기에게 속한 자, 즉 자기가 기름 부어 세운 자를 반드시 구원하시는 분임을 확신하게 되었다. 하늘로부터 그의 오른손을 펴시고 구원의 일을 이루심으로 왕의 기도를 응답하실 것을 확신했다.

백성들은 이제 병거나 말을 의지하는 대신 그들의 하나님만을 의뢰하고 하나님의 이름만을 자랑하리라는 신앙을 고백했다. 성경은 자주 방백이나 인생을 의지하지 말라고 가르친다(시 146:3,

사 2:22). 원수는 굽어 엎드러지고 다윗의 백성들은 일어나 바로 서게 될 것을 확신했다. 백성들은 이제 모두 우렁찬 목소리로 마지막 기도를 올렸다. "여호와여 구원하소서 우리가 부를 때에 왕 중의 왕이신 여호와는 우리의 기도를 기쁘게 응답하소서"

오늘을 살아가고 있는 우리 성도들은 이 나라와 위정자들을 위해 기도해야 할 책임이 있다.

모든 이들이 잠들어 있는 고요한 이 새벽에 역사의 통치자이신 하나님께 기도하고, 응답하시는 하나님을 경험하는 여러분이 되기를 바란다.

왕의 승리로 인한 감사의 찬양
✶ 시편 21편 ✶

시편 20편이 "왕의 승리를 위한" 백성들의 기도인데 비해 시편 21편은 "왕의 승리로 인한" 백성들의 감사와 찬양의 시이다. 백성들은 왕에게 승리를 주신 여호와 하나님께 감사와 찬양을 돌리고 앞으로도 왕이 계속해서 승리할 것을 확신하며, 끝으로 여호와 하나님이 높임 받으시기를 찬양했다.

1. 왕의 승리로 인한 감사의 찬양(1~6절)

"크게 즐거워하리이다"(1절) 승리를 얻은 왕은 기뻐하며 크게 즐거워했고 왕과 더불어 모든 백성이 함께 기뻐하며 즐거워했다. 사람의 가장 큰 기쁨은 하나님으로 말미암은 구원과 승리를 체험하는 일이다.

"마음의 소원을 주셨으며 그 입술의 구함을 거절치 아니하셨나이다"(2절) 하나님께서 왕의 소원과 입술의 기도를 들으셨다. 다윗은 시편 19:14에서 자기 입의 말과 자기 마음의 묵상이 주의 앞에 열납되기를 원한다고 고백했다. 사람의 가장 큰 기쁨 중의 하나는 하나님께서 우리 마음의 소원과 입술의 기도를 들으시고 응답하심을 체험하는 일이다.

"정금 면류관을 그 머리에 씌우셨나이다"(3절) 하나님은 왕을 구원하셨고 그의 기도를 들으셨을 뿐 아니라 그에게 정금 면류관을 씌우시는 영광을 주셨다. 아름다운 복, 즉 은혜가 넘치는 복으로 왕을 영접하시며 왕에게 영광을 베푸셨다. 5절에서 다시 지적한 대로 하나님은 왕의 영광을 크게 하시고 존귀와 위엄을 저에게 입히셨다. 사람의 가장 큰 기쁨 중의 하나는 하나님이 주신 은혜로 영광을 누리는 것이다.

"영영한 장수로소이다"(4절) 하나님은 왕에게 죽음을 면하는 생명을 주셨을 뿐 아니라 영원히 계속되는 영생을 주셨다. 사람의 가장 큰 기쁨 중의 하나는 하나님이 주시는 영생을 받아 누리는 것이다.

"저로 영영토록 지극한 복을 받게 하시며"(6절) 하나님은 한걸음 더 나아가 왕에게 지극한 복을 받게 하시며 그래서 주의 앞에서 기쁘고 즐겁게 하셨다. "주의 앞에는 기쁨이 충만하고 주의 우편에는 영원한 즐거움이 있나이다"(시 16:11).

2. 왕이 계속 승리할 것을 확신(7~12절)

"왕이 여호와를 의지하오니"(7절) 여호와를 의지하는 자에게 하나님께서 인자함을 베푸시므로 그는 요동치 않게 된다. 왕은 계속해서 하나님을 의지할 것이기 때문에 앞으로도 지극히 높으신 자의 인자함으로 요동하지 않을 것이다. "여호와를 의뢰하는 자는 시온산이 요동치 아니하고 영원히 있음 같도다"(시 125:1). 한 나라의 대통령이 하나님을 경외하고 의지하면 나라가 평온하다.

"네 손이 네 모든 원수를 발견함이여…네가 노할 때에…여호와께서 진노로 저희를 삼키시리니"(8~9절) 왕은 원수를 피하여 숨는 것이 아니라 적극적으로 찾아 발견하고 하나님은 그들을 멸하신다. "대저 저희는 너를 해하려 하여 계교를 품었으나 이루지 못하도다"(11절). 원수들이 발악을 해도 왕을 해하지 못한다. 그들의 도모가 이루어지지 않으며 그들은 결국 돌아서고 만다.

3. 주를 높이고 찬양(13절)

왕의 승리로 인해 하나님께 감사의 찬양을 돌리다가 백성들은 하나님을 높이며 하나님의 권능을 노래하고 찬양하게 되었다. 모든 것의 마지막은 하나님을 높이며 하나님을 찬양하는 것이다. 하나님이 인생을 지으신 목적 자체가 하나님을 찬송하게 하기 위함이다. "이 백성은 내가 나를 위하여 지었나니 나의 찬송을 부르게 하려 함이니라"(사 43:21).

이 시편은 다윗왕이 거둔 과거의 승리와 미래에 거둘 승리를 찬양하는 "다윗왕의 시"이지만 동시에 왕 중의 왕이 되시는 예수 그리스도께서 거두신 승리와 앞으로 거두실 승리를 찬양하는 "메시아의 시"이다. 또한 "왕 같은 제사장"(벧전 2:9)으로 삼으신 모든 그리스도인들이 거둔 승리와 앞으로 거둘 승리를 찬양하는 "신자들의 시"라고 할 수 있다.

오늘도 우리에게 승리 주시는 하나님, 그 한 분만을 높이고 찬양합시다.

고난 중의 부르짖음과 찬양

✶ 시편 22편 ✶

시편 22편은 다윗이 당한 고통을 묘사하면서도 궁극적으로는 메시아가 당할 고통을 예표적으로, 즉 예언적으로 묘사한 시이다.

1. 하나님을 향한 부르짖음(1~21절)

"내 하나님이여 내 하나님이여 어찌 나를 버리셨나이까"(1절) 아무리 생각해 보아도 이유 없는 고난이요 까닭 없는 수난이었다. 하나님으로부터 버림받을 만한 이유가 없는데 하나님께 버림을 받은 듯한 절망을 경험하는 경우가 있다. 그 대표적인 예가 하나님의 아들 예수 그리스도가 하나님으로부터 버림을 받은 것이었다. 범죄의 대가로 버림을 받아야 하는 모든 죄인들을 대신하여 (대속의 의미로) 예수 그리스도께서 버림을 받으셨다(마 27:46). 예수 그리스도가 버림을 당하심으로 우리 죄인들이 그 대신 찾은 바 되었다. 시인은 고통과 비탄 중에서도 하나님에 대한 신앙을 버리지 않았기 때문에 "내 하나님"이라고 부르짖었다.

"나를 멀리하여 돕지 아니하옵시며 내 신음하는 소리를 듣지 아니하시나이까"(1절) 아무리 부르짖어도 응답이 없었다. 성도에게 있어서 기도를 거절당하는 것 이상의 비참한 고통은 없다. 하나님은 아들의 기도를 거절하시므로 우리 죄인들의 기도를 들으시게 되었다.

"내 하나님이여 내가 낮에도 부르짖고 밤에도 잠잠치 아니하오나"(2절) 기도 응답이 없어도 시인은 기도를 포기하지 않았다. 시인이 고통과 절망 중에서도 기도를 포기하지 않은 이유는 다음과 같다. 첫째, 이스라엘의 찬송 중에 거하시는 하나님의 거룩하심을 믿었기 때문이다(3절). 둘째, 과거에 성도들의 기도를 들으시고 구원하신 것을 알았기 때문이다(4~5절). 셋째, 자기가 당하는 치욕과 고통이 하나님을 의지하고 기뻐하는 경건한 신자의 신앙 때문임을 알았다(9~10절). 넷째, 극심한 고통과 환난에서 자기를 도울 분이 하나님밖에 없음을 알았기 때문이다(11~21절).

그가 당하는 고통은 너무나 극심하여 물같이 쏟아졌고 모든 뼈가 어그러졌고 마음은 촛농같이 녹았고 혀가 잇틀에 붙었고 모든 뼈를 셀 수 있을 정도였다. 결국 시인은 "속히 나를 도우소서 내 영혼을 건지소서 나를 구하소서 내게 응락하소서"라고 다급하게 부르짖으며 기도했다.

2. 하나님을 향한 찬양(22~26절)

"주를 찬송하리이다"(22절) 처절한 기도 뒤에는 반드시 감사의 찬양이 있다. 시인은 자기의 기도가 이루어질 줄을 믿었을 뿐 아니라 이미 이루어진 줄 믿고 기뻐하며 찬송했다. 시인은 형제에게 주의 이름을 선포하고 회중에서 주를 찬양하겠다고 말했다.

"여호와를 두려워하는 너희여"(23~26절) 시인은 한걸음 더 나아가서 하나님의 백성들을 향하여 여호와를 찬송하며 여호와에게 영광을 돌리고 여호와를 경외하라고 권면했다. 찬송은 주께로부터 온 것이다.

3. 세계를 향한 구원의 선포(27~31절)

"땅의 모든 끝이 여호와를 기억하고 돌아오며"(27절) 이것은 다윗의 시대에 이스라엘 민족으로 말미암아 다른 민족들에게 하나님의 이름이 널리 알려질 사실을 가리킨다고 볼 수도 있으나, 궁극적으로는 메시아의 수난의 열매로 모든 이방 민족들에게 복음이 이르게 될 것을 예언한 것이다. 구원의 은총이 만민에게 임하고 모든 족속이 하나님을 경배할 것을 예언했다. 유대인뿐 아니라 각 나라와 족속이, 부요한 자뿐 아니라 진토에 내려가는 가난한 자들이 그리고 현존하는 자들뿐 아니라 장차 태어날 후손들이 모두 구원의 은총을 받게 될 것을 예언했다. 그들은 모두 주님을 찬양하고 주님 앞에 봉사하며 주님을 전할 것이다.

하루의 일과를 시작하는 이 시간, 고통과 절망 중에서도 기도하기를 포기하지 않은 본문의 시인과 같이 끝까지 인내하며 응답해 주시기를 믿고 기도하기를 바란다.

여호와는 나의 목자

✱ 시편 23편 ✱

1. 여호와는 나의 목자시니(1절)

"여호와는 나의 목자시니"(1절) 다윗은 자기를 양에 비유하면서 하나님을 자기의 목자라고 불렀다. 다윗에게 있어서 양과 목자만큼 실제적이고 실감나는 것은 없었다. 그는 소년 시절을 목자로 지냈기 때문이었다. "이새가 가로되 아직 말째가 남았는데 그가 양을 지키나이다"(삼상 16:11).

하나님은 이론적이고 추상적인 분이 아니시고 실제적이신 분이며 실감할 수 있는 분이다. 다윗은 양들이 얼마나 약하고 어리석고 부족한 동물인 것을 너무나 잘 알고 있었다. 양은 목자 없이는 살아갈 수 없는 동물이었다. 그러나 좋은 목자만 있으면 양들은 걱정할 것이 없다. 부족한 것이 없다.

"여호와는 나의 목자시니 내가 부족함이 없으리로다"(1절) 다윗은 하나님을 자기의 목자로 삼으면서 살았다. 그 결과 자기에게 부족한 것이 없었다. 하나님을 "나의" 하나님, "나의" 목자로 부를 수 있는 사람은 행복한 사람이다. 하나님을 자기의 목자로 고백하면서 사는 사람은 세상에서 부족함이 없기 때문이다.

2. 나를 인도하시는도다(2~3절)

"그가 나를 푸른 초장에 누이시며 … 인도하시는도다 … 내 영혼을 소생시키시고 … 인도하시는도다"(2~3절) 하나님은 우리들의 육적 생활과 아울러 영적 생활을 인도하시고 복을 주신다. 우리의 육신을 위해 먹을 것, 입을 것, 쉴 곳을 마련하시고 또한 우리의 영혼을 회개케 하시고 사죄함을 받게 하셔서 생명을 얻게 하시며 의로운 길로 인도하신다. 그러므로 성도들은 부족함이 없다.

3. 사망의 음침한 골짜기에서도 나와 함께하심이라(4~5절)

세상 길을 걸어갈 때에는 음침한 골짜기로 다니게도 되고 원수의 공격을 당하게도 된다. 다니엘도 바울도 음침한 골짜기로 걸어갔고 원수들의 집요한 공격을 당하기도 했다. 그러나 환난과 위험의 때는 하나님께서 함께하시는 때이다. 하나님이 그의 지팡이와 막대기로 우리를 보호하시고 우리를 위로하시는 때이다. 그러므로 성도는 두려워할 필요가 없다. 어려운 일들이 닥쳐도 두려워할 필요가 없다. 하나님께서 함께하시기 때문이다. 하나님께서 위로하시기 때문이다. 우리는 환난과 위험을 당할 때 "해를 두려워하지 않을 것은 주께서 나와 함께하심이라"고 외칠 수 있다. 그러므로 성도들은 부족한 것이 없다.

4. 여호와의 집에 영원히 거하리로다(5~6절)

"내게 상을 베푸시고"(5절) 하나님은 잔칫상을 베푸신다. 풍성함과 기쁨을 베푸신다. 그래서 원수들이 입을 벌리고 놀란다. "기름으로 내 머리에 바르셨으니"(5절) 머리에 기름을 붓는 것은 주인이 손님을 지극히 존중하게 여기는 표시이다. 하나님은 성도들을 존귀히 여기신다. "내 잔이 넘치나이다"(5절), 하나님의 은혜가 너무 커서 감격할 수밖에 없다.

"나의 평생에 선하심과 인자하심이 정녕 나를 따르리니"(6절) 하나님의 은혜를 과거에도 받았고, 현재에도 받고 있을 뿐 아니라 앞으로 평생토록 받을 것을 내다본다. 하나님의 인자하심이 우리들을 따라다닌다.

"내가 여호와의 집에 영원히 거하리로다"(6절) 다윗은 끝으로 천국을 바라본다. 아브라함도 그랬고, 바울도 그랬고, 어거스틴도 그랬다. 우리의 궁극적 복은 천국의 복이다. 하나님은 우리 성도들을 천국에 영원토록 거하게 하신다. 그러므로 성도들은 부족함이 없다.

"여호와는 나의 목자시니 내가 부족함이 없으리로다"라고 고백했던 다윗과 같이 이 새벽 하나님 앞에 우리의 신앙을 고백하고, 우리의 목자되신 하나님으로 인해 승리하는 하루가 되기를 바란다.

여호와의 산에 오를 자
* 시편 24편 *

다윗은 하나님을 만나고 하나님과 함께 있기를 간절히 사모한 사람이다. 그 간절한 소원이 시편 15:1, 42:1, 73:28, 84:4 등에 잘 나타나 있다. 시편 24편의 주제도 하나님께 가까이 접근하여 예배하며 하나님과 함께 거하기를 소원하는 것이다. 다윗은 3절에서 질문 형식으로 하나님과 함께 하고자 하는 소원을 강하게 표현했다. "여호와의 산에 오를 자 누구며 그 거룩한 곳에 설 자가 누군고"(3절) 하나님의 산에 오를 수 있는 자의 자격은 무엇인가?

1. 온 세계가 모두 하나님의 것임을 아는 자(1~2절)

하나님에게 가까이 접근하여 예배할 수 있는 사람은 무엇보다 먼저 하나님의 위대하심을 바로 아는 자이다. 즉 하나님이 땅과 바다와 세계 만물을 창조하시고 다스리시며 소유하시는 창조주이심을 바로 아는 자이다.

다윗은 여기서 세계에 있는 모든 것과 모든 자가 "다 여호와의 것"이라고 고백했다. 우리의 소유는 하나도 없다. 돈으로 땅을 사가지고 그땅이 "내 것"이라고 말하는 사람은 하나님을 바로 알지 못하는 사람이다. 이 세상에 존재하는 모든 것은 하나님께 속해 있다. 우리들은 그것들을 잠시 맡아서 관리하는 청지기에 불과하다. "네게 있는 것 중에 받지 아니한 것이 무엇이뇨 네가 받았은 즉 어찌하여 받지 아니한 것같이 자랑하느뇨"(고전 4:7).

2. 손과 마음과 입이 깨끗한 자(4~6절)

하나님께 가까이 접근하여 예배할 수 있는 사람은 둘째로 손과 마음과 입이 깨끗한 사람이다. 즉 도덕적으로 올바른 사람이다. 손은 행위를 의미한다. 손을 잘 쓰면 도움과 사랑을 베풀 수 있지만, 그렇지 않으면 도적질과 살인죄를 범하여 해를 끼칠 수도 있다. 본래 손이 깨끗한 사람은 없다. 그러나 손이 범한 죄를 회개하고 고친 사람은 깨끗한 손을 갖게 된다.

마음은 보이지 않는 내적 동기를 의미한다. 하나님은 심장과 폐부를 살피신다(렘 17:10). 예수님도 마음이 청결한 사가 하나님을 볼 수 있다고 했다(마 5:8). 여기 마음이 청결하다는 말은 갈라진, 두 가지 마음을 품지 않는 것을 말한다. 허탄한 데 마음을 갈리지 않게 하는 것을 말한다. 단 마음, 순수한 마음을 갖는 것을 말한다. 본래 마음이 깨끗한 사람은 없다. 그러나 마음이 범한 죄를 회개하고 고친 사람은 깨끗한 마음을 갖게 된다.

입의 말은 그 사람의 인격을 나타낸다. 거짓말하는 자, 말한 것을 어기는 자는 하나님께 가까이 갈 자격이 없다. 진실을 말하며 서원한 것을 지키는 자가 하나님께 가까이 갈 수 있는 자이다(시 15:2~4). 다윗은 입의 말과 관련하여 다음과 같은 기도를 했다.

"여호와여 내 입 앞에 파수꾼을 세우시고 내 입술의 문을 지키소서"(시 141:3). 입술에 거짓이 없는 자가 여호와의 산에 오를 수 있는 자이다.

다윗은 손과 마음과 입술이 깨끗한 자는 결국 하나님께 복을 받아 의를 얻는 사람이라고 고백했다. 그리고 그와 같은 사람은 하나님의 얼굴을 찾으며 하나님께 기도하는 사람이라고 설명했다. "저는 여호와께 복을 받고 구원의 하나님께 의를 얻으리니 이는 여호와를 찾는 족속이요 야곱의 하나님의 얼굴을 구하는 자로다"(5~6절).

3. 문들을 열고 문들의 머리를 드는 자(7~10절)

하나님에게 가까이 접근하여 예배할 수 있는 사람은 셋째로 문을 열고 머리를 높이 드는 자이다. 여기 문들은 성전의 문들을 말하며 신자 개인개인의 마음의 문들을 말한다. 만군의 여호와 곧 영광의 왕을 모시려면 그분은 너무 크시기 때문에 문들을 활짝 열고 문들의 머리를 높이 들어야 한다. 아무리 높이 들어도 부족하지만 최대한으로 성의를 다하여 하나님을 영접하고 모셔야 한다. "누구든지 내 음성을 듣고 문을 열면 내가 그에게로 들어가 그로 더불어 먹고"(계 3:20). "문들아 너희 머리를 들지어다".

오늘 하루를 지낼 때에 여호와의 산에서 하나님을 만나고 하나님과 함께 거하는 은혜를 누릴 수 있기를 바란다.

나의 영혼이 주를 우러러보나이다

✱ 시편 25편 ✱

1. 하나님을 우러러보며 원수로부터 구원과 죄사함을 간구(1~7절)

다윗은 자주 원수의 공격을 당하곤 했다. 신자들도 세상을 살아가면서 자주 원수들의 공격을 당한다. 원수는 때로 우리의 약한 곳을 이용하여 우리를 위협하기도 하고, 때로 우리의 허물을 지적하며 좌절시키기도 한다. 다윗은 하나님께서 자기를 원수의 공격으로부터 구원해 주시기를 간구했다. 수치를 당하지 않게 해달라고 기도했다. 부끄러움을 당하지 않게 해달라고 기도했다.

다윗은 또한 자기의 죄와 허물을 용서해 달라고 간구했다. 사죄와 승리의 은총을 간구했다. 예수님도 우리 신자들이 날마다 하나님께 이렇게 기도하라고 가르쳐 주셨다. "우리 죄를 사하여 주옵시고 우리를 시험에 들게 하지 마옵시고 다만 악에서 구하옵소서"(마 6:12~13).

다윗은 하나님께 어떻게 기도하는 것이 바로 기도하는 것임을 잘 알고 있었다. 첫째는 자기 영혼이 주를 우러러보며 기도하는 것이었다. 이 시편에 '주를 우러러본다'는 말이 여러 번 계속해서 나온다(1, 3, 5, 15, 21절). 둘째는 주를 의지하면서 기도하는 것이었다. 다른 것들을 의지하며 하는 기도는 참 기도가 아니다. 다윗은 하나님께만 매달리며 기도했다.

2. 하나님을 바로 알고 고백하며 죄사함을 간구(6~15절)

하나님을 바로 아는 사람만이 그 영혼이 주를 우러러보며 주님께 의지하면서 간절히 기도할 수 있다. 다윗은 하나님이 누구이심을 바로 고백하면서 기도했다.

첫째, 하나님은 긍휼하시고, 인자하시고, 선하시고, 정직하시다(6~8절). 다윗은 여호와께서 어떠한 분이신가를 거듭해서 강조하며 사죄와 구원의 은총을 간구했다.

둘째, 하나님은 앞길을 인도하시고, 영혼을 평안히 거하게 하시며 그 자손이 땅을 상속하게 하시고, 그 언약을 보여 주시는 분이시다(9~15절). 다윗은 하나님의 성품이 어떠하심을 고백한 다음, 하나님의 행위가 어떠하심을 고백하며 기도를 드렸다. 하나님은 온유한 자에게 길을 인도하시고, 영혼을 평안히 거하게 하시고, 땅을 상속하게 하시고, 그 언약을 보여 주시는 분이시다.

3. 자기의 괴로움을 아뢰며 구원을 다시 간구(16~22절)

다윗은 자기가 당하는 괴로움과 근심과 곤란과 곤고와 환난을 낱낱이 아뢰며 하나님의 긍휼과 사죄와 구원을 간구했다. "긍휼히 여기소서"(16절), "내 모든 죄를 사하소서"(18절), "나를 구원하소서"(20절), "이스라엘을 그 모든 환난에서 구속하소서"(22절). 성도들은 하나님 앞에 나아갈 때 자기들이 당하는 모든 괴로움과 아픔을 그대로 드러내 놓고 하나님께 기도할 수 있다. 자기와 자기 백성의 구원을 위해 간구할 수 있다.

하나님은 자기 백성의 곤고와 환난을 보신다. "내가 애굽에 있는 내 백성의 고통을 정녕히 보고"(출 3:7). 하나님은 또한 원수를 보신다. 그리고 자기 백성을 고통과 원수로부터 구원하신다.

이 새벽에 주시는 말씀을 통해 성도들은 세상을 살아가는 동안 어떠한 형편에 처할지라도 하나님을 우러러보고 의지하며 기도해야 함을 기억하자. 하나님은 성도들의 기도를 들으시고 죄를 사하시며 원수들의 손에서 구원하신다.

내가 나의 완전함에 행하였사오니
✱ 시편 26편 ✱

1. 내가 나의 완전함에 행하였사오니 『바른 삶』(1~3절)

성도는 거의 모든 사람이 불의를 행하고 거짓을 범하는 어두움 가운데서 살아갈 수 있다. 그곳이 군대가 될 수도 있고, 회사가 될 수도 있고, 학교가 될 수도 있다. 모두가 흉악한 죄를 범할 수 있다. 다윗은 비록 자기가 그와 같은 불의한 환경에 처했을지라도, 불의한 자들의 비난과 협박과 박해를 당했을지라도 자기는 "완전함"에 행했다고 고백했다. 여기서 완전함은 "성실함"과 "온전함"을 의미한다. 모두가 잘못을 범하는 때에 성도가 바른 삶을 살도록 결단하고 이를 실천하는 것은 매우 중요하다.

다윗은 또한 그와 같은 어려운 때에 "요동치 아니하고 여호와를 의지하였사오니"라고 고백했다. 다윗은 원수들의 비난과 공격을 다른 방법으로 막지 않고 하나님을 의지함으로 막으려고 했다. 그리고 하나님의 판단만을 기다린다고 고백했다. 하나님께 자기를 살피시고 자기를 시험해 보시라고 아뢰었다. 자기의 뜻과 마음을 단련해 주시기를 간구했다. 그리고 주의 인자하심이 자기의 목전에 있다고 확신하며 고백했다. 바르게 살기를 작정하고 하나님만을 의지하는 것이 어려움에 처한 성도가 취할 자세이다.

2. 간사한 자와 동행치도 아니하리이다「서원」(4~8절)

다윗은 계속해서 죄인들의 길로 가지 않고 바른길로 가겠다고 하나님께 서원했다. "허망한 사람" 곧 헛된 사람들과 같이 앉지도 아니하고 "간사한 자"와 동행치도 않겠다고 서원했다. "행악자의 집회" 곧 악을 행하는 사람들의 모임에 가지도 않고 그들과 같이 앉지도 않겠다고 서원했다. 그리고 적극적으로는 바르게 살도록 힘쓰면서 "무죄하므로 손을 씻고" 정결케 한 후 주의 단에서 열심히 봉사하되 감사의 찬양을 드리고 하나님의 놀라우신 일들을 선포하겠다고 서원했다. 하나님의 집을 사랑하겠다고 서원했다.

3. 내 생명을 살인자와 함께 거두지 마소서「간구와 찬양」(9~12절)

바른 삶과 서원을 근거로 다윗은 이제 하나님께서 자기의 영혼과 생명을 구원해 주시기를 호소했다. 현세의 삶도 중요하지만 종말이 더욱 중요하다. 성도의 종말이 죄인이나 살인자의 종말과 같아진다면 그보다 더 원통스러운 일은 없을 것이다. 다윗은 이제 하나님께서 자기의 종말을 죄인이나 살인자의 종말과 같게 하지 않으시기를 간구했다. 자기는 과거와 마찬가지로 계속해서 바른 길로 행하겠으니 자기를 구속하시고 자기에게 긍휼을 베풀어 달라고 간구했다. "나는 나의 완전함에 행하오리니 나를 구속하시고 긍휼히 여기소서".

바른 삶의 결단과 서원을 근거로 하나님의 도우심과 구원을 간절히 기도한 다윗은 이미 하나님의 도우심과 구원을 확신하며 하나님을 찬양했다. "내 발이 평탄한 데 섰사오니 회중에서 여호와를 송축하리이다".

다윗은 불의한 환경 중에서도 "나는 나의 완전함에 행하였사오니"라고 고백했다. 이 시간 다윗의 고백을 들으면서 내가 하나님께 드릴 수 있는 고백이 있다면 무엇일까 묵상해 보자.

내가 누구를 두려워하리요

* 시편 27편 *

1. 내가 누구를 두려워하리요(1~3절)

이 시편은 다윗이 사울왕의 추격이나 압살롬의 반란 때에 쓴 것으로 생각된다. 성도들은 이 세상을 살아가면서 대적들과 원수들과 행악자들의 공격이나 전쟁의 위험을 당하게 된다. 이와 같은 경우 성도들은 두려움과 무서움을 느낄 수 있다.

그러나 다윗은 여기서 아무것도 두려워하지 않고 무서워하지도 않는다고 고백했다. "내가 누구를 두려워하리요" "내가 누구를 무서워하리요" 그 이유는 오직 한 가지이다. 여호와 하나님이 다윗의 빛이시고 구원이시며 생명의 능력이시기 때문이다(1절). 원수들의 공격이 잔혹해도 상관없고, 원수들의 세력이 커도 상관없다. 다윗은 여기서 "내가 오히려 안연하리로다"라고 고백했다. 두려움이 없는 평안과 여유! 이것이 하나님을 의지하는 성도들이 누리는 복이다.

2. 내가 한 가지 일을 구하리니(4~6절)

　일반적으로 남자들의 야망은 부귀영화이고, 여자들의 욕망은 사랑과 행복이다. 그러나 여기서 다윗은 자기의 소원이 그런 것들이 아니라고 말한다. 자기의 소원과 간구는 한 가지, 평생 여호와의 집에 거하면서 여호와의 아름다움을 앙망하는 것이라고 고백했다. 다윗은 지금 예루살렘에서 멀리 떠나 있으면서 예루살렘에 있는 여호와의 성막을 사모했다. 하나님의 집에 있으면서 하나님을 바라보고 묵상하기를 그렇게도 소원하고 사모했다. 다윗은 하나님의 초막 속에서 하나님의 지키심 받기를 소원했고 그리고 그 장막에서 즐거운 제사를 드리며 하나님 찬양하기를 소원했다. 결국 다윗은 하나님만을 두려워했고 하나님만을 좋아했고 사모했다. 우리들은 무엇을 두려워하고, 무엇을 좋아하며 사모하는가?

3. 나를 버리지 말고 떠나지 마옵소서(7~12절)

　다윗은 다시금 하나님을 향하여 소리를 내어 부르짖으며 기도했다. 기도의 내용은 가장 근본적이고 본질적인 것이었다. 즉 하나님께서 자기를 버리지 마시고 떠나지 마시기를 간구했다. 가장 큰 불행과 저주는 하나님께서 우리를 떠나시고 버리시는 것이다. 가장 큰 행복은 하나님께서 우리를 찾으시고 우리와 함께하시는 것이다.

　다윗의 기도 근거는 먼저 자기의 의로움이나 공로가 아니고 하나님의 "긍휼"이었다. 그리고 두 번째 기도 근거는 하나님께서 기도하라고 명하신 하나님의 말씀이었다. 하나님은 우리들에게 "내 얼굴을 구하면"이라고 분부하신다(대하 7:14). 우리가 찾을 것은 주님의 얼굴이다. 주님이 자비의 얼굴을 우리에게 향하시면 우리는 부족함이 없다(민 6:25~26, 시 30:7, 104:29). 다윗의 기도 세 번째 근거는 하나님이 자기 백성을 버리시지 않겠다고 말씀하신 하나님의 신실하심이었다. "내 부모는 나를 버렸으나 여호와는 나를 영접하시리이다"(10절).

다윗의 기도는 자기를 주의 길로 가르치시고 인도하시기를 간구한 것이었다. 주님이 기뻐하시는 길이 어느 길인지를 배우고 그 길로 걸어가는 것이 성도들이 힘써 해야 할 일이다.

4. 강하고 담대하며 여호와를 바랄지어다(13~14절)

하나님만을 바라보며 기도한 다윗은 이제 자기가 사는 동안 하나님의 은혜를 덧입게 될 것을 확신하기에 이르렀고 한걸음 더 나아가서 자기와 같이 역경에 처한 성도들을 향해 믿음과 용기를 갖고 하나님을 바라라고 권면했다. "강하고 담대하며 여호와를 바랄지어다"(14절). 이 말은 우리가 우리 자신을 향하여 반복해서 고백해야 할 말이며 다른 성도들을 향하여 반복해서 권면해야 할 말이다.

우리가 해야 할 일은 이리저리 덤비기 전에 하나님을 바라고 의지하며 기다리는 것이다. 강하고 담대한 마음을 갖고 하나님을 바라고 의지하는 오늘 하루가 되기를 바란다.

위급한 때의 기도와 형통한 때의 찬송
✱ 시편 28편 ✱

1. 내가 주께 부르짖으오니 (1~5절)

본 편은 시편 27편과 같이 다윗이 압살롬의 반란으로 인해 위기에 처했을 때에 쓴 듯하다. 성도들에게 있어서 위기의 때는 기도의 기회가 된다.

"부르짖으오니"(1절) 부르짖는다는 말은 절규나 통곡을 의미한다. 기도의 간절성을 나타낸다. 기도응답이 없다면 그것은 죽는 것과 같다고 표현하며 부르짖어 기도했다. 하나님이 귀를 막지 마시기를 간구했고 하나님이 잠잠하지 마시기를 간구했다. 성경은 자주 부르짖어 기도하라고 했다(렘 29:12, 33:3, 시 27:7).

"주의 성소를 향하여 나의 손을 들고"(2절) 손을 드는 것 역시 하나님을 향한 간절함과 겸허함을 나타낸다. 신구약의 성도들이 때때로 손을 들고 기도한 풍속이 있다(출 17:11, 스 9:5, 시 134:2, 애 2:19, 눅 24:50, 딤전 2:8). 다윗은 손을 들되 성소를 향해서 손을 들었다. 즉 성소가 있는 예루살렘을 향해서 손을 들고 기도했다. 다니엘도 하루에 세 번씩 예루살렘을 향해 기도했다(단 6:10).

"악인과 행악하는 자와 함께 나를 끌지 마옵소서"(3절) 다윗은 여기서 자기의 걸음과 종말이 악인들과 같아지지 않기를 기도했다. 성도들은 세상을 살아가면서 악인들의 영향을 받아 악인들과 함께 걸어가게 되기가 쉽다. 성도들은 악인들과 함께 끌려가지 않게 해달라고 기도해야 한다. 다윗은 "악에서 구하옵소서"라고 날마다 기도하라고 했다. 다윗은 한걸음 더 나아가 악인들을 그 행위의 악한 대로 갚으시고 그들을 보응해 달라고 기도했다. 그것은 보복의 차원이 아니라 하나님의 공의의 확립을 위해서였다. 여기 악인들은 창조주 하나님이 행하신 일을 생각지도 않고, 믿지도 않는 무신론자요, 반신론자들이다. 성도들은 하나님의 공의가 확립되고 선양되기 위해서 기도해야 한다.

2. 여호와를 찬송함이여(6~8절)

기도자는 많은 경우에 기도를 하자마자 곧 응답을 받는다(사 38:5, 단 9:23). 상황이 갑자기 바뀌어지는 경우도 있지만 무엇보다 중요한 것은 기도자의 마음 상태가 바뀌어지는 것이다. 다윗은 부르짖어 통곡하며 기도하다가 갑자기 감사의 찬송을 불렀다. 상황이 갑자기 바뀌어져 다윗이 감사의 찬송을 불렀을 수도 있고, 아직 상황은 바뀌어지지 않았으나 이미 그의 마음속에 놀라운 변화가 일어났기 때문에 감사의 찬송을 불렀을 수도 있다. 바울과 실라는 옥 중에 있으면서도 찬송을 불렀다.

"여호와를 찬송함이여"(6절) 다윗이 찬송을 부른 이유는 첫째, 하나님께서 자기의 간구하는 소리를 들으셨기 때문이며 둘째, 이미 다윗이 하나님의 도움을 얻었기 때문이다. 다윗은 이미 "내가 도움을 얻었도다"라고 고백했다. 다윗이 하나님의 도움을 얻을 수 있었던 것은 하나님이 다윗의 힘과 방패가 되셨기 때문이었으며 또한 다윗의 마음이 저를 의지했기 때문이다.

"내 마음이 크게 기뻐하며"(7절) 기도응답을 받아 찬송하는 사람의 마음에는 큰 기쁨이 임한다. 자기의 노래가 계속해서 흘러나온다. 다시금 하나님을 찬송하게 된다. 위급할 때 기도하고 형통할 때 찬송하며 기뻐하는 것이 성도의 삶이다. 여호와는 하나님의 백성들의 힘이 되신다. 그리고 기름부음을 받은 자(여기서는 이스라엘의 왕인 다윗 자신을 가리키지만 하나님의 세우심을 받은 모든 종들을 가리킨다 할 수 있다)의 구원의 산성이 되신다.

3. 주의 산업에 복을 주시고(9절)

기도응답을 받아 기뻐하며 찬송한 다윗은 끝으로 하나님의 백성들을 향해 축원을 드렸다. 첫째, 주의 백성을 구원해 주시기를 축원했고 둘째, 주의 산업에 복을 주시기를 축원했으며 셋째, 여호와께서 저들의 목자가 되어 저들을 영원토록 인도하시기를 축원했다.

오늘 이 새벽에 하나님 앞에 나아와 기도하는 우리 모두는 위급할 때 기도하는 믿음과 형통할 때 그 형통함의 영광을 찬송을 통해 하나님께 돌려드리는 믿음을 소유하도록 하자.

여호와께 영광을

✱ 시편 29편 ✱

1. 여호와께 영광을(1~2절)

"너희 권능 있는 자들아"(1절) 피조물들이 지음받은 궁극적인 목적은 창조주 하나님께 영광을 돌리는 것이다(시 150:6, 사 43:21). 권능을 부여받은 천사들이나 지상의 통치자들은 더욱더 영광과 능력을 하나님께 돌리고 또 돌려야 한다. 그들이 누리는 영광과 능력이 모두 여호와께로부터 나온 것이기 때문이다. "이는 만물이 주에게서 나오고 주로 말미암고 주에게로 돌아감이라 영광이 그에게 세세에 있으리로다 아멘"(롬 11:36).

"여호와께"(1절) 영광을 여호와께 돌려야 한다. "주 너의 하나님께 경배하고 다만 그를 섬기라"(마 4:10). 그러나 때때로 지상의 통치자들이 영광과 능력을 하나님께 드리는 대신 자기 자신에게로 돌리는 잘못을 범하는 경우가 있다. 헤롯의 경우가 그러했다(행 12:23).

"여호와의 이름에"(2절) 영광을 여호와께 돌리되 첫째는 여호와의 이름, 즉 하나님 그분께 영광을 돌려야 하고, 둘째는 거룩한 옷을 입고, 즉 어린양의 피로 씻음을 받은 성결의 은혜를 힘 입고 하나님께 영광을 돌려야 한다. "경배할지어다"(2절). 하나님께 영광을 돌리는 한 가지 방법은 하나님께 경배하는 것이다.

2. 여호와의 소리가(3~9절)

"여호와의 소리가"(3절) 이 말이 일곱 번 나오는데 자연계에 울려 퍼지는 뇌성벽력을 가리킨다. 물 위에 울려 퍼지고 산 위에 울려 퍼지며, 광야에 울려 퍼지는 힘있고 위엄찬 뇌성벽력을 가리킨다. 그런데 다윗은 자연계에 울려 퍼지는 뇌성벽력을 가리켜 "여호와의 소리"라고 불렀다. 하나님의 신에 감동을 받아 영의 귀가 열릴 때, 자연계에 울려 퍼지는 뇌성벽력을 통해서도 자연계를 다스리시는 "여호와의 소리"를 듣게 된다. 루터는 뇌성벽력을 통해 깊은 종교적 각성을 얻은 일이 있다.

며칠 전 우리 교역자 가족들이 "옐로우 스톤"이라는 제목의 아이맥스 영화를 함께 보았는데 웅장하게 펼쳐지는 자연의 모습과 소리를 접하며 모두 깊은 감동을 받았다. 땅 속에서 주기적으로 힘 있게 하늘을 향해 솟아오르는 뜨거운 물줄기의 웅장한 모습과 소리를 접할 때, 우리는 하나님의 손길을 온몸으로 느끼며 감동을 받지 않을 수 없었다.

나는 1983년 여름 알프스의 장관을 처음 접하고 넋이 나갈 정도로 하나님의 창조 신비와 아름다움에 도취되어 하나님의 위대하심을 찬양한 적이 있다.

하나님의 자녀들은 자연계의 모습에서 하나님의 모습을 볼 줄 알아야 하고, 자연계의 소리에서 "여호와의 소리"를 들을 줄 알아야 한다. 그렇게 될 때 우리는 하나님께 영광과 능력을 돌리며 하나님을 찬양하게 된다(찬송가 40장).

3. 자기 백성에게 힘과 평강의 복을(10~11절)

"여호와께서 홍수 때에 좌정하셨음이여"(10절) 하나님의 자녀들은 뇌성벽력뿐 아니라 홍수가 범람하는 때에도 하나님의 손길과 임재하심을 느낀다. 홍수 때에도 즉 심판을 통해서도 하나님이 역사하시고 좌정하심을 본다. 아니 여호와께서 언제 어디서나 영영토록 왕으로 좌정하시는 것을 본다. 하나님의 임재하심과 좌정하심을 보는 것이야말로 성도에게 최상의 위로와 기쁨과 힘이 된다.

"자기 백성에게 힘을 주심이여"(11절) 하나님의 좌정하심을 보는 것 자체가 성도들에게 힘이 된다. 하나님의 임재하심을 보는 성도에게 하나님은 힘을 주신다. "자기 백성에게 평강의 복을"(11절), 여호와 하나님께서 좌정하신 것을 보는 사람은 또한 평강의 복을 받는다. 어린아이가 엄마 아빠가 자기 옆에 있을 때 평안을 누리는 것처럼, 하나님의 자녀들도 하나님이 자기 곁에 좌정하심을 볼 때 평강을 누린다.

오늘 하루를 지낼 때에 우리에게 힘과 평강의 복을 주시는 하나님께 영광 돌리는 삶이 되기를 바란다.

내가 주를 높일 것은

시편 30편

이 시편은 주를 높이고(1절), 주를 찬송하고(4, 12절), 주께 감사하는(12절) 찬송시이다. 이것은 인생의 본분이요 성도의 본분이다. 이사야 43:21을 항상 기억하며 주를 높이기를 힘써야 한다.

1. 주를 높일 이유(1~3절)

다윗이 주를 높인 이유는 주께서 다윗을 끌어내어 살리셨기 때문이었다. 다윗이 주께 부르짖었을 때 하나님은 그를 끌어내셨다. 구덩이에서 끌어내셨고, 음부에서 끌어내셨다. 이스라엘 백성이 애굽에서 고통 중에 부르짖었을 때(출 2:23, 3:9), 하나님은 그들의 고통 소리를 들으시고, 그들을 애굽의 종살이에서 끌어내어 살리셨다. 다윗이 질병의 고통 중에서 부르짖었을 때 하나님은 그를 고치셨고, 원수의 공격 중에서 부르짖었을 때 그를 끌어내어 살리셨다. 하나님은 우리들을 끌어내어 살리시는 분이시다. 우리를 높이시는 분이시다. 그러므로 우리는 그를 높여야 한다.

2. 성도들이 주를 찬송하고 주께 감사할 이유(4~7절)

다윗은 구원의 은총을 입은 후 성도들을 향하여 주를 찬송하고 주께 감사하라고 권면했다. 하나님은 구원의 은총을 다윗에게 뿐 아니라 모든 성도들에게 한결같이 베푸시기 때문이다. 다윗은 하나님의 노여움을 당하는 성도들을 향하여 낙심하지 말고 오히려 하나님을 찬송하고 그 이름에 감사하라고 권면했다. 그 노염은 잠깐이고 그 은총은 평생이기 때문이라고 그 이유를 제시했다. 그것을 다윗이 체험했기 때문이었다. 저녁에는 울음이 기숙할지라도 아침에는 기쁨이 온다고 힘있게 간증했다. 은혜를 체험한 사람의 간증은 힘이 있고 감화력이 있다.

다윗은 계속해서 자기가 범했던 실수까지 솔직하게 고백했다. 그 실수는 다윗이 형통할 때 자만했던 것이었다. 즉 다윗은 하나님의 세움을 받았을 때 자기는 이제 영영히 요동치 않을 것이라고 장담한 일이 있었다. 다윗이 자만했을 때 하나님은 그에게 진노하셨다. 그를 낮추셨다. 결국 다윗은 근심에 빠졌다. 지난날 자기의 실수와 하나님이 베푸신 은혜를 고백하는 간증은 귀한 간증이다.

3. 다시 주를 찬송하고 주께 감사하는 이유(8~12절)

다윗의 시선은 성도들로부터 다시 주님께로 향했다. 그리고 지난날 자기가 주께 부르짖으며 주님의 긍휼을 간구했을 때 주께서 응답하시고 자기의 슬픔이 변하여 춤이 되게 하신 일을 다시 아뢰었다. 자기의 베옷을 벗기고 기쁨으로 띠 띠우신 일을 다시 아뢰었다. 하나님께서는 당신이 베푸신 구원의 이야기를 성도가 반복해서 간증하고 아뢰기를 기뻐한다. 다윗은 하나님께서 자기에게 구원의 은혜를 베푸신 목적이 자기가 잠잠치 아니하고 주를 찬송하게 하는 데 있다고 고백했다. 그래서 다윗은 또 다시 주님을 찬송했고 주님께 감사를 드렸다. "이는 잠잠치 아니하고 내 영광으로 주를 찬송케 하심이니 여호와 나의 하나님이여 내가 주께 영영히 감사하리이다"(12절).

주를 높이고(1절), 주를 찬송하고(4, 12절), 주께 감사하는(12절) 것이 인생의 본분이요 성도의 본분이다.

우리도 이 새벽에 다윗과 함께 주를 높이고 주를 찬송하며 주께 감사하는 성도들이 되기를 위해 간절히 기도하자.

내가 주께 피하오니 나를 건지소서

✱ 시편 31편 ✱

이 시편도 다윗이 극심한 환난 중에서 하나님의 도우심을 간구한 기도시이다.

1. 내가 주께 피하오니 나를 건지소서(1~8절)

"내가 주께 피하오니"(1절), (시 7:1, 11:1, 16:1, 46:1) 다윗은 극심한 환난을 당했을 때 그가 할 수 있는 일이 하나님께 피하고, 하나님께 자신을 맡기며, 하나님을 의지하는 일임을 알았다. 다윗은 이렇게 고백했다. "내가 주께 피하오니"(1절). "내가 나의 영(생명)을 주의 손에 부탁하나이다"(5절). "내가 여호와를 의지하나이다"(6절). 그리고 이렇게 간절히 기도했다. "나를 건지소서, 나를 인도하시고 지도하소서, 그물에서 빼어내소서"(1~4절).

"주의 의로"(1절) 다윗은 하나님의 도우심을 간구할 때 자기의 의를 의지하지 않았다. 주님의 의를 의지했고 주님의 이름을 의지했다. 우리의 구원은 전적으로 하나님의 의와 이름에 달려 있다.

우리에게 요구되는 것은 하나님께 피하고 하나님을 의지하는 믿음뿐이다.

"내가 주의 인자하심을 기뻐하며 즐거워할 것은"(7절) 다윗은 현재의 난관 중에서도 과거에 그에게 베푸신 은혜를 회상하며 기뻐하고 즐거워했다. 하나님께서 그때 자기를 아셨고, 그를 대적의 손에서 구원하신 것을 기억하며 기뻐했다. 과거의 은혜에 대한 회상은 우리들에게 기쁨을 가져다 준다.

2. 내 고통을 인하여 나를 긍휼히 여기소서(9~13절)

"내 고통을 인하여"(9절) 다윗은 다시금 자기가 당하고 있는 지금의 고통과 비참한 사정을 낱낱이 고하며 하나님의 긍휼을 애원했다. "내가 근심으로 눈과 혼과 몸이 쇠하였나이다"(9절). 슬픔과 탄식이 넘친다고 고백했다. 기력이 약해졌고 뼈가 쇠했다고 아뢰었다. 지극히 인간적인 솔직한 고백이었다. 욕을 당하고 버림을 당해서 죽은 자같이 되었고 깨어진 그릇과 같이 되었다고 고백했다. 성경에는 이와 같은 애소가 곳곳에 기록되어 있다. (욥 16:18~22, 시 55:2~5, 애 3:19). 우리도 그렇게 애소할 수 있음을 보여 준다.

다윗은 자기가 당하는 고통이 자신의 죄악으로 인한 것임을 고백하며 회개했다(10절). 사람은 자기가 당하는 고통이 자기의 죄악 때문임을 솔직하게 고백하길 싫어한다. 하나님의 긍휼을 얻는 비결은 자기의 죄악을 인정하고 죄를 솔직하게 고백하는 일이다.

3. 그러하여도 나는 주께 의지하고(14~24절)

"그러하여도 나는"(14절) 다윗은 그가 당하는 고통과 절망이 너무 극심했지만 그럼에도 불구하고 자기는 하나님을 의지한다고 고백했다. 다윗이 역경 중에서 하나님을 의지하며 두 가지를 고백했다. 첫째는 "주는 내 하나님이시라"는 고백이었고, 둘째는 "내 시대가 주의 손에 있사오니"라는 고백이었다. 즉 자기의 한평생이 하나님과 그의 손 아래 있다는 고백이었다. 다윗은 하나님을 다시금 의지하며 하나님의 도우심을 다시금 간구했다. "나를 구원하소서"(16절). 여기서도 구원의 근거는 "주의 인자하심"이다.

"쌓아 두신 은혜 … 베푸신 은혜가 어찌 그리 큰지요"(19절) 다윗은 이미 하나님께서 자기에게 베푸실 은혜를 바라보며 하나님을 찬양했다. 하나님은 자기를 두려워하고 자기에게 피하는 자들에게 베푸실 은혜를 쌓아 두고 계신다. 하나님께서 자기를 의지하는 자들을 숨기시고 감추시고 보호하신다. 다윗이 한때 환난이 너무 심해서 이제는 아주 끊어졌다고 말한 때도 있었으나 사실은 그렇지 않았다. 하나님은 그때 그의 부르짖음을 들으셨다.

"성도들아 여호와를 사랑하라"(23절) 언제나 그렇듯이 다윗은 마지막에 가서는 성도들을 향한 간증과 권면의 말을 한다. 하나님은 모든 성도들의 하나님이시기 때문이다.

오늘 새벽, 모든 성도들을 향해 하나님을 사랑하며 믿음 안에서 강하고 담대하게 여호와를 바라라고 권면하는 다윗의 소리를 귀담아 듣도록 하자.

허물의 사함을 얻은 자의 복

✱ 시편 32편 ✱

1. 허물의 사함을 얻은 자의 복(1~5절)

성경은 죄를 범하지 않는 자가 복이 있다고 말한다. 복 있는 사람은 "죄인의 길에 서지 않는" 사람이라고 시편 1:1이 선언했다. 옳은 말씀이며 진리의 말씀이다. 그러나 성경에 이 말씀만 있다면 우리에게는 소망도 위로도 기쁨도 없을 것이다. 성경은 또 하나의 복을 말한다. 죄사함을 받은 자가 복이 있다고 말한다. "허물의 사함을 얻고 그 죄의 가리움을 받은 자는 복이 있도다"(시 32:1). 이 복은 둘째 아들이 받은 복인데 맏아들이 받은 복보다 더 진하고 더 값지다. 또한 이 복은 다윗이 받은 복이고 죄인 중의 괴수였던 사도 바울이 받은 복이다.

"내 죄를 아뢰고"(5절) 이 복은 죄인이 죄인의 소리를 낼 때 받는 복이다. 의인의 소리를 낼 때는 받을 수 없다. 다윗은 누구보다도 죄인의 소리를 많이 낸 사람이었다. 그것이 하나님의 마음에

꼭 들었는지 모르겠다. 다윗이 낸 죄인의 소리들(회개의 시들)이 시편 6, 32, 38, 51, 143편에 기록되어 있다(102, 130편도 참회의 시임).

"허물의 사함 … 그 죄의 가리움"(1절) 다윗은 죄인의 소리를 낼 때 죄라는 죄는 다 들어내 놓고 소리를 질렀다. 다윗은 죄에 대해서 말할 때 그가 사용할 수 있는 단어를 다 사용했다. 죄, 허물(죄과), 죄악이란 말을 항상 함께 사용했다(시편 32:1~5, 51:1~2). 죄(sin)는 표준에 못미침을 의미하고, 허물이나 죄과(transgression)는 표준에 자의적으로 거스림을 의미하며, 죄악(iniquity)은 표준에서 떠남을 의미한다.

"종일 신음하므로"(3절) 다윗이 죄를 고백하지 않고 숨기며 의인의 소리만 냈을 때 그는 독을 창자에 넣어두고 신음하는 자와 같았다. 하나님의 징계의 손이 누르고 있었으므로 하늘이 닫히고 영적 한재를 당하는 것 같았다. 그러나 일단 다윗이 그의 죄와 허물을 여호와께 자복하리라고 결단하고 죄를 아뢰며 자복했을 때 곧 죄사함의 복을 받았다. 죄를 자복하는 것이 쉬운 일은 아니다. 그러나 하나님은 우리에게 죄를 자복하라고 명하신다(약 5:16, 행 19:18). 다윗은 죄 지적을 받았을 때 용기를 갖고 즉시 죄를 자복했다. 그때 하나님께서는 죄를 다 사해 주셨다. "사함을 얻음"은 치워 버린 바 됨이고, "가리움"은 보이지 않도록 숨기는 것이고, "정죄를 당치 않음"은 무죄판결 받음을 가리킨다.

2. 사함받은 자의 권면(6~11절)

죄사함을 받은 자는 할 말을 많이 갖게 된다. 죄사함의 은혜를 체험할 때 전도도 하게 되고, 권면도 하게 되고, 찬양도 하게 된다.

"이로 인하여 무릇 경건한 자는 주를 만날 기회를 타서 주께 기도"(6절)하라고 권면한다. 다윗은 여기서 사람에게는 회개할 기회가 있다고 말한다. 일반적인 경우 환난의 때, 고난의 때는 주님을 만날 회개의 때이다. 회개하는 자에게는 홍수도 해를 끼치지 못하며, 회개하는 자에게 주님은 무서운 분이 아니고 은신처가 된다고 간증한다. 회개하는 자는 구원의 노래로 에워싸이게 된다고 격려한다.

"무지한 말이나 노새같이 되지 말지어다"(9절)고 훈계까지 한다. 짐승에게는 깨달음도 회개도 없다. 강제로 다스려야 복종한다. 짐승같이 되지 말고 즉시 깨닫고 회개하라고 훈계한다. 회개를 모르는 악인에게는 슬픔과 비애만이 있기 때문이다.

"의인들아 여호와를 기뻐하며"(11절) 여기 "의인"은 회개자를 말한다. "마음이 정직한 자"도 회개자를 말한다. 회개자에게는 슬픔 대신 기쁨과 즐거움이 있다. 회개자는 무엇보다 여호와를 기뻐하며 즐거워 외친다.

우리들의 허물을 찾아 용서하시기를 기뻐하시는 하나님께 낱낱이 아뢰이고, 사함 얻은 자의 복을 누리는 복된 하루가 되도록 하자.

여호와를 즐거워하라
✱ 시편 33편 ✱

이 시편은 32편의 연속으로 볼 수 있다. 32편 11절에서 다윗은 "너희 의인들아 여호와를 기뻐하며 즐거워할지어다 마음이 정직한 너희들아 다 즐거이 외칠지어다"라고 권면했다. 본문에서도 의인들과 정직한 자들을 향하여 여호와를 즐거워하고 찬송하며 여호와께 감사하라고 권면한다.

1. 여호와를 즐거워하라(1~3절)

허물의 사함을 얻고 그 죄의 가리움을 받아 "의인"이 된 자가 할 일은 여호와를 즐거워하고 찬송하는 일이다. 하나님의 은혜로 말미암아 자신과 죄로부터 그리고 하나님에 대해서 "정직"하게 된 자가 할 일은 여호와께 감사하는 일이다. 사실 하나님의 지으심과 섭리하심을 받는 모든 세계가 할 일은 하나님을 기뻐하며 찬송하는 일이다. 성경은 산들과 나무들이 찬송한다고 했고(사 55:12), 골짜기에는 곡식이 덮혔으매 저희가 다 즐거이 외치고 노래한다고 기록했다(시 65:13).

하나님을 찬송하는 방법은 "감사함"으로 찬송하되, 모든 악기들을 "공교히 연주"하며 찬양하고 "새 노래로" 그를 노래하며 찬송하는 것이다. "공교히 연주"한다는 것은 음악적 재능을 다 발휘하여 연주함을 의미하며, "새 노래로" 한다는 말은 새로운 감격을 가지고 노래하는 것을 의미한다.

2. 하나님을 즐거워하고 찬양해야 할 이유들(4~19절)

여기서 시편 기자는 죄사함받은 하나님의 자녀들이 하나님을 즐거워하고 찬양해야 할 이유들을 나열한다.

(1) 여호와의 말씀이 언제나 옳고 그의 행사가 모두 진실하기 때문이다(4절).

(2) 여호와의 행사는 언제나 공의롭고 동시에 인자(사랑)하심이 충만하기 때문이다(5절).

(3) 여호와는 말씀으로 하늘과 땅을 지으신 창조주이시기 때문이다(6~7절).

(4) 여호와를 찬양하며 동시에 경외해야 할 또 하나의 이유는 여호와께서 세계의 모든 거민을 통치하시되 하나님을 대적하는 민족들의 사상을 무효케도 하시고, 여호와를 자기 하나님으로 삼는 나라를 복 주시기도 하시기 때문이다(8~12절). 여호와께서 하늘에서 모든 인생을 감찰하시고, 사람들의 마음을 지으시며, 그들의 행사를 모두 감찰하시기 때문이다(13~15절).

(5) 여호와는 자기를 경외하는 자들을 군대나 말의 힘이 아닌 자기의 인자하심으로 구원하시고, 저희 영혼을 사망에서 건져 살리시기 때문이다(16~19절).

3. 우리 영혼이 여호와를 바람이여(20~22절)

본문 말미에서 이 시편의 기자는 하나님을 경외하는 모든 백성들과 함께 자기들이 바라보고, 기다리며, 소망할 분은 여호와 하나님 한 분밖에 없음을 고백한다.

여기서 기자는 하나님에 대해서 "바람이여" "즐거워함이여" "의지한 연고로다" "바라는 대로"라는 표현들을 사용했는데, 이 표현들은 형식이 아닌 마음과 인격의 깊은 곳으로부터 여호와를 간절히 바라보고 소망하며 의지하는 신앙을 보여 주는 것이다.

여호와를 바라보고 바라면서 이렇게 고백했다. "저는 우리의 도움과 방패시로다". 그리고 그의 찬송과 신앙의 고백을 다음과 같은 기도로 마쳤다. "주의 인자하심을 우리에게 베푸소서". 우리에게 필요한 것은 하나님의 인자하심이다.

오늘, 이 시간 하나님께서 우리에게 베푸신 은혜를 다시금 헤아려 보고 하나님을 찬양하고 즐거워하는 하루가 되기를 바란다.

내가 여호와를 항상 송축함이여

✷ 시편 34편 ✷

지금까지 살펴본 시편들은 거의 대부분 마지막에 가서 하나님을 찬양하는 고백을 했다(시 13:6, 20:7, 21:13, 24:10, 26:12, 28:7, 30:12). 그런데 시편 33편과 34편은 찬송으로 시작한다.

죄 사함을 받은 자와 죽음에서 건짐을 받은 자는 그대로 가만히 있을 수가 없다. 그의 가슴과 입으로부터 찬송이 계속해서 흘러나올 수밖에 없다.

1. 내가 여호와를 항상 송축함이여(1~7절)

"내가 여호와를 항상 송축함이여"(1절) 죄 사함과 구원함을 받은 자는 항상 여호와를 송축한다. 여호와를 송축함이 그 입에서 계속하여 흘러나온다. 그리고 그는 입으로 뿐만 아니라 그의 영혼으로부터 여호와 하나님을 자랑하며 하나님을 찬송한다. 여기 '자랑한다'는 말은 '영광을 돌린다'는 뜻이다. 이와 같은 찬송 소리를 들을 때 "곤고한 자" 즉 고난 중에 있는 성도들이 소망을 갖고 기뻐하게 된다.

"나와 함께 … 그 이름을 높이세"(3절) 죄 사함과 구원을 체험한 사람은 혼자서 하나님을 찬양하는데 그치지 않고 죄사함과 구원을 체험한 사람들과 함께 하나님을 찬양하기를 원한다.

"내가 여호와께 구하매 내게 응답하시고"(4절) 다윗이 하나님을 찬송하는 이유는 그가 여호와께 기도했을 때 하나님께서 그의 기도를 응답하시고 그를 모든 두려움에서 건지셨기 때문이다.

"저희가 주를 앙망하고"(5절) 다윗은 계속해서 찬송의 이유를 열거한다. 그것은 "저희가" 즉 자기와 다른 성도들이 주님을 바라보았을 때 광채를 입었기 때문이다. 그들의 얼굴은 앞으로도 영영히 부끄럽지 않게 될 것이기 때문이다.

"이 곤고한 자가"(6절) 다윗은 찬송의 이유를 또 열거한다. 그것은 하나님께서 "이 곤고한 자" 즉 다윗이 부르짖었을 때 그의 기도를 들으시고 그를 구원하셨기 때문이다. 다윗은 그의 찬송을 이렇게 마무리했다. "여호와의 사자가 주를 경외하는 자를 둘러 진 치고 저희를 건지시는도다"(7절).

2. 너희는 여호와의 선하심을 맛보아 알지어다(8~22절)

"너희는 여호와의 선하심을 맛보아 알지어다"(8절) 다윗의 찬송은 성도들을 향한 권면으로 이어졌다. 구원의 은혜를 체험한 다윗은 성도들을 향해서 그들도 자기와 같이 하나님의 은혜와 선하심을 맛보듯이 실감있게 체험하라고 권면한다. 하나님의 은혜는 그림을 보듯이 멀리 서서 구경할 것이 아니고 입에 넣어 맛보듯이 체험하여야 하는 것이다.

"너희 성도들아 여호와를 경외하라"(9절) 다윗은 여기서 성도의 기본적 본분인 여호와를 경외할 것을 권면하며 여호와를 경외하는 자가 받는 복을 열거한다.

"저를 경외하는 자에게는 부족함이 없도다"(9~10절) 첫째는 "부족함이 없는" 복을 받는다. 젊은 사자는 주릴지라도 여호와를 경외하고 찾는 자는 모든 것에 부족함이 없다.

"장수하여 복받기를 원하는 사람이 누구뇨"(12절) 둘째는 "장수하는" 복을 받는다. 세상에서의 장수와 내세에서의 영생을 얻는다.

"여호와의 눈은"(15절) 셋째는 보아 주시고 들어 주시고 가까이 하시고 건져 주시는 구원의 복을 받는다. 하나님의 눈과 귀가 저를 향하신다(15~17절). 마음이 상하고 통회할 때 가까이 해주시는 복을 받는다(18절).

"죄를 받지 아니하리로다"(22절) 넷째는 죄를 받지 않는다. 악인은 죄를 받지만 여호와를 의뢰하고 경외하는 자는 죄를 받지 않는다. 예수 그리스도께서 이미 저들의 죄를 대속하셨기 때문이고 여호와를 경외하는 자들이 그리스도의 피를 믿기 때문이다.

여호와를 송축하고 여호와의 선하심을 맛보아 아는 하루의 삶이 되기를 바란다.

여호와여 나와 싸우는 자와 싸우소서
✱ 시편 35편 ✱

이 시편은 다윗이 환난과 고통 중에서 지은 시이다. 사울의 박해를 받던 때였을 것이다. 다윗은 낙심하지 않고 하나님께서 일어나서 자기를 위해서 싸워 주시기를 간구했다.

1. 여호와여 나와 싸우는 자와 싸우소서(1~10절)

"싸우소서"(1절) 여기서 다윗은 하나님을, 성도를 위하여 대신 싸워 주시는 장수로 묘사했다. 방패와 손방패를 가지고 보호하시며 창을 빼어 원수를 무찌르는 장수로 묘사했다. 다윗은 일찍이 "전쟁은 여호와께 속했다"고 고백한 일이 있다(삼상 17:47).

"나를 상해하려 하는 자로 물러가 낭패케 하소서"(4절) 다윗이 원수의 패망을 간구한 것이 옳은 일인가? 개인적인 원수의 패망을 기원하는 것은 옳지 않다. 다윗은 여기서 하나님의 원수 또는 교회의 원수를 대상으로 삼아 기도했다.

"또 내 영혼에게 나는 네 구원이라 이르소서"(3절) 하나님이 우리의 구원이라는 사실을 우리는 잘 안다. 그러나 그 사실을 늘 실감

있게 기억하지 못한다. 주님의 음성을 들을 때 우리는 비로소 실감있게 느끼고 알게 된다. "나는 네 구원자라" "나는 너를 돕는 자라" "나는 구원을 베푸는 전능자라" 이와 같은 하나님의 음성을 날마다 들어야 한다.

"내 영혼이 여호와를 즐거워함이여"(9절) 다윗은 이미 하나님의 구원을 바라보고 즐거워하며 하나님을 높였다. 그의 모든 뼈가 하나님이 누구이신지를 간증했다. 하나님은 가난한 자와 궁핍한 자를 건지시는 분이시다.

2. 불의한 증인이 일어나서 내게 힐문하나(11~16절)

"불의한 증인"(11절) 다윗은 여기서 불의한 원수들의 행위를 낱낱이 아뢰며 하나님의 도우심을 간구한다. 다윗이 알지도 못하는 일을 말하며 다윗에게 죄를 뒤집어 씌워 선을 악으로 갚았다.

"나는 저희가 병들었을 때에 …"(13절) 그러나 다윗은 악을 선으로 갚았다. 원수를 위해서 기도까지 했는데 그 기도가 자기에게 돌아올 수밖에 없었다. 원수들은 기도받을 자격이 없었기 때문이다. 그러나 기도가 헛되는 법은 없다. 다윗은 원수를 친구와 형제같이 대했다.

"내가 환난을 당하매 저희가 기뻐하여"(15절) 다윗의 원수들은 다윗이 당하는 환난을 기뻐했다. 그를 치며 찢고 조롱하며 이를 갈았다.

3. 주여 어느 때까지 관망하시리이까(17~28절)

"주여 어느 때까지 관망하시리이까"(17절) 다윗은 다시 하나님의 도우심을 애타게 간구했다. 하나님은 때로 성도들을 돌보시지 않는 듯이 오랫동안 그대로 원수들을 방치하신다. 이와 같은 때 성도들은 인내하면서 하나님을 바라볼 뿐이다. "내 영혼을 구원하소서 내 유일한 것(영혼)을 건지소서" 이렇게 부르짖을 것이다.

"내가 대회 중에서 주께 감사하며 … 주를 찬송하리이다"(18절) 다윗은 애타게 부르짖되 소망을 갖고 부르짖었다. 구원을 내다보고 하나님께 감사하며 찬송하겠다고 고백했다. 아무리 애타는 기도라 할지라도 기도는 감사와 찬송의 날개를 달아야 한다.

"여호와여 주께서 이를 보셨사오니 잠잠하지 마옵소서"(22절) 하나님은 악인의 행위도 모두 보시고 아신다. 그것이 우리를 든든하게 한다. "나의 하나님, 나의 주여 떨치고 깨셔서 나를 공판하시며 나의 송사를 다스리소서"(23절) 이렇게 강하게 부르짖을 수 있다. "하소서" "하소서" "하소서" 원수를 파멸시키시는 분과 성도를 구원하시는 분은 하나님이시다.

"나의 의를 즐거워하는 자로 기꺼이 부르고 슬겁게 하시며"(27절) 다윗은 구원의 은혜를 체험한 후 자기와 함께하는 모든 성도들과 더불어 하나님을 높이며 찬송할 것을 내다 보았다. 구원의 최후 목적은 하나님께 영광과 찬송을 돌리는 것이다.

우리는 이 시간 하나님께서 우리와 싸우는 자와 싸울 수 있기를 기도하고, 오늘 하루도 하나님께 영광과 찬송을 돌리자.

악인의 패역과 의인의 신앙
✱ 시편 36편 ✱

1. 하나님을 무시하는 악인의 패역으로 인한 탄식(1~4절)

"악인의 죄얼이 내 마음에 이르기를"(1절) 박윤선 목사에 의하면 이 말은, 그가 악인의 죄악을 볼 때에 자기 마음속에 깨닫는 것이 있다는 의미이다. 이 깨달음은, 그 악인이 하나님을 경외하지 않는다는 것이다. 우리가 악인의 행위를 보고 그의 생각을 추측할 수 있다. 70인역 등 다른 사본들과 대부분의 영어번역은 "죄악이 악인의 마음에 깊이 이르기를"이라고 했다. 후자의 사본과 번역을 따라 이 말씀을 해석하면 죄악이 살아서 속삭이는 하나의 존재로 악인의 마음에 말하고 있다고 해석할 수도 있다.

"그 목전에는 하나님을 두려워함이 없다 하니"(1절) 여기서 다윗은 악인이 마음속에 품은 패역상을 하나하나 지적한다. 첫째, 악인은 그의 목전에 하나님을 두려워함이 없다. 저들의 안중에는 하나님이 아예 없다. 둘째, 악인은 자기들의 죄가 드러나지도 않을 것이며 미워함, 곧 벌 따위도 받지 않을 것이라고 자신의 마음을 달래며 자위한다. 스스로 괜찮다고 말한다(2절). 셋째, 악인은 그 입을 죄악과 거짓을 토하는 분화구로 악용하고 있다(3절). 넷째, 악인은 지혜와 선을 떠난다(3절). 다섯째, 악인은 밤에 침상에 들어가서 계속해서 죄를 범할 계획을 세운다(4절). 여섯째, 악인은 악을 싫어하지 않는다(4절).

2. 하나님을 바라보는 의인의 찬양(5~9절)

다윗은 이렇게 하나님을 완전히 부인하고 멸시하며 죄악을 범하는 악인의 패역상을 낱낱이 아뢰며 탄식한 후 하나님을 바라본다. 악이 극에 달한 세상에서 악인으로 인해 고통을 당하면서도 의인은 하나님의 인자하심과 성실하심과 의와 판단을 상기하며 위로와 격려를 받는다.

"여호와여 주의 인자하심이 하늘에 있고 주의 성실하심이 공중에 사무쳤으며"(5절) 무한한 주의 인자하심과 성실하심이 의인의 위로와 찬양이 된다. 다윗은 계속하여 하나님의 공의와 심판을 믿고 찬송한다(6절). "공의가 산과 같다"는 말은 여호와의 심판이 바다같이 깊어서 다 측량할 수 없다는 말이다. 하나님은 심판을 내리시면서도 사람뿐 아니라 짐승까지도 보호하시는 인자를 베푸신다.

"하나님이여 주의 인자하심이 어찌 그리 보배로우신지요"(7절) 다윗은 하나님의 인자하심을 계속해서 찬양한다. "주의" 인자하심 때문에 "주의" 날개 그늘 아래 피하고, "주의" 집의 것으로 풍족하며, "주의" 복락의 강수로 마시고, "주의" 광명 중에 광명을 본다고 고백한다.

3. 하나님의 인자하심을 간구하는 의인의 기도(10~12절)

"주의 인자하심을 계속하시며"(10절) 다윗은 이제 하나님께서 인자하심과 의를 계속해서 베풀어 주시기를 기도한다. 또한 회개하고 믿는 자들을 의롭다고 여기시고, 악인들을 심판하시는 하나님의 공의로우심을 계속해서 베풀어 주시기를 기도한다. 세상을 살아가는 우리 성도들에게 필요한 것은 하나님의 인자하심과 의로우심이다.

"악인의 손이 나를 쫓아내지 못하게 하소서"(11절) 악인들로부터 보호해 주시기를 기도한다. 다윗은 이미 악인들이 하나님의 심판을 받아 엎드러 넘어지는 것을 내다본 것이다.

오늘을 시작하는 이 새벽에 악인들이 당할 심판과 의인들이 받을 상급을 기억하자. 그리고 오늘 하루도 죄인 되었던 우리를 의인이라 칭해 주신 주님을 위해 살아가는 성도가 되자.

행악자를 인하여 불평하지 말라

* 시편 37편 *

성도들이 세상을 살아갈 때 하나님을 의뢰하며 감사하게 살아야 하는데 악인들의 형통함을 바라보며 불평하며 사는 때가 많다.

이 시편은 성도들이 행악자들의 형통을 바라보며 불평하지 말고 하나님을 의지하며 잠잠히 살아야 할 것을 반복해서 교훈하고 있다.

1. 행악자를 인하여 불평하지 말라(1, 7~8절)

형통은 의인만의 전유물이 아니다. 때로는 악인의 형통이 의인의 그것보다 더 화려해 보일 때도 있다. 이럴 때 의인은 혼란에 빠지기 쉽고 원망과 불평을 갖게 되기 쉽다. 심지어는 노를 품기까지 한다. 이 시편은 이와 같은 불평이 합당치 않다고 가르친다. "불평하여 하지 말며 불의를 행하는 자를 투기하지 말지어다"(1절). 투기는 불쾌하게 여기며 시기하는 것이다. "불평하여 말지어다 … 분을 그치고 노를 버리라 불평하여 말라 행악에 치우칠 뿐이라"(7~8절).

2. 저희는 풀과 같이 속히 베임을 볼 것이며(2, 9, 10, 14~15, 17, 20, 38절)

악인들이 현재 형통하며 왕성한 것같이 보일지라도 조만간 하나님의 심판을 받아 망하게 된다. "풀과 같이 속히 베임을 볼 것이며 푸른 채소같이 쇠잔할 것임이로다"(2절). 악인이 망하게 되는 이유는 하나님께서 저를 심판하시기 때문이다. "주께서 저를 웃으시리니 그날의 이름을 보심이로다"(13절). "악인이 칼을 빼고 … 정직한 자를 죽이고자 하나 그 칼은 자기의 마음을 찌르고 그 활은 부러지리로다"(14~15절). "악인은 멸망하고 여호와의 원수는 어린 양의 기름같이 타서 연기되어 없어지리로다"(20절). "범죄자들은 함께 멸망하리니 악인의 결국은 끊어질 것이나"(38절).

3. 여호와를 의뢰하며 선을 행하라(3~6절)

이 시편은 성도들의 시선이 항상 하나님께로 향해 있어야 한다고 가르친다. 하나님을 의뢰하고, 하나님의 성실하심을 음식처럼 먹으며, 여호와를 기뻐하고, 여호와께 길을 맡기라고 가르친다. 성경은 곳곳에서 사람이나 물질을 의지하지 말고 하나님만을 의지하라고 가르친다(시 146:3~5, 사 2:22~3:3). 또한 거짓을 버리고 진실과 성실을 취하라고 가르친다(시 36:5, 엡 4:22). 그리고 하나님을 기뻐하고 즐거워하라고 가르치며(시 16:9~11, 합 3:18~19), 우리의 모든 염려와 모든 짐과 행사와 생명을 여호와께 맡기라고 가르친다(시 31:5, 55:22, 잠 16:3, 벧전 5:7).

4. 의인은 땅을 차지하리로다(4~5, 9, 11, 16, 18~19, 21~22, 24~26, 37, 39~40절)

의인이 한동안은 형통하지 못한 듯이 보이지만 하나님은 결국 의인을 붙드시고 돌보아 주셔서 영구히 잘된다. 의인의 길을 지도하시며 의인의 일을 이루어 주신다. "네 마음의 소원을 이루어 주시리로다"(4절). "네 의를 빛같이 나타내시며 네 공의를 정오의 빛같이 하시리로다"(5절). "여호와를 기대하는 자는 땅을 차지하리로다"(9절). "악인의 풍부함보다 승하도다"(16절). "여호와께서 완전한 자의 날을 아시니 저희 기업은 영원하리로다 저희는 환난 때에 부끄럽지 아니하며 기근의 날에도 풍족하려니와"(18~19절). "의인은 은혜를 베풀고 주는도다 주의 복을 받은 자는 땅을 차지하고"(21~22절). "너를 들어 땅을 차지하게 하실 것이라"(34절). "화평한 자의 결국은 평안이로다"(37절). "의인의 구원은 여호와께 있으니 그는 환난 때에 저희 산성이시로다 여호와께서 저희를 도와 건지시되 악인에게서 건져 구원하심은 그를 의지한 연고로다"(39~40절).

성도 여러분, 행악자들의 형통함을 바라보며 불평하지 말고 하나님을 의지하며 잠잠히 살아야 할 것을 반복해서 교훈하고 있는 시편 37편의 말씀을 기억하는 하루가 되기를 바란다.

주의 노로 나를 책하지 마소서
✱ 시편 38편 ✱

이 시편은 일곱 편의 참회시(6, 32, 38, 51, 102, 130, 143편) 중 세 번째 것으로 밧세바 사건 후에 쓴 다윗의 시로 알려져 있다.

1. 여호와여 주의 노로 나를 책하지 마소서(1~10절)

"주의 살이 나를 찌르고"(2절) 다윗은 여기서 자신이 당하고 있는 고통을 극심한 상처를 입은 질병의 고통으로 묘사했다. 찌르는 듯한 아픔과 누르는 듯한 답답함이 있고(2절), 살과 뼈가 모두 상처를 입어 아프지 않은 곳이 없으며(3절), 머리가 무겁고 허리가 아파서 열기가 가득할 뿐 아니라 온몸이 성한 곳이 없다고 묘사했다(4~7절).

"주의 노로"(1절) 다윗은 여기서 자기가 당하는 고통이 "주의 노"로 인해서 주어진 것임을 다섯 번 강조해서 고백했다. "주의 노로, 주의 분노로, 주의 살이, 주의 손이, 주의 진노로"(1~3절). 우리가 당하는 모든 경험을 주님과 연결시켜 보는 것이 신앙적인 자세이다. 이것이 진정한 회개자의 자세이다.

"나의 죄로 인하여"(3절) 다윗은 또한 자기가 당하는 고통을 자기의 죄악 때문이라고 고백했다. "나의 죄로 인하여 … 내 죄악이 … 나의 우매한 연고로소이다"(3~5절). 다윗은 여기서 진정한 죄책감을 가지고 하나님께 부르짖었다.

오늘날 신앙인으로 자처하는 사람들 중에 두려움도 없이 죄를 범할 뿐 아니라 죄책감도 없이 하나님의 징계를 묵살해 버리고 마는 뻔뻔스러움을 나타내는 사람들이 있다.

"주여 나의 모든 소원이 주의 앞에 있사오며 나의 탄식이 주의 앞에 감추이지 아니하나이다"(9절) 여기서 다윗은 "주여, 나의, 주의, 나의, 주의"라는 말을 번갈아 사용하면서 "자기의" 모든 고통과 탄식과 소원을 모두 "주님" 앞에 내어놓고 주님의 도우심을 애원하며 간구했다. "나의" 모든 문제를 "주님"과 연결시키는 것이 올바른 신앙적 자세이다. 다윗은 계속해서 자기의 고통을 주님 앞에 털어놓았다. 자기 심장이 뛰고 자기 기력이 쇠하며 자기 눈의 빛이 떠났다고 호소했다.

2. 나의 친구들은 나를 멀리하고(11~20절)

"나의 사랑하는 자와 나의 친구들이 나의 상처를 멀리하고"(11절) 여기서 다윗은 질병으로 인한 고통에 이어 친척과 친구들로부터 배반을 당하는 고통과 원수들로부터 박해를 받는 고통을 하나님께 호소했다(11~20절). "나의 사랑하는 자, 나의 친구들, 나의 친척들이" 자기를 멀리하고 "내 생명을 찾는 자, 나를 해하려는 자, 내 원수가, 나를 미워하는 자가" 무수하다고 호소했다.

"나는 귀먹은 자같이 듣지 아니하고"(13절) 다윗은 친구들과 원수들이 괴악한 일을 말하며 종일토록 궤계를 도모했지만 그 말을 듣지 못하는 귀머거리처럼, 그 말에 대해 변명할 줄 모르는 벙어리처럼 침묵으로 일관했다. "나는 듣지 못하는 자 같아서 입에는 변박함이 없나이다"(14절)라고 고백했다. 다윗은 자기가 당하는 고통이 자신의 죄 때문임을 인정했기에 자기가 고통을 당하는 것이 마땅하다고 받아들였다.

"여호와여 내가 주를 바랐사오니"(15절) 다윗은 주님의 응락하심만을 바라보았다. 주님을 바라보는 것은 성도들이 평생 힘써 할 일이다.

3. 여호와여 나를 버리지 마소서(21~22절)

"나를 버리지 마소서"(21절) 자기가 당하는 고통을 아뢰고 자기 죄를 회개하며 하나님을 바라보던 다윗은 이제 하나님이 자기를 버리지 마시기를 다급하게 빈다. "나를 멀리하지 마소서 속히 나를 도우소서"(21~22절). 이것이 기도 중의 기도이다. 신자에게 있어서 가장 큰 비극은 질병의 고통이나 친구 또는 원수로부터 버림을 당하는 고통이 아니라 하나님으로부터 버림을 당하는 고통이다.

오늘 이 새벽 우리는 이렇게 기도하자. "여호와여 나를 버리지 마소서 나의 하나님이여 나를 멀리하지 마소서 속히 나를 도우소서 주 나의 구원이시여".

침묵의 기도

✽ 시편 39편 ✽

이 시편은 38편의 계속으로 볼 수 있는데, 여기서 다윗은 자기가 당하는 극심한 질병의 고통을 하나님께 호소하며 사죄와 구원의 은총을 간구했다.

1. 내 입에 자갈을 먹이리라(1~2절)

"내 혀로 범죄치 아니하리니"(1절) 사람은 질병의 고통이나 견디기 어려운 고난을 당할 때 입을 열어 분을 토해내는 경우가 많다. 그러나 다윗은 입을 다물기로 결심했다. 자기 입에 자갈을 먹이겠다고 했다. 잠잠하여 선한 말도 발하지 않겠다고 결심했다. 이것이 신자의 올바른 자세이며 회개자의 마땅한 자세이다. 왜냐하면 자기가 당하는 고통이 우연히 생긴 것이 아니라 자기의 죄를 징계하시기 위해 하나님이 보내신 것임을 알기 때문이다. 다윗은 시므이가 자기를 저주하며 욕할 때에도 대꾸하지 않고 잠잠히 듣고만 있었다(삼하 16:5~14). 입을 지키는 것은 지혜자의 행위이다(욥 40:4, 시 141:3).

2. 나의 종말과 연한을 알게 하소서(3~6절)

"나의 종말과 연한의 어떠함을"(4절) 다윗은 침묵을 지키다가 마음이 뜨거워져서 더 이상 침묵을 지속할 수가 없었다. 입을 열어 하나님께 기도했다. 기도의 내용은 자기로 하여금 자기의 종말과 연한을 알게 해달라는 것이었고, 자기의 연약함을 깨닫게 해달라는 것이었다. 다윗은 이제 자기의 인생이 사람의 손 넓이만큼 작고, 자기의 일생이 없는 것같이 미미하다는 사실을 새롭게 깨달았다. 인생이 그림자같이 아무 내용도 없는 것이고 빨리 지나간다는 사실을 고백했다. 인생뿐만 아니라 사람이 쌓아 놓은 재물도 자기가 오랫동안 소유할 수 없음을 고백했다.

사람은 자기가 크고 굉장하다고 생각할 때 죄를 범하게 된다. 세상에서 몇 백년이나 살 듯이 착각할 때 세상에 대한 애착을 갖게 되며 탐욕의 죄를 범하게 된다. 자기가 쌓아 놓은 재물을 영원토록 소유할 듯이 착각할 때 자만의 죄를 범하게 된다. 사람은 자기가 미미한 존재이고 자기의 일생이 무상함을 깨달을 때 겸손해지고 진실해진다. 이것이 회개자와 지혜자의 자세이다.

3. 나의 소망은 주께 있나이다(7~13절)

"주여 내가 무엇을 바라리요"(7절) 극심한 고통 중에서 입을 다물기로 결심한 다윗, 그리고 자기 인생이 무상함을 알게 해달라고 기도한 다윗은 결국 하나님을 향해 본격적인 기도를 드렸다. 그 기도는 신앙의 본질을 진술하는 기도였다. "주여 내가 무엇을 바라리요 나의 소망은 주께 있나이다"(7절). 이 기도보다 더 본질적이고 올바른 기도는 없다. 이것은 신앙고백적 기도이다. "주는 나의 주시오니 주밖에는 나의 복이 없다 하였나이다"(시 16:2). 우리는 이와 같은 기도를 배워야 하고 거듭해야 한다. 침묵을 지키며 회개하는 자 그리고 자기의 인생이 무상함을 깨닫는 자가 이와 같은 기도를 진실하게 드릴 수 있다.

"나를 모든 죄과에서 건지시며 …"(8절) 이제 다윗은 하나님께서 자기의 죄를 사하시고 자기를 고통에서 건져 주시기를 기도했다. "주의 징책"(10절)을 자기에게서 옮겨 주시기를 기도했다. 하나님께서 자기의 죄악을 견책하실 때 자기의 모든 영화가 좀먹음 같이 소멸할 수밖에 없음을 고백하며 하나님의 징계를 자기에게서 옮겨 주시기를 기도했다. 다윗의 기도는 보다 간절해졌다. "여호와여 나의 기도를 들으시며 나의 부르짖음에 귀를 기울이소서"(12절). 다윗의 기도는 보다 뜨거워졌다. "내가 눈물 흘릴 때에 잠잠하지 마옵소서"(12절). 다윗은 마지막으로 하나님께서 자기의 죄를 용서하시고 자기를 질병의 고통에서 건져 주시기를 기도했다. "주는 나를 용서하사 내가 떠나 없어지기 전에 나의 건강을 회복시키소서"(13절).

여러분, 이 시간 침묵의 기도를 통해 하나님의 사랑을 경험하여 오늘 하루도 하나님의 사랑 가운데 거하시길 바란다.

기다리고 기다렸더니

✶ 시편 40편 ✶

1. 기도와 찬송의 사람(1~4절)

"내가 여호와를 기다리고 기다렸더니"(1절) 다윗은 여기서 자기가 여호와를 기다리고 기다리며 부르짖어 기도했다고 고백했다. 끈질기게 그리고 간절하게 기도했다고 말했다. 기도하게 된 이유를 밝히지는 않았으나 12절이 암시하는 대로 재앙과 죄악 때문이었을 것이다.

"귀를 기울이사 나의 부르짖음을 들으셨도다"(1절) 하나님은 기도를 응답하시는 분이시다. 하나님의 기도응답은 다음과 같이 구체적으로 나타났다. 귀를 기울이시고 부르짖음을 들으셨다. 수렁에서 끌어올리시고 반석 위에 두셨다. 그리고 걸음을 견고케 하셨다. 하나님은 기도를 들으시고 성도들을 절망 가운데서 건져내시며 반석 위에 굳게 세우시는 분이다.

"새 노래 곧 우리 하나님께 올릴 찬송을 내 입에 두셨으니"(3절) 하나님께서 새 노래를 성도들의 입에 두신 것이다. 구원의 은혜를 새롭고 깊이 깨닫는 성도들의 입에는 항상 새 노래가 있다(계 5:9, 14:3).

"많은 사람이 보고"(3절) 기도응답과 구원을 체험한 성도가 하나님을 찬양할 때 그것은 많은 사람들에게 하나님을 경외하고 의지하게 하는 놀라운 결과를 가져온다. 나사로 까닭에 많은 사람이 예수를 믿었다(요 12:11).

2. 여호와 나의 하나님이여(5~17절)

"여호와 나의 하나님이여 주의 행하신 기적이 많고"(5절) 기도응답과 구원의 은혜를 체험한 다윗은 보다 간절하게 "여호와여"라고 거듭해서 부르며 하나님께 감사와 헌신과 순종의 기도를 드렸고, 주의 의와 성실과 인자를 선포할 것을 고백하며, 하나님의 긍휼과 도우심을 간구했다.

하나님의 은혜를 체험한 사람은 주의 행하신 기적이 많고 주의 생각도 많아서 그 수를 다 셀 수도 없음을 고백한다.

"주께서 나의 귀를 통하여 들리시기를"(6절) 여호와의 이름을 부르며 하나님께 가까이 나갈 때 하나님의 음성이 들린다. 하나님이 기뻐하시는 것이 제사와 제물이 아니라는 하나님의 말씀이 들린다. 하나님이 기뻐하시는 것은 다윗 자신과 그의 헌신임을 깨닫게 되었다. 그래서 다윗은 이렇게 고백했다. "내가 왔나이다"(7절). 다윗은 계속해서 성경에 기록된 말씀이 자기 심중을 향해 말하는 살아있는 말씀으로 들려옴을 체험했다. 그 말씀은 자기 자신을 가리키는 말씀이었고, 하나님의 뜻을 순종하는 것이 가장 귀중하다는 것을 가르쳐 주는 말씀이었다. 그래서 다윗은 이렇게 응답했다. "나의 하나님이여 내가 주의 뜻 행하기를"(8절) 즐기옵니다.

"내가 대회 중에서 의의 기쁜 소식을 전하였나이다"(9절) 다윗은 구원받은 죄인을 의롭다고 하시는 하나님의 구원을 체험하고 그 칭의의 기쁜 소식을 많은 사람들에게 증거했다. 다윗은 입술을 닫지 아니하며 계속해서 증거할 것이라고 고백했다. 또한 하나님이 행하신 의의 행위를 자기 심중을 향해서도 숨기지 않고 말하며 주의 성실과 인자와 진리와 구원을 많은 사람들이 모이는 대회 중에서 선포했다고 고백했다.

"여호와여 주의 긍휼을 내게 그치지 마시고"(11절) 다윗은 다시금 하나님의 긍휼과 도우심을 간구했다. 무수한 재앙이 닥쳐오고 자기의 죄가 머리털보다도 더 많으므로 고개를 들어 우러러볼 수도 없고, 마음을 굳게 하여 생각을 가다듬을 수도 없다고 호소하며, 하나님의 긍휼과 은총을 간구했다. "속히 나를 도우소서"라고 다급하게 기도했다.

"무릇 주를 찾는 자는 다 주로 즐거워하고"(16절) 다윗은 마지막으로 하나님을 찾아 기도하는 자마다 구원의 은혜를 체험하며 즐거워하고 기뻐하게 해주시기를 기도했다. "여호와는 광대하시다"라고 고백하며 여호와를 찬양하게 해달라고 기도했다.

자기는 가난하고 궁핍하나 주님은 자기를 생각하여 도와주시고 건지시는 분이심을 고백하며 하나님의 도우심을 간구했다.

기다리고 기다리며 부르짖어 기도할 수 있는 사람은 은혜받은 사람이다. 하나님을 찬양하며, 응답하시기를 기뻐하시는 그분께 기도하여 응답받는 기쁨을 누리는 하루가 되도록 하자.

빈약한 자를 권고하는 자가 받는 복
✱ 시편 41편 ✱

1. 빈약한 자를 권고하는 자가 복이 있음이여(1~3절)

"빈약한 자"(1절) 빈약한 자란 가난한 자, 병든 자, 마음이 약한 자 등을 가리키는데 즉 하나님의 징계 아래서 고난을 당하는 자를 말한다. 이 세상에는 언제나 빈약한 자들이 있다. 대부분의 사람들은 빈약한 자를 외면하거나 경멸한다.

"권고하는 자"(1절) 사람들 중에는 빈약한 자를 권고하는 사람들이 있다. '권고한다'는 말은 빈약한 자들을 동정하고 그들에게 자비를 베푸는 것을 말한다. 하나님은 빈약한 자들에게 자비를 베푸는 자들을 지켜보시고 기뻐하시며 복을 주신다. 즉 재앙의 날에 여호와께서 그를 지켜 건지시고 그를 보호하셔서 살게 하신다. 세상에서도 복을 받게 하신다. 혹 그가 병들어 눕게 되더라도 그를 고쳐서 일어나게 해주신다. "가난한 자를 불쌍히 여기는 것은 여호와께 꾸이는 것이니 그 선행을 갚아 주시리라"(잠 19:17).

2. 빈약한 중에 있는 나를 긍휼히 여기소서(4~9절)

"여호와여 나를 긍휼히 여기소서"(4절) 다윗은 여기서 자기가 바로 빈약한 형편에 처해 있는 자라고 고백하며 하나님께서 자기를 긍휼히 여기시기를 간구했다. 그리고 사람들이 빈약한 형편에 처해 있는 자기를 권고하는 대신 사중적인 고통을 가하고 있음을 아뢰었다.

"나의 원수가 내게 대하여 악담하기를"(5절) 고난을 당하는 다윗에게 자비를 베푸는 것이 당연하겠지만 원수들은 도리어 악담을 퍼붓고 죽기를 바라므로 고통을 더해 주었다.

"거짓을 말하고 그 중심에 간악을 쌓았다가 나가서는 이를 광포하오며"(6절) 원수들은 다윗에게 와서 그가 고통당하는 것을 보고 겉으로는 동정하는 척하지만 마음으로는 악심을 품고 다윗을 헐뜯으며 나쁜 소문을 퍼뜨리고 수근거림으로 다윗에게 고통을 더해 주었다.

"악한 병이 저에게 들었으니 이제 저가 눕고 다시 일지 못하리라"(8절) 원수들은 다윗이 병든 것을 보고 동정하는 대신 오히려 그것으로 인하여 기뻐하며 병이 더 심해져서 다시 일어나지 못하기를 바람으로 다윗에게 고통을 더해 주었다.

"나의 가까운 친구도 나를 대적하여"(9절) 원수들뿐 아니라 다윗과 가까이 지내던 동료들과 친구들까지 다윗을 대적하여 반항함으로 다윗의 가슴에 고통과 상처를 가져다 주었다.

이와 같이 빈약한 형편에 있는 자를 권고하는 대신 고통과 저주를 가하는 것이 이 세상 사람들의 모습이다.

3. 그러하오나 주 여호와여(10~13절)

"그러하오나 주 여호와여"(10절) 세상 사람들은 빈약한 형편에 있는 자들을 외면하고 경멸하고 대적하나, 다윗은 하나님이 빈약한 자들을 권고하시고 불쌍히 여기시며 구원하시는 것을 믿고 하나님을 바라보며 하나님의 도우심을 간구했다. 다윗은 하나님께 대한 그의 신앙을 다음과 같이 피력했다.

"나를 … 일으키사 나로 저희에게 보복하게 하소서"(10절) 다윗은 결국 하나님께서 자기를 일으켜 세우시어 원수들을 패망케 하시고 승리하게 해 주실 것을 믿었다.

"주께서 나를 기뻐하시는 줄을 내가 아나이다"(11절) 인간들에게는 배신을 당하고 있지만 결국 하나님께서는 자기를 기뻐하시며 환대해 주실 것을 간구하며 그것을 믿었다.

"주께서 나를 … 주의 앞에 세우시나이다"(12절) 다윗은 하나님께서 결국에는 자기의 옳음을 인정하시고 붙드사 주 앞에 영영히 세우실 것을 간구하며 그것을 믿었다.

"하나님을 … 찬송할지로다"(13절) 다윗은 이 시를 빈약한 중에 처한 자신의 고통을 호소하는 기도로 시작했으나 하나님을 바라보며 앙망했을 때 이스라엘의 하나님을 영원부터 영원까지 찬송하는 찬양으로 마쳤다.

고난에 처한 성도들이 바라보고 앙망할 분은 오직 한 분 하나님뿐이시다. 오늘도 하나님만을 앙망하며, 빈약한 자를 권고하는 자가 받는 복을 누릴 수 있기를 바란다.

네가 어찌하여 낙망하며 불안하여 하는고

* 시편 42편 *

1. 네가 어찌하여 낙망하며 불안하여 하는고(5, 11절)

우리는 세상을 살아가는 동안 극심한 재난을 당하여 낙망과 불안에 빠질 때가 있다.

이 시편 기자는 지금 극심한 재난을 당하며 낙망과 불안에 처해 유리 방황하는 신세가 되었다. 이 시편의 표제는 이 시가 고라 자손의 교훈적 시라고 했다. 고라는 레위의 증손으로 모세와 아론을 대항한 반역죄로 하나님의 징계를 받아 250여 명과 땅속에 파묻혀 산 채로 죽음을 당한 사람이다(민 16:1~3, 31~33절). 참고로 미리암은 모세를 비방하다가 문둥병에 걸렸고, 사울의 딸 미갈은 남편 다윗을 업신여기다가 하나님의 진노를 받아 죽는 날까지 자식을 낳지 못했다(민 12:1, 10, 삼하 6:16, 23절).

고라의 자손들은 고라가 하나님의 진노를 받아 산 채로 땅속에 묻힌 것을 보고 극심한 절망과 불안에 빠졌을 수도 있다. 우리는 여기서 고라 자손들이 당했던 고난과 재난의 성격이 무엇이었는지 분명히 알지는 못한다. 한 가지 분명한 것은 그들이 지금 극심한 재난을 당해 낙망과 불안에 처해 있었다는 사실이다. 요단땅과 헤르몬과 미살산 등지를 유리방황하며 쫓겨다니는 신세가 되었다.

2. 내 영혼이 주를 찾기에 갈급하나이다(1~4절)

보통 사람은 절망과 불안에 처할 때 그 늪으로 빠져 들어가서 생을 포기하기도 한다. 그러나 이때 신자들은 전적으로 하나님을 찾고 갈망하게 된다. 히스기야왕이 불치의 병에 걸렸을 때 벽을 향한 것은 하나님만을 찾고 갈망한 것이었다. 이 시편 기자는 하나님을 찾되 갈급해 하며 찾는다고 세 번 반복했다. 헐떡거리며 찾는다는 말이다. 마치 기갈을 당한 사슴이 물을 찾지 못하면 죽을 것같이 느끼면서 헐떡거리며 찾는다는 말이다. 사람들은 재난을 당해 쫓겨다니는 시편 기자를 보고 조롱했다. 하나님이 어디 있느냐고 비웃기까지 했다.

시편 기자는 결국 눈물을 흘리면서 하나님을 갈망했다. 이전에 성일을 성수하며 하나님 앞에 나가 예배 드리던 때를 기억하면서 지금 쫓겨다니는 자기 자신을 바라볼 때 마음이 상하기도 했다. 회개의 눈물이 쏟아졌다. 재난의 고통도 서러웠고 예배 드리지 못하게 된 자신의 신세도 서러웠다. 재난을 당해 절망에 처했을 때 하나님을 찾아 갈망하는 사람은 이미 은혜받은 사람이다. 절망의 때야말로 하나님을 찾을 때이다. 그래서 시편 50:15은 환난 날에 나를 부르라고 했다.

3. 내 하나님을 오히려 찬송하리로다(5~11절)

하나님을 찾고 갈망하며 바라는 자는 하나님의 도우심을 받게 된다. 하나님은 그런 자를 결코 외면하시지 않는다. 이 기자는 하나님을 찾으며 바랄 때 이미 하나님의 도우심을 느낄 수 있었고 믿을 수 있었다. 하나님의 도우심이 이미 임한 것같이 생각되어졌다. 그래서 이 기자는 자기 얼굴을 도우시는 자기 하나님을 찬송하겠다고 고백했다. 하나님의 진노가 폭포와 파도 소리처럼 강하고 무섭게 임했지만 이미 하나님께서 그 인자함을 베푸셔서 그의 입에는 찬송과 기도가 가득하게 될 것을 내다보았다. "낮에는 여호와께서 그 인자함을 베푸시고 밤에는 그 찬송이 내게 있어 생명의 하나님께 기도하리로다"(8절). 캄캄한 절망의 밤이 환한 소망의 아침으로 바뀌어지고 있다. 절망이 소망으로, 불안이 평안으로, 그리고 탄식이 찬송과 기도로 바뀌어지고 있다. 이것이 믿음을 갖고 하나님을 바라는 사람들이 체험하는 기적의 삶이요 신비의 삶이다.

지금 이 시간 낙망과 불안에 처한 영혼들이 있는가? 하나님을 찾고 갈망해야 한다. 그러면 하나님의 도우심을 체험하고 하나님을 찬양하게 될 것이다.

극락의 하나님께 이르리이다

＊ 시편 43편 ＊

극락의 세계와 슬픔의 세계. 불교는 석가의 가르침을 따라서 산 사람들이 죽은 다음 극락세계로 간다고 가르친다. 극락세계는 "지극히 안락하고 아무 걱정이 없는 행복한 세계"이다. 기독교도 기쁨을 행복의 중요한 요소로 가르친다. "하나님의 나라는 … 의와 평강과 희락이라"(롬 14:17). "주의 앞에는 기쁨이 충만하고 주의 우편에는 영원한 즐거움이 있나이다"(시 16:11).

1. 어찌하여 나를 버리셨나이까(1~2절)

하나님으로부터 버림을 받으므로 또는 하나님을 떠나므로 사람은 슬픔에 빠진다. 또한 사람은 원수의 손에 붙잡히게 될 때 간사하고, 불의한 자에게 붙잡히게 될 때 슬픔에 빠진다. 경건치 않은 나라 안에서 살게 될 때 사람은 슬픔에 빠진다. 인생의 비극은 하나님으로부터 버림받아 불의한 자에게 붙잡혀 어두움의 나라 안에서 슬프게 사는 것이다.

이 시편 기자는 지금 하나님으로부터 멀리 떠나 원수의 압제를 받으며 슬픔의 세계에서 걸어다니게 되었다. 결국 하나님을 향하여 다음과 같이 기도했다. "나를 판단하시되 … 내 송사를 변호하시며 간사하고 불의한 자에게서 나를 건지소서"(1절).

2. 나의 극락의 하나님께 이르리이다(3~4절)

하나님께 가까이 감으로 사람은 기쁨을 발견한다. 주의 성산과 장막에 이르러야 사람은 기쁨을 누린다. 하나님의 단에 나아가고 하나님께 이를 때에 사람은 극락의 기쁨을 체험하게 된다. 따라서 이 시편 기자는 하나님을 향하여 다음과 같이 기도했다. "나를 인도하사 … 나의 극락의 하나님께 이르리이다"(3~4절). 하나님께 가까이 갈 수 있도록 인도해 주시기를 간구했다. "주의 빛과 주의 진리를 보내어 나를 인도하사 주의 성산과 장막에 이르게 하소서"(3절). 슬픔과 어두움의 세계에 사는 죄인들이 하나님께로 가기 위해서는 빛이 필요하다. 즉 하나님의 얼굴빛이 필요하다. 그리고 진리의 말씀이 필요하다. 진리의 말씀이 길잡이가 되기 때문이다.

3. 내가 수금으로 주를 찬양하리이다(4~5절)

이 시편 기자가 극락의 세계를 사모하는 궁극적 목적은 자기 자신의 기쁨과 행복을 누리는 데만 머물지 않고 하나님을 찬양하는 데에 있었다.

"나의 하나님이여 내가 수금으로 주를 찬양하리이다"(4절) 인생의 궁극적 목적은 자기를 지으시고 구원하시는 하나님을 찬양하는 데 있다. "이 백성은 내가 나를 위하여 지었나니 나의 찬송을 부르게 하려 함이니라"(사 43:21).

기자는 끝으로 시편 42편에 기록된 고백을 반복했다. "내 영혼아 어찌하여 낙망하며 어찌하여 내 속에서 불안하여 하는고"(5절). 사람은 하나님을 떠나 원수의 압제를 당하며 슬픔의 세계에서 걸어다닐 때 낙망하고 불안할 수 있다. 그러나 믿음으로 사는 사람들은 낙망과 절망에 빠져 있을 수 없다.

"너는 하나님을 바라라 나는 내 얼굴을 도우시는 내 하나님을 오히려 찬송하리로다"(5절) 절망 중에서 바라볼 수 있는 분은 하나님밖에 없다. 하나님을 바라볼 때 이미 하나님의 도우심이 임하신다. 하나님을 찾을 때 이미 하나님의 도우심을 느낄 수 있다. 이미 찬송이 그의 마음으로부터 솟아나게 된다. 이것이 신자의 고백이요 신자의 올바른 모습이다.

우리의 궁극적인 목적은 우리를 지으시고 구원하시는 하나님을 찬양하는데 있다.

오늘도 하나님을 마음껏 찬양하는 하루가 되기를 바란다.

주여 깨소서 일어나 우리를 도우소서

★ 시편 44편 ★

이 시편은 아마 이스라엘 백성이 이방에서 시련과 모욕을 받고 있던 때에 어떤 성도가 과거의 영광을 회상하고 오늘의 시련을 개탄하며 하나님의 도우심을 간구한 애소(哀訴)의 시이다.

1. 옛날에 행하신 일을 우리가 귀로 들었나이다(1~8절)

"하나님이여 주께서 우리 열조의 날 곧 옛날에 행하신 일을"(1절) 오늘의 시련에 처한 성도가 하나님이 과거에 행하신 영광스러운 구원의 역사를 회상하는 것은 너무나 옳은 일이다. 이 성도는 신앙의 선배들이 전해 준 하나님의 놀라운 구원의 행사들을 들으며 하나님을 바라보고 의지했다. "저희가 우리에게 이르매 우리가 귀로 들었나이다"(1절). 하나님의 행사를 이르고 전하는 일과 그것을 귀로 듣는 일은 참으로 귀하다.

"주께서 주의 손으로"(2절) 하나님이 과거에 행하신 구원의 행사들은 모두 주님께서 자신의 손으로 이루신 일들이었다. 주님은 주님의 손으로 열방들을 쫓아내시고, 이스라엘 백성들을 가나안 땅에 심으시며, 그들을 번성케 하셨다. 기자는 계속해서 이스라엘 선조들을 구원하신 것은 자기 자신들의 칼이나 팔이 아니고 "오직 주의 오른손과 팔과 얼굴의 빛으로" 말미암은 것임을 기억하며 고백했다. 하나님께서 저희들을 구원하신 이유는 하나님께서 저희를 조건도 없이 기뻐하셨기 때문이라고 고백했다(사 65:19).

"하나님이여 주는 나의 왕이시니"(4절) 기자는 선조들을 구원하신 하나님의 구원행사를 회상하다가 이스라엘 열조의 하나님이 바로 자기 자신의 하나님이시고 왕이신 것을 고백했다.

"나는 내 활을 의지하지 아니할 것이라"(6절) 오늘의 구원도 과거의 구원과 마찬가지로 내 활이나 내 칼로 말미암지 않고 오직 주님으로 말미암는다는 사실을 고백했다. 그리고 이 구원의 하나님을 종일토록 자랑하고, 영원토록 감사할 것이라고 고백했다.

2. 그러나 이제는(9~22절)

"주께서 우리를 버려 욕을 당케 하시고"(9절) 기자는 여기서 오늘의 시련과 고난을 하나님 앞에 낱낱이 아뢰었다. 과거의 구원의 하나님이 오늘은 어찌하여 이스라엘을 버리셔서 시련과 고난과 조롱을 당하게 하시는가! 라고 애소했다. 이스라엘은 지금 버림받아 욕을 당케 되었고, 전쟁터에서 쫓기고 약탈을 당했다(9~10절). 잡아먹힐 양같이 열방 중에 흩어지게 되었고, 쓸모 없는 물건처럼 헐값에 팔아 넘겨졌다(11~12절). 이웃에게 욕을 당하고 조소와 조롱을 당하게 되었으며 열방 중에서 말거리가 되었고 머리 흔듦을 당케 되었다(13절).

"이 모든 일이 우리에게 임하였으나"(17절) 이스라엘이 시련과 고난과 능욕을 당함에도 불구하고 하나님을 저버리지 않으며 하나님의 섭리를 믿고 도우심을 바라보았다. 고난과 시련이 때로는 특수한 죄를 징계하기 위하여 임할 때도 있으나 성도들을 단련시키기 위하여 임할 때도 있기 때문이다. 지금 이스라엘이 심한 상해를 입고 사망의 그늘에 덮히게 된 것이 하나님의 섭리 가운데 이루어진 것임을 고백했다.

3. 주여 깨소서(23~26절)

이 시편 기자는 이제 주님이 깨어 일어나서 이스라엘을 도와주시기를 처절하게 부르짖으며, "주여 깨소서 어찌하여 주무시나이까 일어나시고 우리를 영영히 버리지 마소서"(23절)라고 기도했다. '일어나라'는 인간적인 표현을 사용해서 하나님께 간절히 간구한 것이다. 하나님은 이렇게 간절히 부르짖는 기도를 얼마든지 용납하시고 기뻐하시며 들으신다.

하나님의 인자하심이 우리를 죄와 사망에서 구속해 주셨다. 우리를 구속해주신 하나님께 오늘 하루의 일과를 의탁하자. 그리고 하나님의 도우심을 바라보고 우리를 위해 깨어 일어나시기를 간구하자.

왕에 대한 사랑과 축하의 노래

★ 시편 45편 ★

시편 45편은 왕에 대한 사랑의 노래요, 축하의 노래이다. 여기서 왕은 역사적으로는 솔로몬왕을 가리키고 예언적으로는 왕 중의 왕이신 예수 그리스도를 가리킨다. 이 세상에는 왕을 미워하고 저주하는 사람들도 있고, 왕을 사랑하고 축하하는 사람들도 있다. 헤롯은 왕을 죽이려고 했지만 동방박사들은 무릎을 꿇고 왕을 경배했다.

1. 왕에게 드리는 사랑과 축하의 노래(1~9절)

"내 마음에서 좋은 말이 넘쳐 왕에 대하여 지은 것을 말하리니"(1절) 마음으로부터 나쁜 말이 넘쳐나오는 경우가 있고 좋은 말이 넘쳐나오는 경우가 있다. 마음에서 좋은 말이 넘쳐나오는 사람은 착한 사람이다. 마음에서 나쁜 말이 넘쳐나오는 사람은 나쁜 사람이다. 아이들을 대하기만 하면 욕이 나오고, 남편이나 아내를 대하기만 하면 욕이 나오는 사람은 나쁜 사람이다. 예수님을 생각만 해도 마음에서부터 좋은 말이 넘쳐나오는 사람이 있다. 사랑의 고백과 찬양의 고백이 흘러나오는 사람이 있다. 좋은 사람이고 착한 사람이다. "내 혀는 필객의 붓과 같도다"(1절). 혀를 움직이기만 하면 사랑의 노래와 축하의 노래가 흘러나온다. 참으로 복을 받은 사람이다.

"왕은 인생보다 아름다워"(2, 8절) 여기서 왕의 인격과 능력과 통치를 찬양한다. 왕은 아름다운 분이시고 은혜로운 분이시다. 그의 인격과 마음이 아름답고 그의 모습이 아름답다. 그의 말이 은혜롭고 그의 행위가 은혜롭다. 그에게는 향기가 가득하다. "몰약과 침향과 육계의 향기가"(8절) 가득하다. 이것은 예수 그리스도의 고귀한 인격의 아름다움을 묘사한다. 찬송가 87장은 아름다우신 주님의 모습을 찬양한다.

"왕의 영화와 위엄을 입으소서"(3~5절) 왕은 무능한 자가 아니고 불의를 대적하고 승리하는 능력이 있는 자이다. 이상적인 왕은 불의를 대적하고 진리와 온유와 공의를 세우는 왕이다.

"주의 보좌가 영영하며"(6절) 왕의 통치를 찬양한 것이다. 이는 하나님이 왕에게 즐거움의 기름을 부어 주시기 때문이다. 결국 왕은 동류보다 승하고 그의 보좌는 영원히 계속된다.

"왕을 즐겁게 하도다"(8절) 왕은 즐거움과 존귀를 누린다. 하나님도 그를 기뻐하고 금 곧 그리스도의 의로 단장한 그의 교회도 그를 기뻐한다.

2. 신부에게 보내는 충언(10~12절)

왕에 대한 사랑과 축하의 노래는 이제 그의 신부에 대한 충언의 노래로 바뀐다. 여기 신부는 신자들을 가리키고 교회를 상징한다. 신부는 첫째, 듣고 생각하고 귀를 기울여야 한다. 이방나라의 공주가 이스라엘 왕의 왕후가 된 것은 파격적인 영광이다. 즉 죄인들이 그리스도의 신부가 된 것은 참으로 놀라운 영광이다. 그 사실을 듣고 생각하고 귀를 기울여야 한다. 둘째, 아비집 곧 친정집을 잊어버려야 한다. 친정나라의 습관들을 잊어버려야 한다. 룻은 모압의 아비집을 잊어버리고 나오미의 하나님을 따랐다. 그렇게 할 때 왕의 사랑과 사모함을 받는다. 셋째, 왕을 주로 모시고 그를 경배하여야 한다. 옛날처럼 이방신들을 경배하면 안 된다. 그렇게 할 때에 두로와 같은 이방나라들이 교회로 돌아와서 예물을 드리고, 세상의 부한 자들도 교회로 돌아와서 은혜를 사모하게 된다.

3. 신부에 대한 축복의 예언(11~17절)

만약 신부가 위의 세 가지를 지키면, 왕의 총애를 받고(11절), 열방 여인들의 흠모의 대상이 되고(12절), 공주와 왕자들이 궁중에서 영화를 누리게 된다(13~16절). 왕의 이름은 세세토록 기억되고 영영히 찬송을 받게 된다(17절).

하루를 여는 이 시간, 신부된 우리들은 왕되시는 예수 그리스도께 사랑의 고백으로 찬양을 드리도록 하자.

우리는 두려워 아니하리로다

✶ 시편 46편 ✶

사람은 본능적으로 두려워한다. 무슨 일이 일어날지를 알지 못하고, 아무 일도 할 수 없으며, 그리고 죄만 짓는 피조물이기 때문이다. 빗방울이 떨어질 때에 홍수가 올 것이라고 겁을 내고, 바람 소리가 들릴 때 태풍이 올 것이라고 두려워한다. 사람들은 두려움 가운데서 살아갈 수밖에 없는 연약한 존재들이다. 이 시편 기자는 사람들이 두려워할 필요가 없는 비결을 제시한다. "우리는 두려워 아니하리로다"(3절)라고 고백했다.

1. 하나님은 우리의 피난처이시다(1~3절)

피난처란 피할 곳 즉 보호를 받아 안식할 수 있는 곳을 말한다. 하나님은 재난이나 전쟁의 위험 가운데 있을 때 우리가 피할 수 있는 곳이고 보호를 받아 쉴 수 있는 곳이다. 하나님은 죄인들이 피할 수 있는 도피성이 되시기도 한다.

루터는 시편들 중에서 46편을 가장 사랑하며 암송했다고 한다. 종교개혁운동을 하면서 끊임없는 위험을 당했기 때문이다. 그래서 루터는 항상 "내 주는 강한 성이요 피난처라"고 고백하며 찬송을 불렀다. 여기서 기자는, 하나님은 우리의 피난처시라고 세 번 반복해서 고백했다. 하나님은 자연의 재난 중에서나 전쟁의 위험 중에서 피할 수 있는 피난처시며, 재난과 전쟁이 지나간 평안의 때에도 피할 수 있는 피난처시라고 고백했다.

2. 하나님은 환난 중에 만날 큰 도움이시다(5~6절)

하나님은 멀리 계시는 분이 아니라 성도들을 만나 주시고 도와주시는 분이다. 특별히 환난 중에 있을 때 우리를 쉽게 그리고 속히 만나 주시고 크게 도와주신다. 사람은 도움이 필요한 존재인데 바로 하나님이 우리를 도우시는 분이시다.

"새벽에 하나님이 도우시리로다"(5절) 이 말씀은 급속히 도와주신다는 뜻도 되고 문자 그대로 이른 새벽에 우리들의 기도를 응답하심으로 도우신다는 뜻도 된다.

3. 하나님은 우리와 함께하신다(4, 7절)

하나님은 성도들과 함께하시고 특별히 성전에 임재하심으로 성도들과 함께하신다.

"한 시내가 있어 나뉘어 흘러"(4절) 고요하게 일하시는 하나님의 구원 역사와 생명의 역사를 가리킨다. 하나님은 마치 한 시내가 여러 곳으로 나뉘어 흘러 땅을 적시는 것처럼 성도들 각자의 심령 속에 임재하여 구원의 역사와 생명의 역사를 일으키신다.

"만군의 여호와께서 우리와 함께하시니"(7절) 이 시편 기자가 고백한 것처럼 우리가 참으로 이렇게 고백할 수만 있다면 우리는 두려워할 필요가 없다. 후에 사도 바울도 이렇게 고백했다. "만일 하나님이 우리를 위하시면 누가 우리를 대적하리요"(롬 8:31).

4. 가만히 하나님이 하나님되심을 바라본다(8~11절)

모세는 위기를 만난 이스라엘 백성들을 향하여 두려워 말라고 말하며 "가만히 서서 여호와께서 오늘날 너희를 위하여 행하시는 구원을 보라"(출 14:13)고 외쳤다. 하나님은 이 시편 기자를 통해서 재난의 때에는 물론 평안의 때에도 "와서 여호와의 행적을 볼지어다"(8절)라고 말씀했다. 자연계를 다스리시고 전쟁을 그치게 하시는 하나님의 행적을 바라보라고 명했다. 그리고 계속해서 "너희는 가만히 있어 내가 하나님됨을 알지어다"(10절)라고 말씀했다. 이와 같은 하나님의 음성을 들으며 하나님이 하나님되심을 고요히 바라보는 자는 두려워할 필요가 없다.

이 새벽에 "두려워 말라"는 주님의 음성을 들으며, 하나님이 하나님되심을 고요히 바라보는 여러분이 되기를 바란다.

찬양하라 하나님을 찬양하라
✱ 시편 47편 ✱

찬양은 하나님의 지음을 받은 모든 피조물과 사람들이 마땅히 하나님께 드려야 할 제사이다. "이 백성은 내가 나를 위하여 지었나니 나의 찬송을 부르게 하려 함이라"(사 43:21).

1. 너희 만민들아 즐거운 소리로 하나님께 외칠지어다(1~4절)

하나님을 찬송하는 데는 국경이 없다. 이스라엘은 물론 애굽도 앗수르도 모두 하나님을 찬양하고 경배한다고 했다. "그날에 (이스라엘 사람과) … 애굽 사람이 앗수르 사람과 함께 경배하리라"(사 19:23). 하나님은 이스라엘의 왕이 되실 뿐 아니라 온 땅의 왕이 되시기 때문이다. 하나님께서는 이스라엘은 물론 열방과 만민을 다스리시고 통치하시기 때문에 이스라엘도 찬양하고 이방도 찬양하라고 찬양에 초청한다. 사람은 마땅히 하나님의 통치를 즐거워하고 찬양해야 한다. 하나님이 우리를 통치하시는 것보다 더 즐겁고 복된 일은 없다. 하나님의 통치를 즐거워하지도 않고 찬양하지도 않는 것은 불신앙이요 반역이다.

2. 하나님이 즐거이 부르는 중에 올라가심이여(5~6절)

하나님은 찬송 중에 계시며 찬송 중에 올라가신다. "이스라엘의 찬송 중에 거하시는 주여 주는 거룩하시니이다"(시 22:3). 하나님은 성도들이 드리는 기도의 제사를 기뻐받으시며 영광 중에 임재하시고, 찬양의 제사를 기뻐받으시며 영광 중에 올라가신다는 시적 표현이다. 만왕의 왕이신 하나님께서 성도들의 찬양을 받으시며 높이 영광 중에 올라가신다는 뜻이다. 이것은 또한 사람으로 우리 가운데 내려오셨다가 부활 승천하여 영광 중에 하늘로 올라가시는 예수님을 예표하기도 한다. 하나님은 찬양의 제사를 기뻐받으시며 영광을 받으신다. "항상 찬미의 제사를 하나님께 드리자 … 이 같은 제사는 하나님이 기뻐하시느니라"(히 13:15~16). 그러므로 여기 "찬양하라" "찬양하라" "찬양하라" "찬양하라"고 네 번씩이나 반복해서 찬양에 초청한다.

3. 지혜의 시로 찬양할지어다(7~9절)

하나님을 찬양하되 모든 방법을 동원해서 찬양하라고 한다.

1) 손바닥을 치며 찬양하라고 한다(1절). 온몸을 다해 적극적으로 찬양하라는 뜻이다.

2) 즐거운 소리로 외치며 찬양하라고 한다(1절). 기쁜 마음과 힘찬 소리로 찬양하라는 뜻이다.

3) 지혜의 시로 찬양하라고 한다(7~9절). 하나님의 선하심과 위대하심을 묵상하며 시를 지어 찬양하라고 한다. 여기 모범으로

제시된 찬양의 시는 다음과 같다. "하나님은 온 땅에 왕이시다." "하나님이 열방을 치리하신다." "하나님이 그 거룩한 보좌에 앉으셨도다." "열방의 방백들이 모여 하나님의 백성이 되도다." "세상의 모든 방패는 여호와의 것임이여." "저는 지존하시도다." 우리는 계속해서 시를 지어 하나님을 찬양해야 한다.

찬양을 받으시기에 합당하며 성도의 찬양을 기뻐하시는 하나님께 우리의 모든 정성을 다해 찬양하는 하루가 되기를 바란다.

시온에 대한 즐거운 노래
✱ 시편 48편 ✱

1. 거룩한 산에서 극진히 찬송하리로다(1~3절)

하나님은 세계 어디에서나 극진한 찬송을 받으실 분이시다. 광대하신 즉 위대하신 분이시기 때문이다. 특히 그의 거룩한 산 시온에서 극진히 찬송을 받으신다. 하나님께서 시온을 자기의 성, 거룩한 성으로 삼아 그곳에 성전을 세우게 하셨는데 그 터가 높고 극히 아름답기 때문이다. 그리고 그곳에 계시며 자기를 피난처로 알리셨다. 즉 죄인들이 형벌로부터 피할 곳이 하나님 자신이심을 알리셨다. 그러므로 성도들은 시온을 바라보면서 하나님을 찬송하고 시온 안에서 하나님을 극진히 찬송한다. 시온을 바라볼 때 온 세계는 즐거워하며 하나님을 찬양한다.

2. 저희가 보고 놀라며 두려워 빨리 갔도다(4~8절)

열왕들이 모여서 함께 시온을 함락시키려 했으나 오히려 시온을 보고 놀라며 두려워서 빨리 도망하고 말았다. 이스라엘의 역사를 살펴보면 수많은 적군이 이스라엘을 공격하려 했으나 그때마다 그들이 두려움과 떨림에 사로잡혀 도망치고 패망하였다. 하나님이 저들을 물리치셨기 때문이다. 앗수르의 군대가 그중의 하나였다(사 37:36).

성도들은 하나님께서 과거에 시온을 지키시고 보호하신 이야기들을 들었고 지금은 그것을 직접 본다. 그리고 하나님께서 미래에도 시온을 영영히 견고케 하실 것을 안다. 그러므로 성도들은 시온을 바라보며 시온 안에서 광대하시고 크신 하나님을 극진히 찬송한다.

3. 주의 전 가운데서 주의 인자하심을 생각하였나이다(9~14절)

시온성이 열방들에게는 두려운 곳이지만 성도들에게는 하나님의 인자하심을 체험하는 곳이다. 성도들은 시온 안에서 하나님의 인자하심을 깊이 생각하고 하나님을 찬송한다. 그 찬송은 땅 끝까지 미친다. 열방을 향한 주의 공의로운 판단과 성도들을 향한 주의 인자하신 처사로 인하여 시온산은 기뻐하고 유다의 딸들은 즐거워한다.

성도들은 시온을 계속해서 편답하고 순행하며 계수하고 그것을 자세히 보아 살피고 후대에 전한다. 즉 하나님께서 시온에 임재하셔서 그곳에서 이루신 구원과 복의 역사들을 자세히 살펴보고 그것을 온 세상에 전한다. 그리고 그 시온성의 하나님을 찬송한다. 그 하나님이 우리의 하나님이시고 우리를 죽을 때까지 인도하시는 분이시다.

하나님은 크신 분이시고 위대하신 분이시다. 피난처가 되신다.

인자하심과 정의를 베푸시는 분이시다. 원수들의 세력은 파하시고 우리들은 영원토록 인도하시는 분이시다. 우리를 죽을 때까지 인도하시는 분이시다. 그러므로 우리 성도들은 크고 광대하신 여호와 하나님을 영원토록 즐거워하며 극진히 찬송하여야 한다.

성도 여러분, 이 시간 크고 광대하신 여호와 하나님의 인자하심을 깊이 생각하며 오늘 하루도 하나님을 찬송하길 바란다.

만민들아 들으라 재물의 무력함을
✱ 시편 49편 ✱

1. 만민들아 들으라(1~4절)

이 시편 기자는 "만민들" 즉 세상의 모든 거민들이 들어야 할 보편적인 진리를 선포한다. 이 진리는 빈부귀천을 망라한 모든 사람들이 다 들어야 할 너무나 중요한 근본적인 진리이다. 이 기자는 자기 입이 그 진리와 지혜를 말하는데 그치지 않고 자기 마음이 그 진리와 명철을 묵상하겠다고 고백한다. 진리는 입으로만 선포되는 것이 아니고 마음의 묵상을 통해 선포되는 것이다.

기자는 그 진리를 쉽게 풀어 설명하는 비유에 대해 자기 귀를 기울이고, 그 진리의 오묘한 말을 악기와 음악의 감동을 통해 선포하겠다고 고백한다.

2. 재물은 무력하고 무상하다(5~14절)

사람은 누구나 재물을 탐하고 그 지배를 받는다. 재물이 많은 사람들을 부러워하고 재물이 없는 사람들을 멸시하며 재물 소유하는 것을 인생의 목적으로 여기며 살아간다.

　기자는 이와 같은 인생의 잘못된 가치관을 반박하며 재물의 무력함과 무상함을 역설한다. 먼저 재물의 힘을 의지하여 죄악을 범하며 자기에게 환난을 가져다 주는 악인들에게 에워싸여 세상을 살아갈지라도 자기는 두려워하지 않는다고 고백한다(5절).

　첫째, 재물은 자기도 구속하지 못하고 그의 형제도 구속하지 못한다(7~9절). 재물은 생명을 구속하지 못하며 영적인 생명은 물론 육체적인 생명도 구원하지 못한다. 재물은 생명을 한 시간도 연장시키지 못한다. 재물은 무력하다.

　둘째, 재물은 사람을 자긍하게 만든다(6절). 재물이 풍부해질 때 사람은 하나님을 의지하는 대신에 재물을 의지하며 자긍하게 된다. 그러나 재물은 무익할 뿐 아니라 유해하다.

　셋째, 재물은 무상하다(10~12절). 재물은 한 사람의 손에 오래 머물지 않고 머지 않아 타인의 손으로 넘어간다. 재물은 무상하다. 재물뿐 아니라 인생 자체가 무상하다. 사람은 존귀한 존재이지만 장구하지 못한 존재이기 때문이다.

　재물과 관련하여 한 가지 더 어리석은 일은 인생들이 재물을 탐하고 소유하고 자긍하며 사는 우매한 부자들을 계속해서 부러워하고 칭찬한다는 것이다(13~14절). 인생은 우매한 존재들이다. 재물을 의지하여 사는 사람들이 마지막에 갈 곳은 음부이다. 사망이 저희의 목자가 되어 저희를 음부에까지 데리고 간다. 재물로 인해 누리던 저희의 육체적 아름다움이 음부에서 모두 소멸되어 없어지고 만다.

3. 하나님은 나를 영접하시리니(15절)

이 시편 기자는 인생의 가장 중요한 진리인 구원과 영생의 진리를 선포한다. 재물이 아닌 하나님만이 자기를 음부에서 구속하시고 천국으로 인도하신다고 고백한다. 하나님은 하나님 자신과 그 아들을 믿는 자들을 음부에서 구속하여 그의 나라로 인도하신다. 에녹과 엘리야와 나사로를 데려가시 듯 아들을 믿는 자들을 데려가신다. 이것이 세상 만민들이 귀를 기울이고 들어야 할 가장 중요하고 보편적인 진리이다.

4. 깨닫지 못하는 사람은 멸망하는 짐승 같도다(16~20절)

이렇게 진리를 풀어서 설명하고 선포해도 인생들은 깨닫지도 못하고 재물의 세력 앞에 짓눌려 두려워하는 경우가 많다. 이 기자는 다시 한 번 이 세상 재물의 세력과 영광 앞에서 두려워하지 말라고 권고한다. 부자가 죽으면 그의 재물도 영광도 끝난다고 가르친다. 인생은 본래 존귀한 존재이지만 이 근본적 진리를 깨닫지 못하면 멸망하는 짐승과 같다고 경고한다.

우리는 재물의 무력함을 알아 재물의 종이 되지 말고 그것을 잘 다스릴 줄 아는 사람이 되어야겠다.
오늘 이 새벽에 하나님만이 우리를 음부에서 구속하시고 천국으로 인도하는 분이심을 고백하고, 그분의 신실한 종이 되기를 결단하자.

온 세상을 부르시고 심판하시는 하나님

✱ 시편 50편 ✱

1. 온 세상을 부르시고 심판하시는 전능하신 하나님(1~6절)

이 세상에는 모순과 불의가 많다. 악인들이 세를 부리고 의인들이 유린을 당하는 일이 많다. 그래서 혹자는 하나님이 없다고 단정한다. 하나님이 있어도 세상과는 무관하며 무력한 존재라고 생각하기도 한다. 그러나 이 시편에 묘사된 하나님은 그런 하나님이 아니다.

하나님은 "해 돋는 데서부터 지는 데까지 세상을 부르시는 분"이시다(1절). 구원의 은혜를 베푸시기 위해서 부르시기도 하시고, 심판을 베푸시기 위해서 부르시기도 한다. 하나님은 "시온에서부터 빛을 발하시는 분"이시다(2절). 구원의 은혜를 베푸시기 위해서 빛을 발하시기도 하시고 심판을 베푸시기 위해서 빛을 발하시기도 한다. 하나님은 또한 "불과 바람을 거느리시고 임재하시는 분"이시다(3절). 악인들과 죄를 심판하시기 위해서 임재하신다. 하나님은 "하늘과 땅을 불러 입회시키고" "성도들을 모아놓고"

공의로 심판하시는 심판장이시다(4~6절).

2. 형식적인 제사를 책망하시는 하나님(7~15절)

하나님 앞에 불러모아진 성도들은 두 종류이다. 첫째 종류는 형식적인 제사로 자족하는 무리들이다. 하나님은 그들을 향하여 엄하게 말씀하신다. "내 백성아 들을지어다 내가 말하리라 이스라엘아 내가 네게 증거하리라"(7절).

하나님은 형식적인(의식적인) 제사와 제물을 기뻐하지 않으신다. 하나님은 정성이 없이 드려지는 제물을 거지처럼 무조건 받으시는 분이 아니시다(9절). 제물은 제단에 바쳐졌는데 그 제물에는 마음이 빠져 있었다(18절). 사실 하나님께서 무엇이 모자라서 제물을 드리라고 명하신 것은 아니다(10~13절). 그들의 마음을 받으시기를 원하셨다. 하나님이 기뻐하시는 제사는 감사의 제사와 서원을 갚는 제사이다(14절, 시 15:4). 하나님은 또한 환난 날에 부르짖는 기도를 기뻐하신다. 그러므로 환난 날에 하나님을 부르라고 명하신다(15절).

3. 외식하는 신자들을 책망하시는 하나님(16~23절)

하나님 앞에 불러모아진 둘째 종류의 성도들은 외식하는 신자들이다. 말로만 경건을 부르짖는 즉 입으로만 고백하고 전하는, 언행이 괴리된 자들이다(16절). 교회 안에는 말만 잘하고 실천이 없는 사람들이 있다. 하나님의 말씀을 남에게 전하기는 하는데 자기 스스로는 하나님의 말씀을 미워하고 내던지며 죄를(7, 8, 9계명) 범한다(17~20절). 도둑을 보면 한패가 되고, 음란한 자를 만나면 함께 어울리고 친형제까지 모함하고 헐뜯는다. 저들은 또한 하나님의 침묵을 오해하고 무시하는 죄를 범하기까지 한다(21절). 하나님은 이렇게 자기를 잊어버린 자들을 찢으시겠다고 말씀하신다(22절).

하나님은 마지막으로 앞에 불러모아진 성도들을 향하여 감사의 제사를 드리고 옳은 행위를 실천하며 살라고 분부하신다. 그런 사람들을 하나님은 구원하시고 그들을 통해 영광을 받으시겠다고 말씀하신다.

심판장이신 하나님 앞에서 우리들의 신앙이 혹 형식적이고 외식적이지는 않은지 살펴보고 바로서기를 다짐하는 새벽이 되기를 바란다.

나의 죄를 깨끗이 제하소서
★ 시편 51편 ★

이 시편은 다윗의 일곱 편의 참회의 시들 중(6, 32, 38, 51, 102, 130, 143편) 대표적인 시로 수많은 성도들이 애송해 온 시이다.

예수님이 세상에 오셔서 제일 먼저 외친 말씀도 바로 "회개하라"는 말씀이었다.

다윗은 죄를 범한 연약한 사람이었지만 죄를 회개하고 죄사함을 받은 복된 사람이었다. 아마 다윗이 하나님의 마음에 쏙 합했던 이유 중의 하나가 회개했던 사람이었기 때문이라고 생각한다.

1. 자기의 죄를 인정하며 슬퍼했다(1~5절)

사람들은 많은 경우에 자기의 죄를 다른 사람의 탓으로 돌리기도 하고, 환경의 탓으로 돌리기도 한다. 그러나 다윗은 자기가 범한 죄를 자기 탓으로 솔직히 인정하며 슬퍼했다. 시편 51편에 "나의 죄" "내 죄" "내가 범죄하여"라는 말이 거듭거듭 반복된다. 다윗은 죄를 인정하되 철저하게 인정했다. 다윗은 자기의 죄를 묘사하면서 세 가지 단어를 사용했다. 첫째 단어는 "죄과"(trans gression)라는 말인데 적극적으로 자의적으로 범한 죄과를 의미한다. 이 단어는 복수형이므로 "죄과들"이라고 번역할 수 있다. 우리는 때로 우리가 자의적으로 범한 죄과들을 하나하나 나열하며 회개할 필요가 있다. 두 번째 단어는 "죄악"(iniquity)이란 말인데 구부러지고 삐뚤어지고 잘못되었다는 말이다. 다윗은 한두 가지 밖으로 나타난 죄과들뿐 아니라 지금 자기의 모든 생각과 모든 행위가 구부러지고 삐뚤어지고 잘못되었던 것을 인정하며 그것을 고백했다. 세 번째 단어는 "죄"(sin)인데 그뜻은 빗나감 또는 미달이라는 뜻이다. 인간은 본성적으로 부패하여 하나님으로부터 빗나가고 하나님의 영광에 미달한다는 뜻이다. 다윗은 자기가 범한 죄과들을 하나하나 구체적으로 나열하며 자신의 죄를 인정하고 고백했을 뿐 아니라 죄로 인해서 슬퍼하고 아파하며 괴로워했다. 예수님이 친히 말씀하시기를 우는 자와 애통하는 자가 복이 있다고 하셨다.

2. 하나님의 인자와 자비를 바라보며 죄를 고백했다(6~8절)

다윗은 하나님의 자비를 바라보며 자기의 죄를 하나님께 고백했다. 다윗은 하나님의 자비 앞에서 회개하게 되었고, 회개하면서 하나님의 자비만을 붙잡았다. "주의 인자를 좇아" "주의 많은 자비를 좇아" 그리고 "주님"이라는 말을 거듭거듭 반복했다. 다윗은 오직 주님만을 바라보며 주님을 향해 회개했다.

우리가 회개할 때 많은 말이 필요없다. "주님" "주여" "예수님" "하나님"으로 족하다.

3. 죄사함과 회복의 은혜를 간구했다(9~19절)

다윗은 죄사함과 회복의 은혜를 간구했다. 죄를 범할 때 모든 것이 잘못된다. 기쁨이 사라진다. 기도가 막힌다. 하나님과 멀어진다. 성령의 감동이 없어진다. 전도도 할 수 없고 찬송도 할 수 없게 된다. 모든 것이 캄캄하게 된다. 다윗은 죄를 회개하며 죄사함과 회복의 은혜를 간구했다.

회개는 큰 죄를 범할 때만 하는 것이 아니다. 죄가 세상에 계속되는 한 회개도 계속되어야 한다. 우리가 사람으로 이땅에 사는 동안에는 회개를 계속하게 된다. 한국 교회의 신앙의 선배들은 회개를 생명처럼 강조했는데 오늘의 한국 교회는 회개를 등한시하게 되었다. 루터는 날마다 회개해야 한다고 말했다. 하나님 앞에서 사는 사람들은 날마다 회개의 기도를 드린다. "날마다 회개의 눈물로 얼굴을 씻는 하나님의 자녀보다 더 예쁜 사람은 세상에 없다"(사무엘 클라크). 회개는 설교도 아니고 이론도 아니고 신학도 아니며 실천이다.

우리는 이 새벽에 이렇게 기도하자.
"주여 우리에게 상하고 통회하는 마음을 주시옵소서. 회개의 영을 우리 모두에게 주시옵소서."

악인의 자랑과 성도의 의뢰

★ 시편 52편 ★

1. 악인의 자랑(1~4절)

"강포한 자여 네가 어찌하여 악한 계획을 스스로 자랑하는고"(1절) 다윗은 사울왕과 그의 부하들로부터 훼방과 공격을 받았다. 사울왕의 부하 중의 하나인 도엑이 다윗을 모해하며 악한 말로 다윗을 공격했다. 성도는 세상을 살아가며 악인들의 모함과 공격을 받는다. 악인들은 성도를 계획적으로 모함하고 공격하는데 그것을 자랑으로 삼는다.

"네 혀가 심한 악을 꾀하여 날카로운 삭도같이 간사를 행하는도다"(2절) 삭도는 면도날처럼 예리한 칼을 말하는데 악인들의 혀는 그렇게 예리하고 날카로워 성도들을 심하게 해친다.

"네가 선보다 악을 사랑하며 의를 말함보다 거짓을 사랑하는도다"(3절) 악인들이 저지르는 죄악은 또한 자발적이고 적극적이다. 마지못해서 저지르는 죄악이 아니라 그것을 사랑하며 적극적으로 저지르는 죄악이다. 즉 악인들이 성도들에게 저지르는 죄는 계획적이고 날카로워서 성도들을 잡아먹으려고 한다.

"하나님의 인자하심은 항상 있도다"(1절). 성도는 악인들이 제 아무리 무섭게 달려들며 공격할지라도 하나님의 인자하심을 바라보며 마음의 평안과 여유를 유지한다. 하나님의 인자하심은 잠시 동안이 아니라 항상 계속된다.

2. 악인의 보응(5~7절)

"그런즉 하나님이 영영히 너를 멸하심이여"(5절) 악인의 자랑이 오래갈 듯이 보였지만 그들에게 임할 멸망이 오히려 영영하다. 크고 안전하게 보이던 저택에서 갑자기 쫓겨남을 당한다. 영원히 안전하게 살 것 같은 삶의 뿌리와 터전이 갑자기 뽑혀지게 된다. 성도들은 악인이 갑자기 망하는 것을 보고 공의로우신 하나님을 두려워하게 되며 악인의 어리석음을 가소롭게 생각한다. 즉 악인들은 하나님을 자기 힘으로 삼는 대신 재물의 풍부함을 의지하며 살았고, 포악을 자행하므로 자기의 세력을 든든케 하며 살았다. 그러나 악인은 '쌓아두었던 재물과 든든하게 장악했던 세력이 하루아침에 무너지고 말았구나'라고 말한다.

3. 성도의 의뢰(8~9절)

"오직 나는 하나님의 집에 있는 푸른 감람나무 같음이여"(8절) 악인들의 모함과 공격을 받으며 괴로워하던 성도 그리고 악인들의 자랑과 성공의 무상함을 목격한 성도는 이제 하나님의 인자하심을 다시금 바라보고 의지하며 하나님이 베푸신 은혜와 복을 감사한다. 성도가 누리는 은혜와 복은 하나님의 집에 심기워진 푸른 감람나무 같은 것이다. 감람나무는 성별된 나무인데 성소의 뜰에 심기워짐으로 보다 큰 은혜와 영광을 입었다. 성도는 날마다 이렇게 고백하므로 만족을 누린다. "오직 나는 하나님의 집에 있는 푸른 감람나무 같음이여."

"하나님의 인자하심을 영영히 의지하리로다"(8절) 성도가 영영토록 의지할 것은 하나님의 인자하심이다. 하나님의 공의로우신 행사를 보고 성도가 영영히 주님께 드릴 것은 감사이다.

주 이름의 선하심을 맛보는 성도가 영영히 의지할 것은 주의 이름이다.

주의 이름을 의지하여 승리하는 하루가 되기를 바란다.

어리석은 자

★ 시편 53편 ★

1. 하나님이 없다고 말한다(1~4절)

"어리석은 자는 그 마음에 이르기를 하나님이 없다 하도다"(1절) 어리석은 사람의 첫째 특징은 하나님을 부인하는 것이다. 하나님이 없다고 주장한다(시 10:4). 러시아의 우주인 한 사람이 우주를 비행하고 돌아와서 이런 말을 했다. "내가 우주를 자세히 살펴보았지만 하나님은 존재하지 않았다." 북한의 주체사상도 하나님의 존재를 부인한다. 유교도 물론 하나님이나 내세의 존재를 믿지 않는다. 공자는 "현세의 문제도 다 알지 못하는데 어찌 하나님이나 내세에 대해서 알 수 있겠느냐"고 말했다고 한다.

하나님을 과학이나 정치나 윤리 도덕으로 알려고 하는 사람은 하나님을 알 수가 없으며 하나님을 부인하게 되고 만다. 하나님은 영적인 신이시기 때문이다. 영적인 눈이 띄어진 사람만이 하나님을 알 수가 있다. 엠마오로 가던 두 제자는 영적인 눈이 뜨였을 때 예수님을 볼 수 있었다.

"하나님을 찾는 자가 있는가 보려 하신즉"(2절) 어리석은 사람은 하나님을 부인하기 때문에 하나님을 찾지도 않으며 부르지도 않는다(2, 4절). 하나님께서 하늘에서 인생을 굽어살피사 지각이 있어 하나님을 찾는 자가 있는가 보려 하신즉 하나님을 찾는 자가 하나도 없었다고 했다. 인생은 모두 다 어리석은 자가 되었다.

2. 부패하고 가증하여 선을 행하지 않는다(1~4절)

"저희는 부패하며 가증한 악을 행함이여 선을 행하는 자가 없도다"(1절) 어리석은 사람의 둘째 특징은 윤리의 타락이다. 하나님을 모르는 자는 결국 이 세상에서 타락하고 만다. 인간 타락의 근본 원인은 무신론 사상 때문이다. 어리석은 사람의 타락된 모습을 여기 이렇게 묘사했다. '부패하고, 소행이 가증하고, 더러운 자가 되고, 선을 행하는 자가 없고, 죄악을 행하고, 내 백성을 먹고'(1~4절). 하나님을 볼 수 없는 사람은 인간도 바로 볼 수가 없다. 결국 인간에 대해 가증한 죄를 범하고 사람을 집어삼키기까지 한다.

오늘날 교회 안에도 하나님의 존재와 현존을 마음 중심으로 믿지 못하는 사람들이 있고, 비윤리적인 죄를 범하는 사람들도 있다. 모두 어리석은 사람들이다.

3. 두려워 떨게 된다(5~6절)

"저희가 두려움이 없는 곳에서 크게 두려워하였으니"(5절) 어리석은 사람의 셋째 특징은 두려워 떨게 되는 것이다. 두려움이 없는 곳에서도 크게 두려워한다. 무신론자의 마음에는 평안 대신 두려움이 있고, 온갖 악을 자행하는 사람의 마음에도 평안 대신 두려움이 있다. 혹 어리석은 자가 하도 어리석어 두려워할 줄 모르는 경우도 있다. 그러나 그들이 두려워할 날이 반드시 오고야 만다. 하나님께서 저희의 뼈를 흩으실 날이 온다. 하나님께서 의인들을 신원해 주시고 악인들을 심판하실 날이 오고야 만다. 결국 어리석은 자들은 하나님이 없다고 말하며 부패한 죄악의 삶을 살다가 하나님의 심판을 받아 수치와 멸망을 당한다.

"시온에서 이스라엘을 구하여 줄 자 누구인고"(6절) 여기서 다윗은 이스라엘의 구원을 대망하며 기원한다. 여기 "이스라엘"은 어리석은 자와 대조되는 하나님을 경외하는 이스라엘 사람들을 가리킬 수도 있고, 형식적으로는 하나님을 인정하나 실제로는 하나님을 부인하는 패역한 이스라엘을 가리킬 수도 있다. 하여간 다윗은 하나님께서 이스라엘에게 구원의 은혜를 베푸시기를 대망하고 기원했다. 이스라엘이 하나님의 구원과 회복의 은혜를 체험할 때 그들이 즐거워하며 기뻐하게 될 것이라고 내다보았다.

우리 모두에게 하나님의 구원과 회복의 은혜가 넘쳐나기를 기도하는 새벽이 되기를 바란다.

주의 이름으로 나를 구원하소서
✱ 시편 54편 ✱

이 시편은 다윗이 사울왕의 박해로 쫓겨다니던 시절에 지은 시편들(7, 34, 52, 54, 57, 59, 142편) 중에 하나로 극한 상황에 처한 다윗이 하나님의 도우심을 탄원하는 시이다.

1. 하나님이여 주의 이름으로 나를 구원하소서(1~2절)

"하나님이여"(1절) 위험에 처한 다윗이 제일 먼저 생각하고 언급한 것은 자기 자신이 아니라 하나님과 그의 이름이었다. 그가 제일 먼저 한 말은 "하나님이여"라는 말이었다. 우리가 제일 먼저 입에서 소리낼 말은 "하나님이여" "아버지여"라는 말이다.

"주의 이름으로 나를 구원하시고"(1절) 두 번째로 한 말은 "주의 이름으로"라는 말이었다. 주의 이름은 위대하고 전능하다. 예수님이 제자들에게 기도를 가르치실 때에 "아버지여"라고 말한 후 무슨 기도를 하라고 가르치셨는가?(눅 11:2) 베드로는 예수의 이름을 의지하며 무슨 일을 했는가?(행 3:6, 9:34) 사도 바울은 어떠했는가?(행 9:18) 다윗은 극한 상황에서 자기의 이름을 의지하지 않고 하나님의 이름을 의지했다. 성경은 "도울 힘이 없는 인생을 의지하지 말라"고 가르친다(시 146:3).

다윗이 자신의 구원을 위해서 간구한 기도가 이기적인 기도라고 할 수는 없다. 우리 피조물 죄인들은 하나님의 은혜와 능력으로 구원을 받아야 할 존재들이기 때문이다(빌 1:19).

"내 기도를 들으시며 내 입의 말에 귀를 기울이소서"(2절) 극한 상황에 처한 성도들이 하나님의 이름을 의지하는 방법은 기도하는 것이다. 기도하는 사람은 하나님을 의지하는 사람이다. 하나님은 성도들의 기도 소리를 들으심으로 성도들을 환난에서 구원하신다.

2. 외인이 일어나 나를 치며(3절)

다윗은 하나님의 이름을 부르고 하나님을 의지하며 기도한 다음 이제 자기를 치며 죽이려고 하는 간악한 원수들에 행동을 하나님께 아뢴다. 진솔한 아뢰임이다. 다윗은 자기를 치는 사울의 일당들을 가리켜 "외인" "강포한 자" "하나님을 자기 앞에 두지 않는 자" "원수"라고 칭했다. "외인"은 하나님의 백성과 상관이 없는 불신자를 말한다. "강포한 자"는 무자비한 악도를 말한다. 저들은 일어나서 다윗을 치고 다윗의 생명을 노리며 수색에 나섰다. 사단은 우리를 죽이려고 우리의 생명을 엿본다.

3. 하나님은 나의 돕는 자시라(4~7절)

"하나님은 나의 돕는 자시라"(4절) 하나님을 바라보며 기도하는 성도는 기도를 마치기도 전에 이미 하나님의 구원을 확신하며 이렇게 고백한다. "주께서 내 생명을 붙드는 자시라" "주께서 내 원수에게 악으로 갚으시리이다". 자기가 스스로 원수를 갚으려고 하기보다는 하나님께서 친히 원수 갚으실 것을 바라본다. "주의 성실하심으로"(5절) 즉 주께서 약속하신 말씀대로 원수를 멸하실 것을 믿으며 또 간구한다.

"내가 낙헌제로 주께 제사하리이다"(6절) 이미 하나님께서 베푸실 구원을 확신하며 낙헌제를 드리겠다고 서원한다. 낙헌제는 의무적인 제물 외에 자원하여 즐거운 마음으로 과외의 것을 드리는 제물로 "특별 감사헌금"과 같은 것이다. 신약의 성도들이 십일조 드리는데만 겨우 머문다면 구약 성도들에게 부끄럽기 그지 없는 일이다. 누가복음 7장에 나오는 죄인인 한 여자는 향유를 예수님의 발에 쏟아부음으로 낙헌제를 드렸다.

"여호와여 주의 이름에 감사하오리니 주의 이름이 선하심이니이다"(6절) 기도의 처음과 나중은 하나님의 이름에 감사하고 그 이름을 높이는 데 있다. 우리를 구원하심의 목적도 주님의 이름을 높이는 데 있다.

우리를 깊은 웅덩이와 수렁에서 건지신 분은 오직 하나님이시다. 우리를 구원하신 하나님께 감사하고, 영광 돌리는 삶을 살고 있는지 살펴보는 시간이 되길 바란다.

내 기도에 귀를 기울이소서

✱ 시편 55편 ✱

　이 시편은 다윗이 자기와 친밀한 자들로부터 배신을 당했을 때 개인적인 고뇌와 사회적인 불안을 겪으면서 하나님께 호소한 탄원시의 하나이다. 압살롬의 모반 때나 사울왕의 박해 때에 쓰여진 것이라고 여겨진다.

1. 근심과 탄식 중에 부르짖는 기도(1~11절)

　"하나님이여 내 기도에 귀를 기울이시고"(1절) 다윗은 자기의 친밀한 동료들로부터 배신과 핍박을 당해 아픔과 두려움과 황공함에 쌓였을 때 하나님께 부르짖어 호소했다. 환난을 당할 때 우리들이 제일 먼저 찾을 분은 하나님이시다. "환난 날에 나를 부르라"(시 50:15). 환난을 당할 때 우리들이 제일 먼저 할 것은 기도하는 일이다. "환난 중에 참으며 기도에 항상 힘쓰며"(롬 12:12).

　"내가 근심으로 편치 못하여"(2절) 다윗은 자기가 당하는 고난을 낱낱이 하나님께 아뢰었다. "내가 근심으로 편치 못하며 탄식하오니 이는 원수의 소리와 악인의 압제의 연고라 저희가 죄악으로 내게 더하며 노하여 나를 핍박하나이다 내 마음이 내속에서 심히 아파하며 사망의 위험이 내게 미쳤도다 두려움과 떨림이 내게 이르고 황공함이 나를 덮었도다"(3~5절).

"나의 말이 내가 비둘기같이"(6절) 다윗은 극심한 고난을 당할 때 비둘기처럼 멀리 날아서 도피하고 싶은 충동을 느꼈다. 이것은 불신앙이라기 보다는 그의 심리적 고통을 진솔하게 묘사한 것이다. 성경은 오류가 없는 하나님의 말씀인 동시에 진솔한 인간의 고백이기도 하다.

"성내에서 강포와 분쟁을 보았사오니 주여 저희를 멸하소서"(9절) 대적자들의 핍박은 다윗에게 개인적인 고뇌를 가져왔을 뿐 아니라 사회적 분쟁과 강포까지 가져왔다. 결국 다윗은 대적자들에 대한 하나님의 심판이 가해지기를 기도하기에 이르렀다.

2. 가까운 친우의 배신을 탄식하며 호소함(12~15절)

"그가 곧 너로다"(13절) 다윗의 고뇌는 가중되었고 참기가 힘들었다. 그 이유는 그가 당하는 핍박과 고난이 원수로부터 온 것이 아니라 그의 동료요, 동무요, 가까운 친구로부터 온 것이었기 때문이다. 과거에 재미있게 같이 지내던 사람이었고 심지어는 하나님의 집에 함께 다니던 사람이었다. 마치 예수님이 가룟 유다에게 배신을 당한 것과 흡사하다. 다윗은 그것을 참기가 힘들었다. 그래서 "사망이 홀연히 저희에게 임하여 산 채로 음부에 내려갈지어다"(15절)라고 대적자들의 파멸을 기원했다.

3. 하나님께 부르짖으며 맡기는 기도(16~23절)

"나는 하나님께 부르짖으리니"(16절) 다윗은 극심한 고통과 탄식 중에도 다시금 하나님을 바라보면서 모든 것을 하나님께 맡기며 기도했다. "나는 사랑하나 저희는 도리어 나를 대적하니 나는 기도할 뿐이라"(시 109:4). "여호와께서 나를 구원하시리로다"(16절). 자기의 구원도, 대적자들을 원수 갚는 것도 다 하나님께 맡겼다.

"저녁과 아침과 정오에"(17절) 다윗의 기도는 더욱 간절해졌다. 간절한 기도는 시간을 정해 놓고 하는 기도이다. "저가 내 생명을 구속하사 평안하게 하셨도다"(18절), 간절히 기도할 때 다윗이 불원한 장래에 하나님의 구원을 체험하게 될 것을 확신했다. "태고부터 계신 하나님이"(19절), 어떠한 분이심을 확실히 고백하며 하나님의 구원하심과 심판을 확신했다.

"네 짐을 여호와께 맡겨 버리라"(22절) 다윗의 기도는 모든 고뇌와 탄식을 다 하나님께 맡겨 버리는 것으로 마쳤다. 구원도 원수 갚는 것도 모두 하나님께 맡겼다(롬 12:19). 신앙도 기도노 하나님께 맡기는 것이다. 모든 것을 하나님께 맡길 때 하나님은 그를 붙드시고 그의 요동함을 영원히 허락지 않으신다.

"나는 주를 의지하리이다"(23절) 다윗의 탄식 기도는 하나님을 의지하는 것으로 마쳐졌다.

신앙도 기도도 하나님을 의지하는 것이다. 하나님께 맡기고 하나님을 의지하는 것이 곧 하나님을 믿고 하나님께 기도하는 사람들의 삶인 것을 명심하자. 오늘도 우리의 삶을 온전히 하나님께 맡기자.

두려워하는 날에 주를 의지하리
* 시편 56편 *

이 시편은 다윗이 사울왕의 박해를 피하여 블레셋 가드에 망명하던 시절에 쓴 시로 요낫 엘렘 르호김 즉 "멀리 있는 소리 없는 비둘기"같이 하나님을 향해 부르짖어 기도한 시이다.

1. 나를 긍휼히 여기소서(1~2절)

"하나님이여 나를 긍휼히 여기소서"(1절) 다윗은 사람들의 압제를 당하면서 하나님의 긍휼을 바라보며 간구했다. 사실 지음을 받은 죄인들이 항상 바라보고 구해야 할 것은 하나님의 긍휼이다. 사람은 자기의 분수를 망각하고 자기를 칭찬과 흠앙의 대상으로 착각할 때가 있다. 그러나 다윗은 지금 자기를 긍휼의 대상으로 여기며 하나님께서 자기를 긍휼히 여겨 주시기를 간구했다(시 57:1). 사람은 허물이 많은 죄인이기 때문에 원수들의 공격이 극심하므로 하나님의 긍휼이 필요하다.

2. 내가 주를 의지하리이다(3~4, 10~11절)

"내가 두려워하는 날에는 주를 의지하리이다"(3절) 다윗은 원수들의 압제를 받아 두려웠지만 사람들을 바라보지 않고 하나님을 바라보며 하나님을 의지했다. 환난의 날에 주를 의지하는 것이 쉬운 일 같으면서도 어려운 일이다. 사람은 어려움에 처할 때 사람이나 권력이나 돈의 힘을 의지하려고 하기 때문이다.

그러나 다윗은 하나님만을 의지한다고 고백했다. "혈육 있는 사람이 내게 어찌하리이까?"(4, 11절). "주를 의지하리이다"라는 말을 여섯 번이나 반복했다. 하나님을 의지하는 사람은 복 있는 사람이다(시 62:8). "하나님의 말씀을 찬송하리이다"(4, 10절). 하나님께서 자기 백성들을 환난 중에서도 도와주시겠다고 약속하신 말씀을 기억하며 그 말씀을 찬송했다.

3. 나의 눈물을 주의 병에 담으소서(5~9절)

"저희가 종일 내 말을 곡해하며 내게 대한 저희 모든 사상은 사악이라"(5절) 다윗은 여기서 다시 자기를 삼키려고 하는 원수늘의 간악함을 하나님께 아뢰었다. 저들이 다윗의 생명을 엿보았고 숨어서 다윗의 종적을 살폈다고 아뢰었다.

결국 다윗은 이리저리 유리하며 괴로움과 슬픔에 싸여 눈물을 흘렸다. 회개의 눈물과 간구의 눈물이었다. 그리고 다윗은 이렇게 아뢰었다. "나의 눈물을 주의 병에 담으소서"(8절). 하나님은 성도의 눈물을 주의 병에 담으시며 눈물의 사연을 주의 책에 기록하신다. "내가 네 기도를 들었고 네 눈물을 보았노라"(사 38:5). 우는 자는 복 있는 자이다(눅 6:21). 우리들은 쓸데 없는 일 때문에 무가치한 눈물만 흘리지 말고 한 방울이라도 주의 병에 담길 만한 가치 있는 눈물을 흘리도록 해야 할 것이다.

4. 내가 감사제를 주께 드리리이다(12~13절)

"내가 감사제를 주께 드리리니"(12절) 다윗의 기도는 언제나 확신과 감사와 기쁨으로 마친다(시 54:6~7). 감사의 제사를 드리겠다고 이미 하나님께 서원을 드렸다. 주께서 다윗의 생명을 이미 사망에서 건지사 다윗을 하나님 앞에, 생명의 빛에 다니게 하실 것을 내다보았다. 하나님께서 이미 자기를 실족지 않게 하실 것을 확신했다. 하나님의 긍휼을 바라보고 간구하는 눈물의 기도는 이렇게 힘이 크다.

우리는 주님을 의지하는 믿음으로 두려움을 내어쫓고, 눈물의 기도를 통해 하나님의 긍휼을 덧입어야겠다.

오늘 첫새벽에 드리는 눈물의 기도가 하나님께 열납되기를 바란다.

내 영혼이 주께로 피하리이다

✶ 시편 57편 ✶

이 시편은 다윗이 사울을 피하여 굴에 숨어 있던 때에 "알다스헷" 즉 "멸망시키지 마소서"라고 부르짖은 시이다.

"하나님이여 나를 긍휼히 여기시고 나를 긍휼히 여기소서"(1절). 다윗은 재난과 재앙의 때에 하나님의 긍휼을 바라보며 구원하심을 간구했다. "긍휼히 여기소서" 두 번 반복했다. 사실 지음을 받은 죄인들이 항상 바라보고 구해야 할 것은 하나님의 긍휼이다.

1. 내 영혼이 주께로 피하리이다(1~3절)

"내 영혼이 주께로 피하되… 피하리이다"(1절) 다윗은 지금 굴속에 피해 있지만 사실은 하나님의 품에 피한다고 고백했다. "피하리이다" 두 번 반복했다. 병아리가 어미 닭의 날개 그늘 아래 피하듯 지금 다윗은 하나님의 날개 그늘 아래 피한다고 고백했다. 재앙의 때에 우리들이 피할 곳은 주님의 품이다. "하나님은 우리의 피난처시요 힘이시니"(시 46:1).

"내가 지극히 높으신 하나님께 부르짖음이여"(2절) 하나님은 지극히 높으신 분이시기 때문에, 다윗은 주님께 피했다. "나를 위하여 모든 것을 이루시는 하나님께로다"(2절). 하나님이 다윗을 위하여 모든 것을 이루시는 분이시기 때문에 주님께 피했다. "저가 하늘에서 보내사 … 나를 구원하실지라"(3절). 하나님이 하늘에서 사자들을 보내사 다윗을 구원하시는 분이시기 때문에 주님께 피했다.

"하나님이 그 인자와 진리를 보내시리로다"(3절) 하나님은 다윗에게 인자하심과 진실하심을 보내사 구원하시는 분이시기 때문에, 다윗은 주님께 피했고 주님이 구원해 주시기를 간구했다.

2. 내가 불사르는 자 중에 누웠으니(4~6절)

"내 혼이 사자 중에 처하며"(4절) 다윗은 이제 자기가 처한 환난과 역경을 낱낱이 하나님께 아뢰었다. 원수들이 사자처럼 달려들었다(4절). 원수들이 사르는 불로, 창과 살로, 날카로운 칼로 공격했다(4절). 걸음을 방해했고 길에 그물을 숨겨놓았다. 웅덩이까지 파놓았다(6절).

"주는 하늘 위에 높이 들리시며"(5절) 하나님은 하늘 위에 높이 계시며 모든 것을 감찰하시오니 내가 당하는 갖가지 재난을 굽어 살피소서. "내 영혼이 억울하도다"(6절)라고 아뢰었다.

3. 하나님이여 내 마음이 확정되었사오니(7~11절)

"하나님이여 내 마음이 확정되었고 내 마음이 확정되었사오니"(7절) 다윗의 기도는 언제나 확신과 감사와 기쁨으로 마친다(시

54:6~7, 56:12~13). 다윗이 하나님의 긍휼을 바라보고 주님의 품에 피하며 자기의 역경을 낱낱이 고하면서 부르짖어 주의 도우심을 간구했을 때 다윗의 마음은 이미 확정되었다. 구원하심에 대한 확신이 섰다. "내 마음이 확정되었사오니"라고 두 번 반복했다.

"내가 노래하고 내가 찬송하리이다"(7절) 기도자의 마음은 확정되고 마음이 확정될 때 노래와 찬송이 흘러나온다(행 16:25).

"내 영광아 깰지어다 비파야, 수금아, 깰지어다 내가 새벽을 깨우리로다"(8절) 하나님이 자기에게 베푸실 영광을 바라보며 찬송한다. 모든 악기를 동원해서 찬송한다. 악기가 잠자면 안 된다. 모두 깨어서 하나님을 찬송해야 한다. 새벽부터 일어나 찬송한다. 새벽이 잠자는 다윗을 깨우기 전에 다윗의 새벽 찬송이 잠자는 새벽을 깨운다. "만민 중에서 … 열방 중에서"(9절). 모든 곳 모든 사람들 가운데서 감사의 찬송을 드린다.

마땅히 찬송받아야 할 하나님의 인자하심과 진실하심과 높으심과 넓으심 가운데 우리의 지친 영혼을 의탁합시다. 그리고 하나님께서 주시는 새 힘으로 오늘 하루도 승리하기를 바란다.

너희가 어찌 잠잠하느뇨

✱ 시편 58편 ✱

다윗은 이 시편에서 불의한 집권자들의 죄악을 낱낱이 지적하며 하나님께서 그들의 죄악을 징벌하시기를 기원했다. 선지자와 사도는 하나님의 공의와 권위를 대변하는 특수한 입장에서 불의한 범죄자들을 종종 저주한 일이 있다(행 5:1~11, 8:20). 물론 보통 신자들은 그 처지가 다른 것만큼 그러한 저주의 발언을 삼가해야 할 것이다.

1. 인자들아 너희들이 어찌 잠잠하느뇨(1~5절)

하나님의 사람들은 세상의 불의와 죄악을 보고 그대로 묵과하지 않는다. 하나님의 공의와 권위를 위해서 불의와 죄악을 낱낱이 지적한다. 다윗이 지적한 불의한 집권자들의 죄악은 다음과 같은 것들이었다.

"인자들아 너희가 당연히 공의를 말하겠거늘 어찌 잠잠하느뇨"(1절) 공의를 말하지 않고 불의에 대해 침묵하는 죄를 범했다. 하나님은 공의를 중요하게 보시는데, 수많은 집권자들은 공의를 무시하고 불의를 자행하는 경우가 많다. 정직히 판단하는 대신에 거짓을 범하는 경우가 많다.

"너희가 중심에 악을 행하며"(2절) 공의와 정직을 범할 뿐 아니라 한 걸음 더 나아가서 마음속에는 악을 품고 손으로는 강포하고 잔인한 죄를 범한다.

"악인은 모태에서부터 멀어졌음이여"(3절) 저들은 모태에서부터 공의와는 거리가 먼 자들로 태어났을 뿐 아니라 나면서부터 점점 더 곁길로 나아간 자들이다. 정직 대신 거짓을 말하는 자들이다.

"저희의 독은 뱀의 독 같으며"(4절) 저들의 악독은 아무의 말도 듣지 않는 귀머거리 독사 같은 악독이다. 목이 곧고 이마가 놋쇠와 같으며 극도로 양심이 무디고 강퍅한 사람의 악독이다.

2. 하나님이여 저희 입에서 이를 꺾으소서(6~9절)

다윗은 여기서 하나님의 공의와 권위를 위하여 불의한 집권자들을 하나님께서 벌하시기를 기원했다.

첫째, 젊은 사자의 입에서 어금니를 꺾어 버리듯 강포를 행하는 불의한 자의 입에서 그 이를 부수어 버리기를 기원했다(6절).

둘째, 언덕에서 급히 흐르는 물이 사라지듯 행악자들이 사라져 없어지기를 기원했다(7절).

셋째, 당긴 화살이 시위를 벗어나기도 전에 부러지듯 당당하던 행악자들이 힘없이 패망케 되기를 기원했다(7절).

넷째, 죽어가는 달팽이같이 불의한 집권자들이 망하게 되기를 기원했다(8절).

다섯째, 태어나기도 전에 유산되고 마는 태아처럼 포악한 통치자들이 사전에 모두 없어지기를 기원했다(8절).

여섯째, 가시나무의 불이 가마를 더웁게 하기 전에 불붙은 나무나 아직 불붙지 않은 생나무가 강한 회리바람에 모두 날려 버리듯이 늙은 자나 젊은 자를 막론하고 불의한 집권자들이 모두 숙청되기를 기원했다(9절).

3. 의인이 기뻐함이여(10~11절)

"의인은 … 기뻐함이여"(10절) 의인은 악인이 보복을 당함으로 하나님의 공의와 권위가 선양되는 것을 보고 기뻐한다. 의인은 하나님의 영광이 높이 드러날 때 기쁨을 느낀다. "그 발을 악인의 피에 씻으리로다"(10절)라는 말은 의인이 하나님의 은혜로 말미암아 악인을 이긴다는 뜻이다.

"때에 사람의 말이"(11절) 여기 사람은 이 시편의 기자인 다윗이나 성도가 아닌 다른 사람들을 말한다. 다른 사람들은 불의한 죄인들 위에 임한 하나님의 심판을 보고 이렇게 말한다. "의인에게 갚음이 있고 진실로 땅에서 판단하시는 하나님이 계시다"(11절).

우리는 불의한 악인을 향해 어떻게 해야 하겠는가? 심판장이신 하나님께서 불의한 죄인들을 심판하시므로 그 분께 전적으로 의탁해야 한다.

하나님의 공의가 이땅에 세워지기를 이 새벽에 기도하자.

나의 하나님이여 나를 건지소서
✱ 시편 59편 ✱

이 시편은 다윗이 자기 집에서 사울의 사자들에게 습격을 당했을 때 하나님의 도우심을 간구하며 지은 시이다. "사울이 사자들을 다윗의 집에 보내어 그를 지키다가 아침에 그를 죽이게 하려 한지라"(삼상 19:11). 사도 바울도 비슷한 위험을 당하곤 했다(행 9:23~26, 23:12).

1. 나의 하나님이여 내 원수에게서 나를 건지소서(1~4절)

"나의 하나님이여"(1절) 다윗은 역경 중에서 언제나 하나님의 도우심을 간구했다. 여기서는 "나의" 하나님이라고 부르며 부르짖었다. 다윗은 하나님께서 자기를 원수에게서 "건지시고" 치려는 자에게서 "높이 드시고" 사악을 행하는 자에게서 "건지시고" 피흘리기를 즐기는 자에게서 "구원하시기"를 간구했다. 다윗의 생명을 해하려고 엎드려 기다리며 그를 치려는 자에게서 자기를 "도우시기"를 간구했다. 원수들의 간악한 형편을 일일이 아뢰며 그 간악한 원수들의 공격에서 건지시기를 간구했다.

다윗은 원수들에 대해서 잘못한 일이나 범한 죄가 없다고까지 호소했다. 사실 다윗은 자기를 죽이려는 사울을 번번히 너그럽게 대했다.

2. 하나님이여 열방을 벌하소서(5~14절)

"만군의 하나님 여호와, 이스라엘의 하나님이여 일어나 열방을 벌하소서"(5절) 다윗은 하나님께서 하나님의 권위를 나타내시기 위해서라도 하나님의 원수들인 열방을 벌하시기를 간구했다.

"간사한 악인을 긍휼히 여기지 마소서"(5절) 원수들에게 벌을 내리시되 아주 철저하게 벌하시기를 간구했다. "긍휼히 여기지 마소서" "모든 열방을 비웃으시리이다" "내 원수의 보응받는 것을 나로 목도케 하시리이다" "저희를 [빨리] 죽이지 마옵소서" "저희를 흩으시고 낮추소서" "사로잡히게 하소서" "진노하심으로 소멸하시되 없기까지 소멸하소서" "개처럼 울며 성으로 두루 다니게 하소서".

"하나님은 나의 산성이시니 저의 힘을 인하여 내가 주를 바라리이다 나의 하나님이 그 인자하심으로 나를 영접하시며"(9~10절) 다윗은 하나님께서 열방을 벌하시기를 간구하면서도 계속해서 하나님과 그의 인자하심만 바라보고 의지했다. 우리가 바라보고 의지할 것은 하나님과 그의 인자하심이다.

"하나님이 야곱 중에 다스리심을 땅 끝까지 알게 하소서"(13절) 다윗이 하나님께 열방을 벌하시기를 간구한 궁극적인 목적은 하나님의 하나님 되심을 온 세상에 나타내기를 원하는 것이었다.

3. 나는 주의 힘을 노래하며(15~17절)

"나는 주의 힘을 노래하며"(16절) 역경 중에서 부르짖는 다윗의 기도는 항상 확신과 찬양으로 그쳤다(시 56:10~11, 57:7~11). 기도는 찬양을 만들고 찬양은 기도를 만든다. "아침에 주의 인자하심을 높이 부르오리니"(16절). 성도는 아침이 오기 전에도 새벽을 깨우면서까지(시 57:8) 주의 인자하심을 찬양한다.

"나는 주의 힘을 노래하며"(16절). "주의 인자하심을 높이 부르오리니"(16절). "주는 나의 산성이시며"(16절). "나의 환난 날에 피난처심이니이다" "나의 힘이시여"(17절). "하나님은 나의 산성이시며"(17절). "나를 긍휼히 여기시는 하나님이심이니이다"(17절). 이와같이 다윗의 찬양 주제와 내용은 항상 하나님이시다.

"내 원수의 손에서 나를 건지소서"라고 부르짖었던 다윗과 같이 우리도 오늘 이 시간 하나님께 부르짖음으로 하나님의 도우심을 받아 승리하는 하루가 되기를 바란다.

우리를 버리셨으나 지금은 회복시키소서

★ 시편 60편 ★

이 시편은 다윗이 전쟁에 일시 패배를 당했으나 하나님께서 다시 그를 일으켜 세워 회복해 주시기를 간구하는 시이다.

1. 주께서 우리를 버리셨으나(1~3절)

"주께서 우리를 버리셨으나"(1절) 다윗은 전쟁의 패배가 우연히 발생한 것이 아니라 하나님이 내리신 징계 때문에 발생한 것임을 분명하게 인식했다. 다윗은 "주께서 우리를 버리셨고, 흩으셨고, 땅을 진동시키셨고, 갈라지게 하셨고, 땅을 요동케 하셨고, 어려움을 보이셨고, 비척거리게 하셨다"고 고백했다. 물론 우리와 관련해서 발생하는 모든 실패나 패배가 숙명론적 입장에서 하나님 때문이라고 판단하는 것은 잘못된 인식이지만, 섭리론적 관점에서 하나님의 징계로 말미암아 일어난 것이라고 인식하는 것은 신앙인으로서의 올바른 인식이라 하겠다.

다윗은 지금 당한 전쟁의 패배가 자신이 범한 범죄 위에 임한 하나님의 분노 때문에 일어난 것임을 솔직하게 고백했다. "분노하셨사오나"(1절) "포도주로 우리에게 마시우셨나이다"(3절)라는 표현은 다윗의 범죄 위에 임한 하나님의 진노임을 솔직하게 고백하는 말이다.

"지금은 우리를 회복시키소서"(1절) 다윗은 하나님이 내리신 진노의 모습을 낱낱이 아뢰면서 그 진노의 모습들을 돌이켜 주시기를 간구했다.

2. 오른손으로 구원하소서(4~8절)

"주를 경외하는 자에게 기를 주시고"(4절) 다윗은 이제 하나님의 도우심을 구체적으로 간구했다. 하나님의 약속을 의지하며 하나님께서 도와주시기를 간구했다. 즉 하나님께서 자기를 경외하는 자에게 기를 주시겠다고 말씀하신 대로 기를 주시길 간구했다. 기는 하나님이 함께하신다는 표시이다. 주의 사랑하시는 자를 건지시기를 간구했다. 그리고 우리에게 응답하사 오른손으로 구원해 주시기를 간구했다.

"하나님이 그 거룩하심으로 말씀하시되"(6절) 거룩하신 하나님께서 승리의 말씀을 주시길 간구했다. 다윗은 이제 하나님이 주신 말씀을 따라 다음과 같이 승리의 노래를 불렀다. 그 노래는 "내가 뛰놀리라"(6절)는 것이었다. 다윗은 이제 하나님이 주시는 말씀과 확신을 가지고 모든 원수들을 정복하고 승리할 것을 구체적으로 노래했다. "내가 세겜을 나누며 숙곳 골짜기를 척량하리라 길르앗이 내 것이요 므낫세도 내 것이며 에브라임은 내 머리의 보호자요 유다는 나의 홀이며 모압은 내 목욕통이라 에돔에는 내 신을 던지리라 블레셋아 나를 인하여 외치라"(6~8절). 다윗은 승리에

관한 비전이 구체적이고 확실했다.

3. 누가 나를 이끌며 누가 나를 인도할고(9~12절)

"누가 나를 이끌어 … 누가 나를 에돔에 인도할고"(9절) 다윗의 간구는 보다 전폭적인 신뢰의 기도로 이어졌다. 누가 나를 이끌어 견고한 성 에돔의 수도에 들어가게 하며, 누가 나를 에돔으로 인도할고? 하나님을 전폭적으로 신뢰하며 하나님께서 구원하실 것을 믿는 기도였다. 하나님께서 어제는 우리를 버리셨으나 오늘은 우리를 도와 대적을 치게 하시길 간구하며, 하나님을 전적으로 신뢰했다. 사람의 구원은 헛된 것뿐이라고 새롭게 고백했다. 이제는 하나님만을 의지하며 용감히 행하겠다고 고백했다. 하나님만이 우리의 대적을 밟을 자이심을 인정하며 하나님을 높이고 의뢰했다.

하나님께서 우리를 대적으로부터 구하시고, 회복시켜 주시기를 간구하며 하나님의 응답하심을 경험하는 새벽이 되기를 바란다.

하나님이여! 나의 부르짖음을 들으소서
✶ 시편 61편 ✶

이 시편은 다윗이 압살롬의 반역으로 예루살렘을 피해 유리 방황하다가 압살롬이 망한 후에 예루살렘으로의 귀환을 간구하면서 부르짖은 기도이다.

1. 하나님이여! 나의 부르짖음을 들으소서(1~4절)

"내 마음이 눌릴 때"(2절) 다윗은 자기가 당한 역경을 "마음이 눌릴 때"와 "땅 끝"이라는 두 단어로 표현했다. "마음이 눌린다"는 말은 마음과 몸이 무거운 돌더미에 짓눌려 거의 죽게 된 상태에 놓였다는 뜻이고, "땅 끝에서 부르짖는다"는 말은 하나님과 성전에서 멀리 떨어진 극심한 고독감에 빠지게 되었다는 뜻이다. 우리는 마음이 짓눌려 숨을 쉴 수 없을 정도로 죽을 지경에 빠질 수도 있고, 땅의 마지막 끝에까지 도달한 듯한 극도의 고독감과 절망감에 빠질 수도 있다.

"나의 부르짖음을 들으시며"(1절) 다윗의 마음이 짓눌리는 절망감과 땅 끝에 있는 듯한 고독감에 빠지게 되었을 때 제일 먼저 한 것은 하나님께 부르짖은 일이다(1~2절). 다윗은 하나님을 향해 부르짖으며 자기의 기도에 응답해 주시기를 간구했다.

"주는 나의 피난처시요"(3절) 다윗이 역경과 절망 중에서 두 번째로 한 것은 하나님께 피하는 일이었다(3~4절). 다윗은 어려움에 처할 때마다 언제나 하나님께 피하곤 했다(시 46:1, 57:1). 다윗은 주의 날개 밑에 피하기를 원했고, 주의 장막에 거하기를 원했다. 우리의 피할 곳은 하나님의 품이요, 우리의 거할 곳은 주의 장막이다. 하나님을 피난처로 삼는 신앙은 귀한 신앙이다. 만일 자기 자신이나 자기의 힘을 피난처로 삼고 하나님을 바라보지 않는다면 그것은 이미 신앙에서 떠난 것이다.

2. 하나님이여! 내 서원을 들으시고(5~8절)

다윗은 여기서 자기가 서원을 이행하고 하나님께서 자기를 축복하신 일을 열거했다. 하나님은 우리가 서원을 이행하는 것을 기뻐하시고 서원을 이행하는 자들을 축복하신다.

"내 서원을 들으시고"(5절) 다윗은 과거에 자기가 하나님께 서원을 하고 그 서원을 이행했을 때 자기에게 기업을 주신 사실을 기억하며 그 사실을 고백했다.

"주께서 왕으로 장수케 하사"(6절) 하나님께서 미래에도 서원을 이행하는 자기에게 왕으로 장수케 하는 은혜와 그의 왕조가 장구하게 되는 은혜를 주실 것을 믿으며 그것을 내다보았다. 다윗은 거기에 그치지 않고 자기가 앞으로 영원토록 하나님 앞에 거하게 될 것까지 내다보았다. 그리고 자기를 보호하는 호위병은 칼과 창을 가진 군인들이 아니라 하나님의 인자하심과 진리 곧 신실하심이라고 고백했다.

"내가 … 매일 나의 서원을 이행하리이다"(8절) 다윗은 과거와 미래뿐 아니라 오늘의 삶도 서원을 계속해서 이행하는 삶이라고 고백했다. 한 가지 서원이 이루어졌을 때 감사함으로 종지부를 찍는 것이 아니다. 또 다른 서원으로 하나님의 뜻을 더 이루고 하나님께 더 헌신하는 생활을 계속해야 한다. 그리고 그 일로 인해 주의 이름을 영원히 찬양해야 한다. 서원의 끝없는 연속 그리고 계속되는 찬양, 이것이 성도의 삶이다. 서원은 무거운 것이 아니라 가볍고 기쁘며 감격스러운 것이다.

우리도 다윗처럼 이 새벽 이렇게 고백하자! "내가 주의 이름을 영원히 찬양하며 매일 나의 서원을 이행하리이다"(8절). 지금 이 시간 우리들이 서원하고 이행할 내용은 무엇인가? 주일을 거룩히 지키는 것, 십일조를 하나님께 드리는 것, 매일 기도하고 성경 읽는 것, 한 달에 한 사람 이상 전도하는 것, 모든 예배시간 5분 또는 10분 전에 교회당에 오는 것, 남의 허물을 용서하는 것, 도움이 필요한 사람들에게 도움의 손길을 펴는 것, 교회와 교역자들을 사랑하는 것, 자녀들을 하나님이 기뻐하시는 뜻에 따라 양육하는 것 등등을 서원하고 이행해야 할 것이다.

하나님만 바라라

✱ 시편 62편 ✱

이 시편도 다윗이 압살롬의 반역으로 곤경에 처했을 때 하나님을 바라보며 부르짖은 기도의 시이다. 이 시편에는 우리 성도들이 즐겨 암송하며 은혜를 받는 구절들이 많다.

1. 나의 영혼이 잠잠히 하나님만 바람이여(1~7절)

우리 성도들은 세상을 살아가면서 수많은 환난과 고난을 당한다. 그 고난이 하나님께로부터 올 수 있고, 사람들로부터 올 수도 있고 자신으로부터 올 수도 있다.

다윗은 환난과 고난을 당할 때 그것을 어떻게 대처했는가? 먼저 하나님을 향해 원망하거나 사람들을 향해 반항하거나 자신을 향해 낙담하지 않았고, 오직 잠잠히 하나님만을 바라보았다. 안절부절하며 불안해하지도 않았고 고요히 하나님만을 바라보며 기다렸다. 신앙은 침착하고 평온한 마음으로 고요히 하나님만을 바라는 것이다.

다윗이 고난 중에서 하나님만 바라본 첫째 이유는 하나님에게

서만 그의 구원이 나온다고 믿었기 때문이다. 하나님만이 그의 반석이시요, 그의 산성이심을 믿었기 때문이다. 다윗은 이와 같은 그의 신앙을 1~2절에서 한 번 고백했고, 5~7절에서 다시 한 번 고백했다.

다윗이 고난 중에서 하나님만 바라본 둘째 이유는 사람은 결코 의지할 대상이 되지 못한다고 믿었기 때문이다. "넘어지는 담과 흔들리는 울타리 같은 사람을 죽이려고 너희가 일제히 박격하기를 언제까지 하려느냐"(3절). 다윗은 사람을 가리켜 "흔들리는 울타리와 넘어지는 담"과 같은 약한 존재들이라고 평가했다. 인간의 헛됨을 9절에서 다시 한 번 지적했다. 사람은 헛되고 입김보다 경한 존재라고 묘사했다.

2. 백성들아 시시로 저를 의지하고 그앞에 마음을 토하라
(8~12절)

다윗이 환난과 고난을 당할 때 두 번째로 한 것은 하나님을 바라볼 뿐만 아니라 시시로 저를 의지하며 그앞에 마음을 토한 것이다. 그리고 그것을 자기 혼자만 한 것이 아니라 다른 성도들을 향해서 그렇게 하라고 권면까지 했다.

신앙이란 하나님을 바라보며 시시로 하나님을 의지하는 것이다. 그리고 마음을 그앞에 토해내는 것이다. 마음을 토한다는 것은 모든 것을 하나님께 있는 그대로 고하고, 하나님께 맡겨 버리라는 뜻이다. 예레미야는 "마음을 주의 얼굴 앞에 물 쏟듯"했다고 표현했다(애 2:19). 한나는 하나님 앞에 그의 "심정을 통했다"고 했다(삼상 1:15). 신앙은 숨기는 것이 아니라 모든 것을 적나라하게 토해내는 것이다.

　다윗이 그렇게 한 이유는 하나님만이 그의 피난처이심을 믿었기 때문이다. 권능도 인자함도 그리고 심판도 모두 하나님께 속했음을 믿었다. 또다른 이유는 재력이나 권력은 믿을 것이 못된다고 생각했기 때문이다. 포학한 권력도 탈취한 재물도 허망할 뿐이다. 신앙은 사람이나 돈이나 권력을 의지하지 않는 것이다.

　우리 성도들은 세상을 살아가면서 수많은 환난과 고난을 당한다. 그때에 우리들이 취할 태도는 다윗처럼 잠잠히 하나님만을 바라보며, 시시로 저를 의지하고 그앞에 마음을 토하는 것이다. 구원은 전적으로 하나님께 속했기 때문이다. 인자함도 각 사람의 행한 대로 갚으심도 하나님께 속했기 때문이다.

　오늘도 하나님만을 바라보는 믿음의 삶을 삽시다.

마르고 곤핍한 땅에서 주를 갈망하며
* 시편 63편 *

이 시편은 다윗이 압살롬에게 추방되어 유다 광야에서 지은 기도의 시이다.

1. 마르고 곤핍한 땅에서(1~2절)

"마르고 곤핍한 땅에서"(1절) 다윗은 하나님을 간절히 찾으며 주를 갈망하고 앙모했다. 다윗은 언제나 "하나님이여 주는 나의 하나님이시라"고 부르짖으며 하나님을 찾았다. 그의 영혼이 주를 갈망했고 그의 육체가 주를 앙모했다. 즉 그의 영혼과 육체가 다 함께 주님을 갈망했다.

"성소에서 주를 바라보았나이다"(2절) 다윗은 지금 광야에 있었다. 그런데 성소에서 주를 바라본다고 고백했다. 즉 광야를 성소로 삼은 것이었다. 성소는 하나님이 임재하시는 곳이고, 하나님의 영광과 권능이 나타나는 곳이다. 그리고 성도들이 주님을 바라보는 곳이다. 다윗은 광야에서 주를 찾았고 광야 성전에서 주를 바라보았다.

2. 주의 인자가 생명보다 나으므로(3~7절)

"주의 인자가 생명보다 나으므로"(3절) 다윗이 마른 땅에서 주를 찾으며 갈망한 것은 자기의 생명이나 금은 보화를 구하려고 했기 때문이 아니었다. 주의 인자가 자기의 생명보다 낫다고 믿었기 때문이었다. 사람들은 보통 자기의 생명을 가장 귀한 것으로 여긴다. 그런데 다윗은 주의 인자를 자기의 생명보다 더 귀하게 여겼던 것이다.

"내 입술이 주를 찬양할 것이라"(3절) 주의 인자가 생명보다 나으므로 다윗은 이제 자기의 입술로 주를 찬송하겠다고 고백했다. 평생에 주를 송축하겠다고 고백했다. 주의 이름으로 손을 들기를 원했다. 자기의 영혼이 주님으로 만족하며 기쁜 입술로 주를 찬송하겠다고 고백했다. 침상에서 주를 기억하며 밤중에 주를 묵상하겠다고 했다. 그의 도움이 되시는 주의 날개 그늘에서 즐거이 부르겠다고도 고백했다.

3. 나의 영혼이 주를 가까이 따르니(8~11절)

"나의 영혼이 주를 가까이 따르니"(8절) 다윗은 이제 다시금 주님을 가까이 따르기로 다짐했다. 주님을 따르는 것이 언제나 상책이다. 주의 오른손이 자기를 붙드실 것과 주의 손이 원수들을 땅속으로 들어가게 하실 것을 내다보며 주님을 따르기로 작정했다.

"왕은 하나님을 즐거워하리니"(11절) 다윗은 이미 하나님께서 자기의 왕권을 회복시키실 것을 내다보며 하나님을 즐거워하겠다고 고백했다. 사람의 제일되는 목적은 하나님을 영화롭게 하는 것과 영원토록 그를 즐거워하는 것이다.

"주로 맹세한 자"는 주님을 믿는 자를 가리킨다. 주님을 믿는 자들은 자랑하며 기뻐하게 되고 주님을 믿지 않고 거짓말하는 자들은 실패하여 입이 막히게 될 것을 내다보았다.

광야와 같은 세상을 살아가는 여러분, 이 새벽에 주를 갈망하며 주를 찬송하고 주님만을 따르기로 결단하자.

원수의 두려움에서 나의 생명을

✶ 시편 64편 ✶

이 시편은 다윗이 사울왕의 박해나 압살롬의 반란 때에 하나님의 도우심을 간구한 기도시이다.

1. 원수의 두려움에서 나의 생명을 보존하소서(1~2절)

"하나님이여 나의 근심하는 소리를 들으시고"(1절) 하나님을 경외하고 신뢰하는 사람들은 원칙적으로 어떠한 형편에 처해도 근심하거나 두려워하지 않아야 한다. 그래서 성경은 누누이 근심하지 말고 두려워하지 말라고 권면한다(수 1:9, 사 41:10, 43:1, 마 6:25, 요 14:1). 사실 하나님을 경외하고 신뢰하며 사는 사람들은 어떠한 형편에 처해도 근심하지 않고 두려워하지 않게 된다. 평안과 여유를 누리며 이렇게 찬양한다. "주 안에 있는 나에게 딴 근심 있으랴. 그 두려움이 변하여 내 기도되었네…"

"원수의 두려움에서"(1절) 그러나 대적하는 원수들의 죄악이 극도에 달할 때 성도들도 때로는 근심과 두려움에 쌓일 수도 있다. 이와 같은 때에 성도들이 하여야 할 일은 다윗이 항상 그랬던 것처럼 "하나님이여"라고 하나님을 부르며 하나님의 도우심을 간구하는 일이다. 원수의 두려움에서 나의 생명을 보존하시기를 간구하고, 나를 주의 품에 숨겨 주시기를 간구하고, 행악자의 비밀한 꾀와 요란에서 벗어나게 해달라고 간구하는 일이다.

2. 저희는 칼같이 자기 혀를 연마하며 (3~6절)

"저희는 칼같이"(3절) 여기서 다윗은 자기를 대적하는 원수들의 죄악이 극도에 달했음을 일일이 하나님께 아뢰었다. 저들은 칼같이 연마한 날카로운 혀와 독한 말로 다윗을 대적했다(3절). 저들은 숨은 곳에서 활을 쏘려고 기다리던 복병처럼 의인을 불시에 기습하여 쏘고도 태연해했다(4절). 저들은 작당하여 비밀히 악을 도모하고도 "누가 보리요"라고 뻔뻔하게 말했다(5~6절).

이와 같은 원수들은 항상 있어 왔다. 사도 바울을 죽이려고 작당한 원수들도 있었고, 주기철 목사를 굴복시키려고 간교한 계교를 꾸미어 대적한 원수들도 있었다. 성도들은 원수들 개개인을 미워하고 저주할 필요는 없으나, 그 세력이 하나님과 교회를 대적하는 조직적인 세력일 때는 극도에 달한 원수들의 죄악을 하나님 앞에 일일이 열거하여 아뢰어서 하나님께서 그 원수의 세력을 심판하시기를 기도할 수 있다.

3. 그러나 하나님이 저희를 쏘시리니 (7~10절)

"그러나"(7절) 시편에 기록된 절망과 탄식의 기도는 항상 승리와 기쁨의 찬양으로 그쳤다. 기도자는 기도를 다 마치기도 전에 하나님이 주실 승리를 확신한다. 현실은 원수들의 대적이 극도에 달한 것이었다. 그러나 현실과 정반대의 승리가 눈앞에 보인다. 그래서 다윗은 "그러나"라고 고백했고, 사도 바울은 "도리어"라고 고백했다(빌 1:12).

"하나님이 저희를 쏘시리니"(7절) 하나님이 원수들을 심판하는 모습은 원수들이 하나님과 성도들을 대적했던 모습과 비슷하다. 즉 활을 쏘던 원수들을 하나님이 활로 쏘아 저희가 홀연히 살에 상하게 된다. 작당하여 비밀리에 악을 도모하던 원수들이 모두 엎드러지고 만다. 날카로운 혀와 독한 말로 성도를 대적하던 원수들이 그 날카로운 혀로 말미암아 해를 입게 된다. 결국 기세를 부리던 원수들은 조만간 일시에 파멸하고 만다.

"모든 사람이 두려워하여"(9절) 원수들의 파멸 현장을 목격한 모든 사람이 두려운 마음으로 하나님이 행하신 일을 선포하며 깊이 생각하게 된다. 의인들은 하나님으로 인하여 즐거워하고 하나님의 품 안에 안기며 그에게 피하고 하나님을 자랑하며 찬양한다.

원수의 세력이 우리를 두렵게 하고 있는가?
승리 주시는 하나님께 우리를 의탁하고 그분의 품에 안기어 평안을 누리며 하나님을 찬양하는 하루가 되기를 바란다.

복 있는 성도의 찬송
✶ 시편 65편 ✶

1. 복 있는 성도의 찬송(1~4절)

복 있는 성도는,

첫째로 찬송을 준비해 가지고 하나님 앞에 나아간다. "찬송이 주를 기다린다"는 표현은 우리에게 깊은 감동을 준다. 허둥지둥 달려와서 준비도 되지 않은 상태에서 찬양하는 것이 아니다. 찬송을 정성껏 준비해 가지고 하나님 앞에 나아가 찬송하는 사람은 참으로 복 있는 성도이다.

둘째, 복 있는 성도는 하나님 앞에 나아가 서원을 이행한다. 사람이 시련에 처하든지 뜨거운 감동을 받으면 하나님께 서원을 쉽게 하지만, 시련이 지나가고 감동이 식어지면 자신이 한 서원을 잊는 수가 있다. 신실한 성도는 하나님 앞에 나아가 전날의 서원을 이행한다.

셋째, 복 있는 성도는 기도를 들으시는 하나님 앞에 나아가 기도한다. 사람은 찬송할 때도 있지만 때로는 물 쏟듯이 마음을 쏟으며 하나님께 기도해야 할 때도 있다. 하나님은 성도들의 기도를 들으신다.

넷째, 복 있는 성도는 죄를 원통히 회개하며 죄 용서를 얻기 위해 하나님 앞에 나온다. "죄악이 나를 이기었사오니"(3절). 이런 고백은 솔직하고 진실한 고백이다. 이렇게 죄를 고백하는 성도에게 하나님은 사죄의 은총을 베푸신다.

다섯째, 복 있는 성도는 주님의 택하심을 받은 사람이다. 선택은 전적으로 하나님의 주권에 속한다. 그런데 하나님은 어리석고 미련하고 허물 많은 죄인을 택하신다고 말씀했다. 택하심을 받은 사람은 복된 사람이다.

여섯째, 복 있는 성도는 주님에게로 가까이 오게 된 사람이다. 아담이 범죄한 후 인생들은 하나님의 품에서 멀리 떠나 살게 되었다. 하나님은 죄인들을 선택하실 뿐 아니라 당신에게로 가까이 오도록 이끄시고 인도하신다.

일곱째, 복 있는 성도는 주의 뜰에 거하게 된 사람이다. 주님에게 한번 가까이 왔다가 다시 세상으로(또는 세겜으로) 돌아가는 것이 아니고 항상 주의 뜰 곧 주의 집(벧엘)에 거하는 사람이 참으로 복 있는 성도이다. 다윗은 항상 주의 집에 거하는 것을 복으로 삼았다(시 84:4).

이와 같이 하나님 앞에 나오고 주의 뜰에 거하게 된 성도는 주의 성전의 아름다움으로 만족하며 산다.

2. 구원과 통치의 하나님을 찬송(5~8절)

복 있는 성도의 마음과 눈은 계속해서 하나님께로 향한다. 그리고 하나님을 찬송한다.

(1) 하나님은 구원을 베푸시는 분이시다. 그리고 땅의 모든 사람들이 의지할 수 있는 전능하신 하나님이시다.

(2) 하나님은 산과 바다를 지으시고 다스리시는 분이시며 모든 인간의 소동을 멎게 하시는 분이시다.

(3) 하나님은 아침이 되는 것과 저녁이 되는 것을 주관하시고 그것으로 인해 사람들이 즐거워하게 하시는 분이시다.

3. 풍작케 하시는 하나님을 찬송(9~13절)

풍년은 하나님께서 인간을 권고하시는 복 중의 하나이다. 물은 생명을 상징하며 만물을 소생시키는 역할을 하는데 하나님께서 땅을 권고하사 물을 대시며 강에 물이 가득하게 하시고 밭고랑에 물을 넉넉하게 하시며 또 단비로 이랑을 부드럽게 하신다. 그래서 주의 은택으로 길과 초장에는 기름이 떨어지듯 풍년이 임한다. 초장에는 양떼가 덮이고 골짜기에는 곡식으로 가득하게 된다.

풍년은 하나님이 땅을 권고하시고 은택을 베푸심으로 임한다. 그러므로 성도들은 풍년을 맞을 때 즐거이 외치고 노래하면서 하나님을 찬송한다.

복 있는 성도는 하나님을 찬송한다.

오늘 하루를 지낼 때 준비된 찬송을 하나님께 드림으로 하나님을 기쁘게 해드리는 삶을 살도록 하자.

즐거운 소리를 발할지어다

✶ 시편 66편 ✶

이 시편의 기자는 미상이나 다윗의 저작으로 보아도 무방하다. 다윗은 하나님의 구원 역사를 체험한 후 자기가 체험한 구원의 역사뿐 아니라 이스라엘에게 베푸신 하나님의 특별한 구원의 역사를 찬양하며 온 땅이 자기와 함께 하나님을 찬양하라고 외쳤다.

1. 온 땅이여 하나님께 즐거운 소리를 발할지어다(1~7절)

"찬양하고 영화롭게 찬송할지어다"(1절) 하나님의 구원을 체험한 성도는 무엇보다 먼저 하나님을 찬송한다. 구원받은 성도들이 영원히 계속해서 할 일도 하나님을 찬양하는 일이다.

"그 이름의 영광을"(2절) 하나님의 이름에 합당한 찬송을 해야 한다. 하나님의 성호에 어울리지 않는 찬송은 도리어 하나님께 모독이 된다. 찬양은 하나님을 영화롭게 하는데 있다. 그 목적에서 이탈한 찬양은 사람을 나타내는 노래가 되고 만다.

"주의 일이 어찌 그리 엄위하신지요 주의 큰 권능으로 인하여"(3절) 성도들의 찬양 내용과 주제는 하나님이 행하신 놀라운 구원의 행사이다. 그것을 하나하나 열거하면서 하나님을 찬양한다. 하나님께서 홍해바다를 변화시켜 육지가 되게 하셨다. 그래서 이스라엘 백성이 홍해를 육지같이 건넜다. 그들은 하나님의 구원의 능력을 보고 기뻐했다. 하나님은 그들로 하여금 홍해를 건너게 하셨을 뿐 아니라 그들을 영원히 치리하신다. 즉 섭리하시며 인도하신다.

2. 만민들아 우리 하나님을 송축하며(8~12절)

"만민들아"(8절) 다윗은 계속해서 만민들이 자기와 함께 하나님을 송축하길 촉구했다. 이번에는 찬송의 내용과 주제가 시련을 통해 단련하시는 하나님의 은혜였다.

"주께서 우리를 시험하시되"(10절) 하나님은 자기 백성을 단련시키기 위해서 그들을 시험하신다. 즉 시련을 주신다. 환난을 주시고 고난을 주신다.

"그물에 들게 하시며"(11절) 하나님은 자기 백성들을 끌어 그물에 들게도 하시고 어려운 짐을 지우게도 하신다. 사람들로 하여금 그 백성들 머리 위로 타고 가게도 하신다. 불과 물을 통과하게도 하신다. 그렇게 하시는 목적은 자기 백성을 단련시켜 풍부한 복지로 들어가게 하시기 위함이다.

성도들은 구원의 복으로 인해서만 하나님을 찬양하지 않고 하나님이 주시는 시련과 고난을 인해서도 하나님을 찬양해야 한다.

3. 나의 서원을 갚으리니(13~20절)

"서원을 갚으리니"(13절) 다윗의 시는 언제나 찬양이나 서원으로 마친다. 절망과 탄식의 기도는 항상 소망과 기쁨의 찬양과 서원 이행으로 마친다(시 56, 57, 59, 61편 등).

이 시편은 찬양으로 시작해서 찬양으로 마친다. "내 혀로 높이 찬송하였도다"(17절), "하나님을 찬송하리로다"(20절).

"하나님이 내 영혼을 위하여 행하신 일을 내가 선포하리로다"(16절) 하나님의 구원을 체험한 성도는 하나님이 행하신 일들을 다른 사람들에게 간증하고 선포한다. "다 와서 들으라"라고 외치며 하나님이 하신 일을 선포한다.

"죄악을 품으면"(18절) 하나님의 일을 선포하면서 자기의 범죄와 회개의 일까지 겸해서 간증한다. 투명한 고백의 간증이 올바른 간증이다.

성도 여러분,

하나님께서 우리에게 베푸신 구원의 역사와 시련과 고난을 통해 우리를 단련하시는 하나님의 은혜를 찬양하자. 오늘 우리의 삶을 통해 하나님의 크신 일을 드러낼 수 있도록 힘쓰기 바란다.

〈제사장적 환상과 기도, 선교적 환상과 기도〉
모든 민족으로 주를 찬송케 하소서
✽ 시편 67편 ✽

1. 주의 구원을 만방 중에 알리소서(1~3절)

"하나님은 … 주의 구원을 만방 중에 알리소서"(1~2절) 이 기도는 아브라함의 언약에 근거한 이스라엘 백성의 제사장적 기도이다. 하나님께서 아브라함과 이스라엘을 택하시고 복을 주신 목적은 그들로 말미암아 만민을 구원하시고 복을 주시는 데 있었다. 그래서 하나님의 뜻을 바로 파악한 이스라엘 백성들은 이렇게 기도했다. 우리 이스라엘의 하나님께서 먼저 긍휼히 여기셔서 복을 주시고 주의 도를 땅 위에 전하여 주의 구원을 만방 중에 베풀게 하소서.

"우리를 긍휼히 여기사"(1절) 택함받고 구원받은 선민이라도 항상 하나님의 긍휼을 입어야 한다. 긍휼을 입는 것이 모든 것의 근거와 시작이 되기 때문이다. 그리고 하나님으로부터 복을 받아야 다른 사람들에게 복을 전할 수가 있다. 또한 하나님의 얼굴 빛으로 비추임을 받아야 한다. 즉 하나님의 임재와 도우심을 받아야 한다. 그래야 구원의 도를 만방에 힘있게 전할 수 있기 때문이다.

"하나님이여 민족들로 주를 찬송케 하시며"(3절) 구원의 복을 받은 만민들이 해야 할 궁극적인 일은 하나님을 찬송하는 일이다. 선교의 궁극적인 목적도 만민이 주를 찬송하는 일이다. 찬송은 이스라엘 백성의 전유물이 아니다. 찬송은 구원의 복을 받은 모든 민족이 하나님께 함께 드려야 할 영원한 제사이다.

2. 주는 민족들을 공평히 판단하시며 치리하실 것임이니이다(4~5절)

"열방은 기쁘고 즐겁게 노래할지니"(4절) 열방이 기쁘고 즐겁게 노래할 이유가 있다. 하나님께서 열방을 구원하셨을 뿐 아니라 이제 열방을 공의로 통치하시기 때문이다. 즉 공평히 판단하시고 치리하시기 때문이다. 하나님은 열방을 구원하시기를 원하시고 통치하시기를 원하신다. 선지자직과 선교의 사명을 위임받은 이스라엘은 반복해서 이렇게 기도한다.

"하나님이여 민족들로 주를 찬송케 하시며 모든 민족으로 주를 찬송케 하소서"(5절) 이것이 하나님의 뜻을 바로 파악한 성도들이 항상 드려야 할 기도이다.

3. 땅이 그 소산을 내었도다(6~7절)

"땅이 그 소산을 내었도다"(6절) 땅은 이스라엘의 땅을 가리킬 수도 있고 열방의 땅을 가리킬 수도 있다. 선교의 사명을 수행할 때 이스라엘이 복을 받을 뿐 아니라 선교를 받은 이방 사람들도 복을 받는다. 문자 그대로 추수의 복을 받기도 하고, 신령한 열매를 맺는 영적 수확의 복을 받기도 한다. 선교를 수행하는 교회가 복을 받을 뿐 아니라 저주를 받은 열방의 땅이 열매를 맺는 영적 수확의 복을 받기까지 한다. 하나님이 이스라엘에게 복을 주심으로 열방의 모든 땅도 복을 받아 열매를 맺힌다. 따라서 땅의 모든 끝이 하나님을 경외하게 된다.

"하나님이여 우리를 긍휼히 여기사 복을 주시고 그 얼굴 빛으로 우리에게 비취사 주의 도를 땅 위에, 주의 구원을 만방 중에 알리소서 하나님이여 민족들로 주를 찬송케 하시며 모든 민족으로 주를 찬송케 하소서".

선택과 구원의 복을 받은 우리 성도들이 가져야 할 환상과 기도는 세계와 열방의 구원을 위한 선교적 환상과 기도가 되어야 한다.

우리에게 구원의 하나님이시라

✴ 시편 68편 ✴

이 시편은 이스라엘이 어떤 승전이나 구원을 체험하고 하나님을 찬양하면서 미래에 주실 세계적 구원을 예언한 시이다.

1. 하나님은 일어나사 (1~6절)

"하나님은 일어나사 원수를 흩으시며"(1절) 여기 "일어나사"라는 말은 하나님의 적극적인 간섭과 임재를 말한다. 하나님이 임재하여 간섭하실 때 원수 곧 주를 미워하는 자들은 "주의 앞에서" 바람에 날림같이 불 앞에 밀이 녹음같이 여지없이 패망하고 만다. 하나님의 "일어나심"과 하나님의 "앞"은 곧 불가항력적 능력을 나타낸다.

"의인은 기뻐하여"(3절) 하나님의 일어나심과 임재하심은 악인들에게는 패망을 가져오고 의인들에게는 기쁨과 찬양을 가져온다. 의인들은 하나님 "앞에서" 뛰놀며 기뻐하고 즐거워한다. 하나님은 높고 거룩한 곳에 계시면서도 낮은 데 거하는 고아와 과부를 돌보시고 집 없는 외로운 자들에게 거할 집을 마련해 주시며 감옥에 갇힌 자들에게 자유함을 주시는 분이시므로 의인들은 하나님! 곧 그 이름을 찬양한다.

2. 하나님이여 앞에서 가시며(7~27절)

"하나님이여 주의 백성 앞에서 앞서 나가사"(7절) 이스라엘은 현재의 구원을 체험하면서 과거의 구원 사건을 기억하여 하나님을 찬양한다. 하나님이 이스라엘 백성들 앞으로 나가셨을 때 그 백성들은 애굽에서 건짐을 받았고, 광야에서도 승리를 경험했다. 하나님이 우리 앞에서 행하시면 모든 행사가 형통하게 된다. 원수들의 세력이 진동하며 하나님 앞에서 떨어진다. 하나님께서는 흡족한 비를 보내사 부족함이 없게 하셨고, 가난한 자를 위하여 풍족한 은혜를 준비하셨다.

"주께서 말씀을 주시니 소식을 공포하는 여자가 큰 무리라"(11절) 하나님이 택한 백성들을 구원하시는 또 하나의 방법은 말씀을 보내시는 것이다. 드보라와 같은 여자들에게도 말씀을 보내셔서 공포하게 하신다. "탈취물을 나눈다"는 말은 영적으로 전도의 열매를 취한다는 뜻이다. 양우리와 같은 천한 곳에 유할지라도 그들의 영적생활은 은, 금처럼 빛난다.

"여호와께서 이 산에 영영히 거하시리로다"(16절) 하나님이 이제 시온에 좌정하시고 이스라엘을 다스리신다. 애굽에서부터 시온에까지 이르신 것이다. 마치 모세의 시내산 성소에 계심같이 하나님께서 이제 시온의 성소에 계신다.

"하나님은 우리에게 구원의 하나님이시라"(20절) 이 고백은 우리가 영원토록 할 고백이다. 사망에서 피함은 하나님께로 말미암은 것이다. 하나님은 원수의 머리를 깨치시고 그들을 숨은 곳에서 모두 끌어내어 심판하신다. 이스라엘은 하나님의 심판하심과 구원하심을 목격하고 대회 중에서 하나님을 찬양한다.

3. 네 하나님이 네 힘을 명하셨도다 (28~35절)

"네 하나님이 네 힘을 명하셨도다"(28절) 하나님은 이스라엘을 구원하신 후 그들에게 힘을 주시어 구원의 복음을 온 세계에 전하게 하신다. 하나님께서 힘을 주시는 목적은 구원의 복음을 전하게 하고, 우리를 위하여 하신 구원의 일을 더욱 견고하게 하는 데 있다. 결국 왕들이 주께 예물을 드리게 되고, 방백들이 애굽에서 나오며, 구스인은 하나님을 향하여 손을 들게 된다. 땅의 열방들이 하나님께 노래하고 찬송하게 된다.

"옛적 하늘들의 하늘을 타신 자에게 찬송하라"(33절) 이제는 온 세계가 우주를 창조하신 하나님을 기억하며 하나님께 찬송하고 능력과 영광을 돌리게 된다. 이제 이스라엘은 끝으로 다시 한 번 하나님께서 그들에게 힘과 능력을 주셔서 하나님을 찬송케 해달라고 기원한다.

구원이신 하나님께 우리의 전부를 의탁하여 능력 행하시는 살아계신 하나님을 경험하는 한 날이 되기를 바란다.

고난 중에 부르짖는 성도의 기도와 찬양
★ 시편 69편 ★

이 시는 다윗이 사울왕의 박해나 또는 압살롬의 반역으로 인한 극심한 고난 중에 하나님의 구원하심을 간절히 기도하며, 하나님께서 구원하실 것을 미리 내다보고 감사와 찬송을 드린 시이다.

1. 하나님이여 나를 구원하소서(1~12절)

"하나님이여 나를 구원하소서"(1절) 고난 중에 있는 성도가 부르짖어 기도할 수 있는 말이다. 다윗은 자기가 당하는 고난이 넘치는 홍수와 같고 빠져들어가는 깊은 수렁과 같다고 표현했다.

"내가 부르짖음으로 피곤하여"(3절) 다윗은 고난 중에도 낙심하지 않고, 목이 피곤하고 눈이 쇠할 정도로 처절하게 부르짖었다. 수많은 원수가 억울하게 다윗을 괴롭혀도, 가족에게서까지 따돌림을 받아도, 다윗은 계속해서 부르짖었다. 자기의 우매함과 죄를 숨김없이 고하면서 부르짖었다. 그리고 하나님을 바라며 찾는 자들이 자기로 인하여 실망하거나 시험에 들지 않도록 자기를 구원해 달라고 부르짖었다. 다윗은 "주를 위하여" 억울함과 고난을 당했다고 호소하며 부르짖었다.

"주의 집을 위하는 열성이 나를 삼키고"(9절) 다윗은 극심한 고난 중에서도 하나님을 위하는 열성이 식어지기는커녕 자기를 삼킬 정도로 가득했다. 어거스틴이 「신국론」을 쓸 때 "주의 집을 위하는 열성이" 자기를 삼켰기 때문에 붓을 들었다고 고백했다. 그 열성 때문에 다윗이 조롱과 훼방을 받아도 그것이 문제가 되지 않았다. 그는 오히려 곡하고 금식하면서도 더욱 간절히 기도했다.

2. 열납하시는 때에 나는 주께 기도하오니(13~28절)

"나는 주께 기도하오니"(13절) 다윗은 다른 곳에서 이렇게 고백하기도 했다. "나는 사랑하나 저희는 도리어 나를 대적하니 나는 기도할 뿐이라"(시 109:4).

"많은 인자와 구원의 진리로"(13~16절) 하나님의 인자하심과 긍휼을 의지하고 바라보면서 기도했다. "주의 얼굴을" 자기에게로 향하사 환난 중에서 건져 달라고 기도했다. 가까이 오셔서 자기를 구속하시고 속량해 달라고 기도했다.

"주께서 나의 훼방과 수치와 능욕을 아시나이다"(19절) 다윗은 자기가 당하는 고난의 내용을 일일이 주님께 아뢰며, "주의 분노"를 저희 위에 부으셔서 저들을 심판하시기를 기도했다. 자기 개인의 분노 때문이라기 보다는 주의 진노로 하나님의 원수들을 멸하시기를 기도했다.

3. 내가 노래로 하나님의 이름을 찬송하며(29~36절)

"나는 가난하고 슬프오니"(29절) 다윗은 아직 극심한 고난과 슬품 중에 있으면서도 하나님께 감사하고 찬송하겠다고 서원했다. 기도가 찬송으로 바뀌는 것이다. 주님이 자기를 구원하시고 자기를 높이실 때 하나님을 찬송하며 감사함으로 하나님의 광대하심을 널리 전하겠다고 고백했다(30절). 감사의 찬송이 황소를 제물로 드림보다 하나님을 기쁘시게 함이 될 것이라 했다(31절).

"온유한 자가 이를 보고"(32절) 다윗의 구원은 자신에게만 기쁨이 되는 것이 아니라 하나님을 바라는 온유한 성도들에게도 기쁨이 된다. 또한 하나님을 찾아 기도하는 자들에게 저들을 소생시키는 은혜가 된다. 하나님의 구원 역사를 보고 천지와 동물들까지 하나님을 찬송한다(34절). 하나님은 구원의 하나님이시다. 유다 성읍을 건설하시고 거기서 그의 백성들에게 복 주신다. 그 백성의 후손도 구원의 복을 받고 그 이름을 사랑하는 자들이 모두 구원의 복을 누린다(35~36절).

극심한 고난 중에서 낙심하지 않고 오직 하나님만 바라고 부르짖었던 다윗은 감사의 찬송을 드릴 수 있었다. 우리가 혹 극한 상황에 있을 지라도 하나님을 향해 기도하는 믿음을 지킨다면 하나님께서는 기도하는 자에게 구원의 하나님이 되어 주실 것이다.

오늘 하루 구원의 하나님과 동행하기를 바란다.

주를 찾는 모든 자로 기뻐하게 하소서
✱ 시편 70편 ✱

1. 하나님이여 속히 나를 건지소서 (1, 5절)

"하나님이여 속히 나를 건지소서"(1절) 다윗은 지금 매우 조급한 마음으로 하나님께서 자기를 건져 주시기를 기도했다. 1절에 "속히"라는 말이 두 번 나오고, 5절에 또다시 "속히"라는 말과 "지체치 마소서"라는 말이 한 번 더 나온다.

다윗은 시편 62편에서 "잠잠히 하나님만 바라라"(1, 5절)고 고백했는데 시편 70편에서는 속히 구원해 달라고 초조하고 성급하게 하나님의 구원을 간구했다.

성도는 극심한 환난과 위기에 처할 때 요동치 않고 잠잠히 하나님만 바라는 것이 당연하지만 여기서는 시·공간의 제한을 받아 사는 한 인간의 모습을 솔직하게 들어내며 속히 구원해 달라고 성급하게 부르짖었다. "여호와여 내가 주를 불렀사오니 속히 내게 임하소서"(시 141:1). "여호와여 은총을 베푸사 나를 구원하소서 여호와여 속히 나를 도우소서"(시 40:13).

"주는 나의 도움이시요"(5절) 다윗은 하나님이 어떤 분이심을 분명히 알고 믿고 고백하면서 하나님의 구원을 간구했다. 하나님은 다윗의 도움이시고, 다윗을 건지시는 분이시다. 다윗은 하나님의 구원을 간구하면서 자기 자신이 어떤 존재임을 솔직하게 고백했다. 다윗은 가난하고 궁핍한 자라고 고백했다. 가난해지고 궁핍해지는 자가 하나님의 구원 은혜를 받게 된다. 예수님도 가난한 자와 궁핍한 자가 복이 있는 자라고 말씀했다.

2. 내 영혼을 찾는 자로 수치를 당케 하소서(2~3절)

"내 영혼을 찾는 자로 수치와 무안을 당케 하시며"(2절) 다윗은 지금 자기를 대적하여 죽이려는 원수들을 하나님께서 친히 패배케 해달라고 간구했다. 나의 상함을 기뻐하는 자로 물러가 욕을 받게 하시고 수치를 인하여 물러가게 해달라고 세 번 반복해서 기도했다.

신약성경은 원수를 사랑하고(마 5:44), 원수가 주리거든 먹이라고까지 가르친다(롬 12:20).

성도들은 세상을 살아가는 동안 개인적인 원수를 미워하거나 저주해서는 안 된다. 여기 다윗의 대적은 다윗 개인의 원수인 동시에 하나님을 대적하는 원수라고 보는 것이 옳다. 다윗은 지금 하나님의 편에 서서 하나님을 대적하는 하나님의 원수들이 패하여 물러가게 되기를 간구했다. 우리도 다윗처럼 하나님을 대적하는 사단의 세력이 무너지기 위해 기도해야 한다. 그러나 사단의 꼬임을 받아 하나님을 대적하는 사람들을 사랑해야 하고 그들을 위해서 기도해야 한다.

3. 주를 찾는 모든 자로 기뻐하게 하소서(4절)

"주를 찾는 모든 자로 주를 인하여 기뻐하게 하소서"(4절) 다윗의 기도와 소원의 궁극적인 목적은 자기와 모든 성도들이 주님으로 인하여 기뻐하고 즐거워하며 하나님을 찬양하는 데 있었다. 성도의 최고의 목표는 하나님을 영화롭게 하고 영원토록 그를 즐거워하는 것이다. 주님 때문에 기뻐하고, 주님 때문에 즐거워하는 것이 성도의 본분이다. "하나님은 위대하시고 광대하시다"라고 항상 말하는 것이 성도의 본분이다. 주를 찾는 모든 자 곧 하나님께 기도하는 자가 주로 인해서 기뻐하게 된다. 주의 구원을 사모하는 자 곧 주의 구원의 은혜를 귀중히 여기며 간구하는 자가 주로 인해서 즐거워하게 된다. 하박국 선지자도 이렇게 고백했다.

"나는 여호와를 인하여 즐거워하며 나의 구원의 하나님을 인하여 기뻐하리로다"(합 3:18).

오늘 여러분의 삶의 현장에서 주님을 찾으시고 그 주님으로 인하여 즐거워하고 기뻐할 수 있기를 바란다.

〈노(老) 성도의 기도와 찬송〉
늙어 백수가 될 때에도
✱ 시편 71편 ✱

작자 미상의 이 시편은 질병으로 고난당하는 한 노(老) 성도가 하나님께 드린 기도와 찬송을 엮은 시이다. 기도와 찬송은 성도들의 기본적인 두 가지 움직임인데 특히 고난을 당하는 성도는 이 움직임을 활발하게 해야 한다. 바울과 실라는 빌립보 옥 중에서 기도와 찬미의 활동을 활발하게 수행했다.

1. 내가 주께 피하노니 나를 구원하소서(1~13절)

이 시인은 노환의 고난과 악인의 수모와 공격을 겸해서 당하고 있었다.

"내가 주께 피하오니"(1절) 곤경에 처한 이 시인은 주님께 피한다는 말을 네 번이나 거듭해서 반복했다(1, 3, 4, 7절). 환난에 처한 성도가 이리저리 방황하는 것보다 주님께 피하는 것이 안전하다.

"나를 건지시며 … 나를 구원하소서"(2절) 악인들로부터 수치를 당치 말게 하시고 자기를 구원해 주시기를 간구했고, 늙을 때에 버리지 마시기를 간구했다(9, 18절).

"주께서 나를 구원하라 명하셨으니"(3절) 이 시인이 하나님의 도우심을 간구했을 때 분명한 근거를 가지고 간구했다.

첫째 "주께서 나를 구원하라 명하셨으니"(3절)라고 고백하며 주님의 구원 약속과 명령에 근거해서 간구했다.

둘째 "주는 … 나의 어릴 때부터 의지시라"(5절)라고 고백하며 어릴 때부터 지금까지 주님을 의지해 온 믿음에 근거해서 간구했다.

셋째 "내가 모태에서부터 주의 붙드신 바 되었으며"(6절)라고 고백하며 주께서 자기의 일생을 붙드신 사실에 근거해서 간구했다.

넷째 "주를 찬송함과 주를 존숭함이 종일토록 내 입에 가득하리이다"(8절)라고 고백하며 자기의 삶은 주님을 높이고 찬송하는 삶이 될 것이라는 서원에 근거해서 간구했다.

2. 소망을 품고 주를 더욱더욱 찬송하리이다(14~24절)

"나는 항상 소망을 품고 주를 더욱더욱 찬송하리이다"(14절) 이 시인의 간곡한 기도는 간절한 찬송으로 이어졌다. 만사가 형통할 때 잠깐 하나님을 찬송하는 것이 아니고 항상 더욱더욱 주님을 찬송하겠다고 고백했다. 성도의 찬송은 미래에 대한 소망에서 비롯한다. 성도의 삶은 "소망을 품고" 하나님을 더욱 찬송하는 삶이다.

"내가 측량할 수 없는 주의 의와 구원을"(15절) 이 시인의 찬송 주제는 주님의 의와 구원이다. "주의 의 곧 주의 의만 진술하겠나이다"(16절). 자기의 의를 나타내는 노래는 잘못된 노래이다.

"나를 어려서부터 교훈하셨으므로"(17절) 성도의 찬송은 미래에 대한 소망과 과거의 은총에 대한 기억에서 비롯된다. 하나님은 이 시인을 어려서부터 교훈하셨다. 하나님께서 과거에 능하신 행적을 수 없이 베푸셨는데, 이 시인은 지금 그 능하신 행적들을 가지고 오겠다며 고백했고 그것을 진술하겠다고 고백했다. 과거에 베푸신 하나님의 은혜와 행적을 기억할 때 찬송이 흘러나온다.

"우리에게 많고 심한 고난을 보이신 주께서"(20절) 이 시인은 과거와 현재에 당하는 많고 심한 고난으로 인해 하나님을 찬송했다. 고난 중에서 자기를 다시 살리시고 깊은 곳으로부터 다시 이끌어 올리실 것을 믿었기 때문이다.

"내가 또 비파로 주를 찬양하며"(22절) 이 시인은 모든 것을 다 동원하여 하나님을 찬송하겠다고 했다. 즉 비파로 주를 찬양하고 수금으로 주를 찬양하며 입술로 기뻐하고 혀로 주의 의를 찬양하겠다고 고백했다(22~24절).

성도의 삶은 질병의 고난이 닥쳐오든지 악인의 조소와 공격이 가해질지라도 주께 기도하고 주를 찬양하며 기뻐하고 즐거워하는 삶이어야 한다. 오늘, 우리가 그렇게 되기를 위해 힘쓰자.

이상적인 나라

*** 시편 72편 ***

표제의 "솔로몬의 시"는 "솔로몬을 위하여"라고 번역될 수도 있다. 이 시는 솔로몬을 위하여 다윗이 지은 기도 시라고 보는 것이 옳다. 동시에 이 시편은 솔로몬왕으로 모형된 그리스도의 사역과 통치를 예언한다. 여기 솔로몬 또는 그리스도가 통치하는 이상적인 나라의 특징과 모습들이 묘사되어 있다.

1. 주의 판단력과 의를 하나님으로부터 받아서 통치한다 (1절)

이상적인 나라의 왕은 사람의 판단력이나 의를 근거로 통치하지 않고 주의 판단력과 주의 의를 하나님으로부터 받아서 통치한다. 그러므로 왕 자신이나 백성들은 하나님께서 왕에게 주의 판단력과 주의 의를 주시기를 기도해야 한다.

2. 주의 백성과 가난한 자를 하나님이 주시는 의와 공의로 통치한다 (2절)

이상적인 나라의 왕은 백성과 가난한 자들을 통치하되 자기에게 속한 종들로 간주하지 않고 하나님에게 속한 하나님의 백성과 사람으로 간주하며 하나님의 생각과 공의에 따라 다스린다.

3. 산들이 백성에게 평강을 준다(3, 16절)

왕이 선정을 베풀 때에 풍년이 들고, 악정을 베풀 때에 흉년이 드는 일이 많이 있다. 왕이 하나님의 백성들을 하나님의 의로 통치할 때에 산들과 작은 산들이 풍성한 열매를 맺으며 백성들에게 풍요로움과 평강을 가져다 준다. 왕의 선한 통치는 산꼭대기의 땅에도 화곡과 열매가 풍성하게 하고 성 안에 있는 백성들이 풀같이 왕성해지는 복을 누린다.

4. 가난한 자들과 궁핍한 자들을 구원한다(4, 12~14절)

이상적인 왕은 가난한 자들과 궁핍한 자들에게 특별한 관심을 기울인다. 있는 자들의 편에 서는 것보다 없는 자들의 편에 서서 그들을 변호하고 건지며 구원한다. 궁핍한 자의 부르짖음을 듣고 그들을 건진다. 도움이 없는 가난한 자의 손을 붙잡아 건진다. 그들을 긍휼히 여기며 그들의 생명을 구원한다. 장애인들에 대해서도 특별한 관심을 갖는다.

5. 비같이 소낙비같이 임하므로 의인들이 좋아한다(6~7절)

이상적인 왕은 하나님의 백성들에게 복의 통로가 되며 동시에 복 자체가 된다. 아브라함과 솔로몬이 그랬듯이 그리스도는 하나님의 백성들에게 복의 통로가 되며 동시에 복 자체가 된다. 이상적인 왕은 벤 풀에 내리는 비같이, 마른 땅을 적시는 소낙비같이 내려서 풀과 땅을 소성케 한다. 결국 의인이 흥왕하며 평강의 풍성함이 무궁토록 계속된다.

6. 세계와 열왕들은 왕에게 와서 부복한다(8~11, 15절)

이상적인 왕의 통치권은 바다나 땅의 어느 곳도 미치지 않는 곳이 없다. 왕의 공의로운 통치로 세계의 열왕들이 왕 앞에 나와 부복하고 예물을 드리며 다 그를 섬기게 된다. 왕의 통치와 구원의 은혜를 입은 온 세계의 백성들은 왕을 위하여 항상 기도하고 종일 찬송한다.

7. 왕을 복되다 하며 하나님을 찬송한다(5, 17~19절)

의로운 왕의 통치를 받는 백성들은 하나님을 두려워하며 경배한다. 그리고 왕을 복되다 하며 하나님을 찬송한다. 의로운 통치의 궁극적 목적은 하나님을 찬송하며 그에게 영광을 돌리는 데 있고 온 땅에 하나님의 영광이 충만하게 하는 데 있다.

이 나라가 이상적인 나라가 될 수 있도록 하나님께서 위정자들에게 주의 판단력과 주의 의를 주시길 이 새벽에 우리 모두 기도하자.

내 걸음이 미끄러질 뻔하였으니

✱ 시편 73편 ✱

아삽과 그의 자손들은 다윗왕 때 성전에서 봉사하던 악관이요 시인이며 예언자들이었다.

이 시는 악인의 형통과 의인의 수난 사이에서 생기는 인생의 심각한 모순과 갈등을 하나님의 섭리와 통치에 조화시키고 있다.

1. 내 걸음이 미끄러질 뻔하였으니(1~14절)

성도들은 세상을 살아가면서 실족하거나 미끄러질 뻔한다. 실족하게 되는 주 원인은 사람들을 바라보기 때문이다. 남은 모두 다 잘되는데 자기는 무엇을 하든지 잘되지 않을 때 상심하고 실망하며 실족한다. 브닌나는 자식이 있고 한나는 자식이 없었을 때 한나는 크게 번민하여 미끄러질 뻔했다(삼상 1:6). 선지자 하박국도 한동안 세상에 공의가 서지 않고 간악과 패역이 편만함을 목격하고 실망하며 미끄러질 뻔했다(합 1:1~4). 악인들은 건강하여 남들처럼 병을 앓는 적도 없고 죽을 때까지 재앙을 모르며 살고, 항상 부요하며 자신의 욕망보다 더 많이 재물을 획득하는 것을 바라볼 때, 마음을 정결하게 지키며 살아가는 성도들은 실족하여 미끄러질 뻔한다. 특히 무지한 백성들이 의기양양한 악인들을 따르며 저들의 번영을 부러워하는 것을 목격할 때 성도는 분노와 허탈감을 느끼며 거의 실족하여 미끄러질 뻔한다. "내가 내 마음을 정히 하며 내 손을 씻어 무죄하다 한 것이 실로 헛되도다"(13절)라고 말하며 탄식한다. 그리고 마음속으로 하나님을 원망하고 거역하는 불경스런 말을 토해내려고까지 생각해 본다. 만약 그렇게 했더라면 하나님의 자녀들에게 궤휼(거짓)을 범했을 것이었다.

사실 완전히 실족하고 미끄러지면 지옥으로 떨어져서 망하고 마는데 하나님께서 붙잡아 주시므로 완전히 미끄러지지 않는다. "내가 너를 위하여 네 믿음이 떨어지지 않기를 기도하였노니"(눅 22:32).

2. 하나님의 성소에 들어갈 때에야(15~28절)

성도들이 실망과 좌절과 곤란에 빠져 실족할 뻔하다가 거기서 헤어나오게 되는 비결은 사람들을 바라보던 눈을 돌려 하나님의 성소에 들어가서 하나님을 바라보는 데 있다. "내게 심히 곤란하더니 하나님의 성소에 들어갈 때에야 저희 결국을 내가 깨달았나이다"(16~17절).

한나는 큰 번민 중에 빠져있다가 실로에 있는 여호와의 집에 올라가 여호와 앞에 심정을 토했을 때(삼상 1:7, 10, 15) 문제를 해결받았다. 성도가 하나님의 성소에 들어가 모든 것을 하나님께 토해낼 때 해결되지 않는 일은 아무것도 없다.

시편 73편 기자는 성소에 들어가서 세 가지 진리를 깨달았다.

첫째는 하나님의 상선벌악이 조만간 완결되는데 현세에서 완결되지 않으면 내세에서 반드시 완결된다는 진리이다. 지금 악인들의 형통은 실상 지금 미끄러운 곳에 두어진 것이며 결국은 파멸케 된다는 것이다.

둘째는 하나님 섭리의 심오함을 깨닫지 못하고 잠시나마 회의와 좌절과 불평에 빠졌던 자기 자신이 우매하고 무지한 짐승과 같은 존재라는 사실이다. 인생은 하나님 앞에 설 때 비로소 자신을 바로 바라보게 된다.

셋째는 짐승과 같은 자기를 버리지 않으시고 시종 붙드셔서 하나님의 교훈에 이르도록 인도하시는 하나님의 은총 앞에서 자신의 행복과 영광을 발견한 것이다. 조만간 자기를 영광으로 영접하실 하나님이 얼마나 귀하고 복되신 분인가를 새롭게 발견한 것이다. 지금 의인이 당하는 고난은 결코 불행이 아니다. 이제 이 시인의 복은 세상의 부귀영화가 아니라 하나님이심을 깨닫는다. 고난이 문제가 되지 않는다. 자신의 몸과 마음이 쇠잔해질 경우에도 여전히 그의 행복과 영원한 분깃은 하나님이시다.

하나님께 가까이함이 복이고 하나님에게서 멀리함이 멸망이다. 우리의 믿음이 떨어지지 않기를 위해 간절히 기도하는 새벽이 되기를 바란다.

우리의 표적이 보이지 않으며
★ 시편 74편 ★

이 시편은 바벨론의 침략으로 예루살렘 성이 참화를 입었을 때 이스라엘의 한 시인이 하나님의 영광이 훼손당하는 것을 보고 비분을 느끼며 선민의 구원과 성전의 회복을 애원한 시이다.

1. 하나님이여 주께서 어찌하여 우리를 영원히 버리시나이까(1~11절)

"주께서 어찌하여 우리를 영원히 버리시나이까"(1절) 하나님의 택하심을 받은 백성들도 세상을 살아가면서 원수들의 공격으로 인한 환난과 고통을 당하며 회의와 슬픔과 절망을 느끼기도 한다. 그래서 "어찌하여 … 어찌하여"(1절)라고 부르짖는다. 하박국 선지자도 "어찌하여"(합 1:3)라고 부르짖었다.

"주의 대적이 주의 회중에서 훤화하며"(4~8절) 주의 원수들이 주의 백성들을 짓밟고 주의 성소를 불사르며 유린했다.

"우리의 표적이 보이지 아니하며"(9~10절) 사방이 캄캄해서 얼마나 오래 계속될는지 말해 줄 사람도 없었다. 원수가 언제까지 주의 백성을 대적할지 아무도 모른다. 사실 성도라고 해서 앞날을 아는 것은 아니다. 우리의 미래는 하나님이 아시는 것이다(욥 23:10).

"주께서 어찌하여 주의 손 곧 오른손을 거두시나이까"(11절) 이 시인은 다시 한번 "어찌하여"라고 부르짖었다. 그런데 이 시인은 처음부터 마지막까지 "주께서" 또는 "주의"라는 말을 잊지 않았다. 모든 일들이 전부 주님의 섭리 아래서 이루어짐을 고백한 것이다. 주께서 주의 오른손을 거두시므로 그와 같은 재난이 일어난 것이다.

2. 하나님은 예로부터 나의 왕이시라(12~23절)

"하나님은 예로부터 나의 왕이시라"(12절) 앞이 캄캄한 절망 중에서도 이 시인은 소망을 가졌다. 그 근거는 무엇인가?

첫째 근거는 하나님이 예로부터 자기의 왕이라는 사실이다(12절). 하나님이 나를 통치하시고 다스리시는 왕이라는 사실이 우리에게 소망을 가져다준다.

둘째 근거는 하나님이 과거에 자기 민족을 구원하신 구주라는 사실이다(12~15절). 하나님은 옛날 홍해를 가르시고 용들의 머리를 깨뜨리시며 이스라엘을 애굽에서 구원하셨다.

셋째 근거는 하나님이 낮과 밤과 땅과 바다와 그리고 여름과 겨울을 주관하시는 창조주라는 사실이다(16~17절). 하나님은 자기 백성과 언약을 세우시고 그 언약을 반드시 이루신다(출 20:6, 사 45:22).

"여호와여 이것을 기억하소서"(18절) 기자는 하나님께서 세우신 언약에 근거하여 하나님이 반드시 기억하셔야 할 일 네 가지가 있다고 호소했다.

첫째 주를 비방하며 주의 이름을 능욕한 자들을 그대로 두시면 안 된다는 것이다.

둘째 멧비둘기같이 연약한 이스라엘의 생명을 들짐승 같은 원수들에게 내어주시지 말라는 것이다.

셋째 아브라함 때부터 세우신 하나님의 언약을 돌아보실 때 광포한 자들을 그대로 두시지 말라는 것이다.

넷째 학대받아 가난하게 되고 궁핍하게 된 자들을 구원하시고 그들로부터 찬송을 받으시는 것이 합당하다는 것이다.

"하나님이여 일어나사 주의 원통을 푸시고"(22절) 이 시인은 조금 전에는 "주의 발을 드십소서"(3절) "주의 손 곧 오른손을 거두시나이까 주의 품에서 빼사 저희를 멸하소서"(11절)라고 호소했는데 지금은 하나님보고 일어나시라고 간절하게 호소했다. 그런데 그 간절한 기도의 근거는 자기나 자기 백성의 행복이라기 보다는 주의 원통을 푸시라는 것이다. 즉 하나님 자신의 이름과 영광을 위한 기도이다. 그래서 그의 기도에는 힘이 있었고 소망이 있었다.

오늘 이 새벽을 깨우는 여러분의 기도가 하나님의 영광을 위한 기도이기를 바란다.

주의 이름이 가까움이라

✱ 시편 75편 ✱

　이 시편은 74편의 탄식에 대한 응답이다. 74편이 "주께서 어찌하여"라는 탄식으로 시작한데 비해 75편은 "주께 감사함"으로 시작한다.

1. 주의 이름이 가까움이라(1~3절)

　"우리가 주께 감사하고 감사함은"(1절) 성도의 탄식이 감사로 바뀌는 것은 그가 하나님께로 가까이 가거나 주께서 그에게 가까이 오시는 일로 되어진다. 하나님은 기도하는 자에게 가까이 하신다(신 4:7, 시 145:18). 주님이 우리에게 가까이 오실 때, 두 가지 일이 일어난다. 주님을 바라고 의지하는 자들에게는 구원의 일이 일어나고, 주님을 무시하고 거역하는 자들에게는 심판의 일이 일어난다. 악인들에 대한 심판은 어떤 의미에서는 불행한 일이지만 하나님의 공의로우신 뜻이 이루어지는 일이므로 성도들에게는 감사와 찬양의 일이 되어진다.

　"주의 말씀이 내가 정한 기약을 당하면 정의로 판단하리니"(2절)

주님이 가까이 오셔서 이렇게 말씀하신다. 주님이 정하신 때에 정의로 세상을 판단하신다는 것이다. 주님의 판단과 심판은 항상 정의롭다.

"땅의 기둥은 내가 세웠거니와"(3절) 하나님의 심판은 절대 주권적이다. 주님은 땅의 기둥을 세우기도 하시고 땅의 모든 거민을 소멸하기도 하신다. 지금 여기 언급되고 있는 심판은 시편 기자가 조만간 목격하게 될 앗수르의 패망을 우선적으로 가리키지만 궁극적으로는 하나님을 대적하는 모든 행악자들에게 임할 역사상의 모든 심판과 특히 마지막 때에 있을 최후의 심판을 가리킨다.

2. 오만히 행치 말라(4~8절)

"내가 오만한 자더러 오만히 행치 말라 하며"(4절) 이 시편의 기자는 탄식으로부터 시작해서 감사에 이르렀고 한걸음 더 나아가서 행악자들에 대한 충고와 경고의 말까지 하게 되었다. 하나님이 가까이 오실 때 성도들의 입에는 할 말이 많아진다.

행악자들의 근본적인 죄악은 하나님을 무시하는 오만함과 교만함이다. 여기 시편 기자의 충고는 다음과 같다. "오만히 행치 말라, 뿔을 들지 말라, 교만한 목으로 말하지 말라." 여기 뿔은 힘과 권세를 의미하는데 결국 뿔은 교만의 상징물이다. 인간이 자기 힘과 권세를 휘드르며 하나님을 무시하고 도전하는 것은 심판을 받아 마땅한 죄악이다. 이 시편 기자는 사람을 높이시고 낮추시는 분은 오직 재판장이신 하나님뿐이라고 충고한다. 그리고 끝까지 오만한 자세로 하나님을 대적하는 자들은 하나님이 부으시는 진노의 잔을 마시되 그 잔의 찌끼까지 다 마셔야 한다고 결론을 짓는다.

3. 나는 야곱의 하나님을 찬양하며(9~10절)

"나는 야곱의 하나님을 영원히 선포하며 찬양하며"(9절) 이 시편은 감사로 시작해서 찬양으로 마친다. 야곱의 하나님은 기도를 들으시는 하나님이시요 언약을 반드시 이행하시는 신실하신 하나님이시다. 탄식 가운데서 기도하는 자에게 가까이 오셔서 말씀하시면서 정의로 판단하시는 신실하신 하나님을 영원히 선포하며 찬양하겠다고 고백한다. 그리고 악인의 교만한 뿔은 하나님이 다 베어 버리시고 꺾어 버리시나 의인의 뿔은 높이 들리게 될 것을 내다 본다. 의인의 뿔은 하나님을 바라보고 의지하는 자에게 주시는 은혜와 영광을 가리킨다.

주님께서 우리들에게 가까이 오셔서 탄식이 감사의 찬양으로 바뀌어질 수 있도록 기도하고 응답받는 새벽이 되기를 바란다.

주는 경외할 자시니

✱ 시편 76편 ✱

이 시편은 이스라엘이 어떤 민족적 위기에서 구원을 받고 하나님께 감사하며 찬송하는 시이다.

1. 그 이름은 이스라엘에 크시도다(1~6절)

"하나님이 유다에 알린 바 되셨으며"(1절) 하나님은 자신을 우리에게 알리시는 계시와 행동의 하나님이시다. 그래서 우리는 하나님이 크신 분이심을 알게 되고 그를 찬송한다. 하나님이 자신을 우리에게 알리시는 방법은 계시의 말씀인 성경과 그리고 역사 안에 나타내시는 그의 행적이다. 우리는 성경을 통해서 하나님을 지식적으로 알게 되지만 우리 삶의 현장에 나타내시는 하나님의 행적을 통해서 하나님을 체험적으로 생생하게 알게 된다. 즉 이스라엘은 그의 역사적 행적을 통해서 하나님을 다시금 새롭게 알게 되었다. 하나님께서 앗수르의 군대를 일시에 섬멸하신 것이었다. 하나님을 새롭게 알게 된 이스라엘이 할 수 있는 말은 "그 이름이 이스라엘에 크시도다"란 말이었다. 이는 하나님을 새롭게 체험한 사람의 고백이다.

"그 장막이 또한 살렘에 있음이여"(2절) 하나님이 그 장막과 처소를 이스라엘 가운데 두시고 그들 가운데 임재하신 것이었다. 하나님이 우리 가운데 임재하신 일은 놀라운 일이다. 야곱이 놀랐고 모세와 사무엘이 놀랐다. 하나님은 임마누엘의 하나님이시다.

"거기서 저가 화살과 방패와 칼과 전쟁을 깨치시도다"(3절) 하나님이 임재하셨을 뿐 아니라 전쟁의 무서운 도구들을 일시에 섬멸하셨다. 결국 "주는 영화로우시며 존귀하신" 분으로 높임을 받으셨다. "영화롭도다 존귀하시도다 이스라엘을 구원하신 크신 하나님이시여".

"마음이 강한 자는 탈취를 당하여 자기 잠을 자고"(5절) "잠을 자고"는 죽게 된다는 뜻이다. 아무리 강한 자라도 하나님의 꾸짖음 앞에서는 다 죽고 만다. 손도 놀리지 못한다.

2. 주 곧 주는 경외할 자시니(7~12절)

"주 곧 주는 경외할 자시니"(7절) 크신 하나님을 생생하게 체험한 자는 하나님만을 주님이라고 고백하며 하나님만을 경외할 분이라고 고백한다. 주님만을 경외해야 할 이유들을 여기 나열해 본다. 주님이 한번 노를 발하시면 아무도 그 앞에 설 수 없으므로 주님을 경외한다(7절). 주께서 한번 하늘에서 판결을 선포하시면 아무도 그 앞에서 불복할 수 없으므로 주님을 경외한다(8절). 땅의 모든 온유한 자들을 하나님이 구원하시므로 주님을 경외한다(9절). 사람들의 노는 결국 하나님의 벌을 받아 하나님의 공의를 드러내어 하나님을 찬양하게 되므로 주님을 경외한다(10절).

"너희는 여호와 너희 하나님께 서원하고"(11절) 여기서는 하나님을 경외하는 방법들을 열거해 본다. 서원한 것을 이행하며 하나님을 경외해야 한다(11절). 서원자가 서원을 이행하는 것은 신실함을 나타내 보이는 것이다. "경외할 이에게 예물을 드릴지로다"(11절). 하나님께 예물을 드리며 경외해야 한다. 서원을 아니한 사람들도 하나님께 예물을 드리며 경외해야 할 것이다.

"저는 세상의 왕들에게 두려움이시로다"(12절) 모든 통치자와 왕들도 주를 경외해야 한다. 하나님을 경외하는 일에서 면제받을 자는 이 세상에 아무도 존재하지 않는다.

하나님을 경외함은 우리가 마땅히 해야 할 일이다. 오늘 하루도 우리는 부름받은 자로서 마땅히 경외할 분을 경외하는 지혜 있는 자가 되기 바란다.

환난 날에 내가 주를 찾았으며
✱ 시편 77편 ✱

이 시편은 어떤 성도가 환난 중에서 하나님을 향해 부르짖어 기도한 기도시이다.

1. 환난 날에 내가 주를 찾았으며(1~9절)

"환난 날에 내가 주를 찾았으며"(2절) 성도들은 세상을 살아가면서 환난을 당한다. 질병으로 몸이 부서질 수도 있고 파산으로 가정이 무너질 수도 있다. 환난 중에서 자포자기하지 않고 하나님을 찾으며 기도할 수 있는 사람은 복된 사람이고 은혜를 받은 사람이다. "환난 날에 나를 부르라"고 하나님께서 말씀하셨고 "내가 너를 건지리니 네가 나를 영화롭게 하리로다"(시 50:15)고 약속하셨기 때문이다.

"내 음성으로 하나님께 부르짖으리니"(1절) 이 성도는 하나님께 기도하되 고요히 묵상하며 기도하지 않았고 음성으로 소리내어 부르짖으며 기도했다. "내게 귀를 기울이시리로다" 이 성도는 하나님께서 "귀를 기울여" 자기 기도를 들으시는 인격적인 하나님이심을 믿고 부르짖었다.

"내가 하나님을 생각하고 … 내 심령이 상하도다"(3절) 이 성도는 하나님을 생각할 때 그의 마음이 상했다고 고백했다. 자기에게 얼굴을 가리우신 듯한 하나님, 자기에게 노하신 듯한 하나님을 생각할 때, 하나님을 경외하는 성도는 마음이 상할 수밖에 없다. 그 이상 고통스러운 일이 없다.

"주께서 나로 눈을 붙이지 못하게 하시니"(4절) 결국 이 성도는 잠을 이루지 못하여 괴로워했다.

"내가 옛날 곧 이전 해를 생각하였사오며"(5절) 그리고는 지난날들을 생각하며 일종의 회의에 빠지기도 했다. 즉 하나님이 자기를 버리셨는가? 그 인자하심이 다하였는가? 은혜 베푸심을 잊으셨는가? 노하심으로 그 긍휼을 막으셨는가?

2. 주의 행사를 깊이 생각하리이다(10~20절)

"이는 나의 연약함이라"(10절) 이 성도는 하나님을 향해 가졌던 일시적인 회의가 자기의 연약함에 기인했음을 곧 깨달았다. 자기의 약함을 시인하는 회개의 심리야말로 하나님의 은혜를 받을 수 있는 심리이다.

"지존자의 오른손의 해 곧 여호와의 옛적 기사를 기억하여 그 행하신 일을 진술하리이다"(10~11절) 이제 이 성도는 자기가 당한 환난에서 마음과 눈을 돌이켜 하나님께로 향하며 하나님께서 행하신 구원의 행사들을 기억하고 진술하고 묵상하기로 다짐했다.

"주는 기사를 행하신 하나님이시라"(14절) 그 다음에 생각하고 묵상할 것은 하나님께서 행하신 기사들이다. 민족들 중에 능력을 나타내신 일, 도망자 야곱과 붙잡혀 간 요셉의 자손들을 구속하신 일, 그리고 유리 방황하던 이스라엘 백성들을 무리의 양같이 모세와 아론의 손으로 광야에서 인도하신 일들을 기억하고 진술하며 묵상하였다.

"하나님이여 물들이 주를 보았나이다"(16절) 홍해의 물들이 능력으로 임재하신 하나님을 보고 두려워했다고 시적으로 진술했다. 구름과 궁창과 번개와 회리바람과 우뢰와 번개가 모두 하나님의 심판과 구원의 행사를 이루는 도구들로 사용되었음을, 주님이 행차하시는 길은 바다 위에 있을 정도로 자연을 마음대로 통치하신다.

이 시인은 처음에는 환난과 고통 중에서 부르짖으며 애타게 기도했지만 나중에는 하나님의 위대하심과 그 행사들을 기억하여 진술하고 묵상하며 위로받고 용기를 가지며 하나님을 찬양하게 되었다.

이 시인이 환난 중에 하나님의 위대하심과 그 행사들을 기억하고 위로 받았던 거와 같이, 오늘 이 한날을 지날 때에 환난 가운데 설지라도 하나님을 의지하여 승리할 수 있기를 바란다.

역사의 교훈

＊ 시편 78편 ＊

이 시편은 아삽 자손 중 한 사람이 이스라엘의 역사가 주는 교훈을 그 시대 사람들과 후손들에게 전해 주는 교훈의 시이다. 그는 열조가 그에게 전해 준 역사의 교훈을 그의 자손들에게 숨기지 않고 전한다고 지적했다.

1. 이스라엘의 역사는 은총의 역사였다

하나님은 야곱에게 증거를 세우시고 이스라엘에게 법도를 정하셨다(5절). 하나님은 이스라엘로 하여금 그 소망을 하나님께 두도록 지도하셨다(7절).

하나님께서는 애굽에서 기이한 일을 행하심으로 이스라엘을 애굽에서 구원하셨다(12절). 홍해를 가르셨고 광야에서 이스라엘을 구름기둥과 불기둥으로 인도하셨다(13~14절). 반석에서 물을 내어 마시게 하셨고(15~16절), 만나와 메추라기를 식물로 주어 먹게 하셨다(24~29절). 그리고 자기 백성을 양같이 인도하셨고 양떼같이 지도하셨다(52절). 가나안에 정착한 후에도 하나님은 저들을 거룩한 산으로 인도하셨고 그땅의 거민들을 쫓아내시고 그 땅을 이스라엘 백성에게 분배하여 정착케 하셨다. 모두가 하나님의 은총이었다.

2. 이스라엘의 역사는 반역의 역사였다

이스라엘은 하나님의 은총을 입으면서도 거듭해서 하나님을 반역하였다. 이스라엘은 처음부터 완고하고 패역했다(8절). 에브라임은 하나님의 언약을 지키지 않고 율법 준행하기를 거절했다(10절). 하나님께서 저들을 구름기둥과 불기둥으로 인도하시고 반석에서 샘물을 마시게 하였으나 저들은 "계속하여" 하나님께 범죄하고 하나님을 배반했다(14~17절).

이스라엘은 하나님의 진노를 받으면서도 여전히 하나님을 믿지 않고 하나님을 의지하지 않았다(21~22절). 하나님께서 저희에게 다시 진노하셨지만 "그럴지라도 저희가 오히려 범죄하여 그의 기사를 믿지 아니"했다(32절). 저희가 광야에서 하나님을 반항하여 사막에서 그를 슬프시게 함이 "몇 번"이며 또한 "재 삼 시험"을 계속했다(40~41절).

가나안 정착 후 하나님께서 저희에게 기업을 분배하여 주셨지만 "그럴지라도" 저희가 하나님을 시험하고 하나님께 반항했다(56~57절). 이스라엘은 복을 받고도 반역하고 벌을 받고도 배반했다. 이스라엘의 역사는 반역과 배반의 역사였다.

3. 이스라엘의 역사는 용서와 자비의 역사였다

이스라엘이 거듭해서 하나님을 반역하고 배반했지만 하나님은 이스라엘에게 거듭해서 용서와 자비를 베푸셨다. 이스라엘이 하나님을 믿지도 않고 의지하지도 않아 하나님의 진노를 자취(自取)했다. 그러나 하나님께서 "오히려" 위의 궁창을 명하사 저희에게 만나를 내려 주셨다(23~24절). 이스라엘이 입으로 하나님에게 아첨하며 혀로 하나님에게 거짓을 말하였으나, 하나님은 자비하셔서 저희의 죄악을 사하시고, 그 진노를 "여러 번" 돌이키셨다(36~38절). 하나님께서 인생이 육체뿐이며 바람임을 기억하셨기 때문이다(39절).

　하나님은 반역하는 이스라엘에게 때로 진노하시고 징계하셨으나(56~64절), 아주 버리지는 않으시고 다시 끌어안는 자비와 사랑을 베푸셨다(65~72절). 주께서 일어나사 이스라엘의 대적을 물리치시고, 유다 지파와 시온산을 택하시며, 거기 성전을 세우시고, 다윗을 이스라엘의 목자로 택하셔서, 그 백성 이스라엘을 기르게 하셨다(65~72절). 죄를 범하는 것은 인간이고 죄를 사하시는 분은 하나님이시다.

　하나님께서 은총을 베푸시나 하나님께 죄를 범하고 반역하는 이스라엘의 모습은 우리의 모습과 다를 바 없다. 그러나 이스라엘을 용서하시고 자비를 베푸신 하나님께서는 오늘 우리들을 용서하시고 사랑하신다. 지난 역사를 통해 우리에게 교훈하시는 하나님을 바로 알고, 그 하나님의 뜻을 따라 살기로 이 새벽에 결단하자.

폐허 위에서 드린 아삽의 기도

✱ 시편 79편 ✱

이 시편은 바벨론의 침공으로 유다가 패망한 후 아삽 또는 그의 후손이 폐허 위에서 민족의 참상과 구원을 하나님께 호소한 탄원의 기도시이다. 이 시는 폐허가 된 북한 땅에서 신앙의 후손들이 민족의 참상과 구원을 호소하며 하나님께 부르짖는 기도시가 될 수 있을 것이다.

1. 민족의 참상을 굽어 보시옵소서(1~4절)

"하나님이여"(1절) 이 시편의 기자는 하나님의 이름을 부르며 원수들이 쳐들어와서 하나님의 기업과 하나님의 성전을 무참히 짓밟아 버린 일들을 하나하나 아뢰며 호소했다. "주의 기업" 즉 가나안 땅이 침공을 당했고 "주의 성전"이 더럽힘을 당했다. "예루살렘"이 돌무더기가 되었다. "주의 종들의 시체가" 새에게 밥으로 주어졌다. "주의 성도들의 육체"가 짐승들에게 주어졌다. "그들의 피"가 "예루살렘 사면에" 물같이 흘렀다. 그래서 남은 자들이 이웃에게 비방거리가 되었고, 조소와 조롱거리가 되었다.

기자는 바른 호소와 바른 기도를 드렸다. 우리는 우리 자신들의 비참한 참상을 우선적으로 아뢰며 하나님의 도우심을 간구하기가 쉽다. 그러나 우리의 우선적인 관심을 우리 자신들의 처지보다는 하나님나라와 교회의 처지에 두는 것이 올바르다. 그와 같은 호소와 기도가 하나님이 들으실 만한 힘 있는 기도가 된다.

2. 민족을 폐허에서 구원하옵소서(5~13절)

"여호와여 어느 때까지니이까"(5절) 이 시편 기자는 지금 유다가 처한 민족적 참상이 하나님의 공의로운 심판과 진노 때문인 것을 인정하며 그 진노의 때를 단축시켜 달라고 호소했다. "영원히 노하시리이까 주의 진노가 불붙듯 하시리이까"(5절). 범죄한 죄인들에게 하나님이 노하시는 것은 당연하다. 주의 진노가 불붙는 것도 당연하다. 그럼에도 불구하고 하나님께 진노의 때를 단축시켜 달라고 호소했다.

"주를 알지 아니하는 열방과"(6절) 기자는 지금 유다가 처한 민족적 참상이 또한 유다를 침공한 원수들에게 있음을 호소했다. 따라서 주의 이름을 부르지 않는 열국에 주의 노를 쏟아 부으심으로 유다를 구원해 달라고 호소했다. 저들이 주를 훼방한 그 훼방을 칠 배나 갚으시라고 호소했다(12절).

"우리 열조의 죄악을 기억하여 우리에게 돌리지 마옵소서"(8절) 기자는 지금 유다가 처한 민족적 참상이 근본적으로는 자기와 자기 열조의 범죄 때문인 것을 인정하며 그 죄를 사해 달라고 호소했다. "주의 긍휼하심으로" 속히 죄를 사하시고 민족을 구원해 달라고 호소했다.

"주의 이름의 영광을 위하여"(9절) 기자는 하나님께서 민족을 구원하시되 궁극적으로 주의 이름의 영광을 위하여 구원해 달라고 호소했다. 다니엘도 비슷한 기도를 드린 일이 있다. "나의 하나님이여 주 자신을 위하여 하시옵소서"(단 9:19). 이 시편의 기자는 훼방당한 주의 이름을 높이 드시고 피흘림당한 주의 종들의 지위를 높이시고 갇힘을 당한 유다의 탄식소리를 들어 응답해 달라고 호소했다.

"그러하면 … 우리는 영원히 주께 감사하며 주의 영예를 대대로 전하리이다"(13절) 기자는 끝으로 민족의 구원을 호소하며 구원의 은혜를 체험한 주의 백성들이 하나님께 감사하고 하나님의 영광스러운 이름을 대대에 전하겠다고 다짐했다.

우리는 세상을 살아가면서 하나님의 진노를 받아 폐허 위에 서 있을 수가 있다. 이 시편은 이와 같은 형편에 처해 있을 때 우리들이 하나님께 무엇을 호소하며 무엇을 간구해야 할 지를 보여 준다.

새벽마다 우리는 자신뿐 아니라 폐허 위에 서 있는 우리들의 동족과 지구촌의 형제들을 위해서도 같은 호소와 간구의 기도를 드리자.

주의 얼굴빛을 비추사
✱ 시편 80편 ✱

이 시편은 79편에 이어 앗수르 또는 바벨론의 침공으로 이스라엘 또는 유다가 패망한 후 아삽의 후손이 민족의 구원을 하나님께 호소한 기도시이다. 주께서 "주의 얼굴빛을 비추실" 때 비로소 이스라엘은 구원을 얻을 수가 있었다. 그러므로 이 시편 기자는 세 차례나 반복해서 "주의 얼굴빛을 비추사"라고 기도했다.

1. 목자 없는 양무리 같은 이스라엘을 돌아보소서(1~3절)

"요셉을 양떼같이"(1절) 이 시편 기자는 이스라엘을 목자 없는 양무리에게 비유했다. 그래서 주께서 "주의 얼굴빛을 비추사" 목자 없는 양무리 같은 이스라엘을 돌아보아 달라고 기도했다. 양은 미련하고 연약하여 그 생사 문제가 목자에게 달려있듯이 이스라엘도 하나님에 대하여 그런 관계를 가졌다. 그래서 목자되시는 하나님께서 요셉을 양떼같이 인도하셨던 것처럼, 지금 목자없이 방황하는 이스라엘을 인도해 달라고 기도했다. 그들의 신음소리에 귀를 기울이시고 어두움 가운데서 헤매이는 양무리들에게 빛을 비추어 달라고 기도했다.

2. 눈물로 양식을 삼는 이스라엘을 돌아보소서(4~7절)

"주께서 저희를 눈물 양식으로 먹이시며"(5절) 이 시편 기자는 이스라엘을 눈물로 양식과 음료수로 삼는 슬픔의 백성으로 묘사했다. 그래서 기자는 "주의 얼굴 빛을 비추사" 눈물로 양식을 삼는 이스라엘을 돌아보아 달라고 기도했다. 이스라엘은 지금 버림을 받았다. 아무리 부르짖어 기도해도 하나님은 그 기도에 응답하시지 않았다. 오히려 그들에 대하여 노하셨다. "만군의 하나님 여호와여 주의 백성의 기도에 대하여 어느 때까지 노하시리이까"(4절). 이스라엘의 원수들은 버림받은 이스라엘을 삼키려고 서로 다투며 이스라엘을 조소하고 비웃기까지 했다. 결국 이스라엘에게는 탄식의 눈물밖에 없었다.

3. 피해를 입은 포도나무와 같은 이스라엘을 돌아보소서 (8~19절)

"주께서 한 포도나무를"(8절) 이 시편 기자는 이스라엘을 피해 입은 포도나무에 비유했다. 그래서 주께서 "주의 얼굴빛을 비추사" 피해를 입은 포도나무와 같은 이스라엘을 돌아보아 달라고 기도했다. 하나님은 이스라엘을 포도나무에 비유하신 일이 있다. "땅을 파서 돌을 제하고 극상품 포도나무를 심었었도다"(사 5:2). 하나님께서 한 포도나무와 같은 이스라엘을 애굽에서 가져다가 열방을 쫓아내시고 미리 준비해 두신 땅 가나안에 심으셨다. 뿌리가 깊이 박히고 온 땅에 편만하게 하셨으며 그 가지는 바다에까지 뻗쳤고 그 넝쿨이 강에까지 미치게 하셨다.

"주께서 어찌하여 그 담을 헐으사"(12절) 그러나 하나님께서 원수들로 하여금 포도원의 담을 헐어 버리게 하셨고 지나가는 모든 사람들로 하여금 포도원을 유린하게 하셨다. 수풀의 돼지까지 나와서 포도원을 망치고 들짐승들은 포도를 먹어 버렸다. 그래서 이렇게 부르짖었다. "만군의 하나님이여 구하옵나니 돌이키사 하늘에서 굽어보시고 이 포도나무를 권고하소서"(14절).

기자는 하나님께서 포도나무를 권고하시고 돌아보셔야 할 두 가지 이유를 제시했다.

첫째, 포도나무인 이스라엘은 주의 오른손으로 심었고 주를 위하여 심었으며, 주의 우편에 있는 특별한 나무이기 때문이다.

둘째, 포도나무인 이스라엘을 소생케 해주시면 이스라엘이 주의 이름을 부르며 감사의 찬송을 드릴 것이기 때문이다.

"만군의 하나님 여호와여 우리를 돌이키시고 주의 얼굴 빛을 비취소서 우리가 구원을 얻으리이다"(19절). 이 시편 기자의 기도가 우리의 기도가 되어 그 기도가 응답되는 하루가 되기를 바란다.

하나님께 높이 노래하라

✽ 시편 81편 ✽

이 시편은 절기에 부르기 위해 쓰여진 노래이다. 아삽의 자손들이 하나님을 높이 찬양하며(1~4절), 이스라엘에게 베푸신 하나님의 은혜를 회상했다(5~7절). 그리고 이스라엘 백성들을 향해서 하나님께 대한 순종을 권면했다(8~16절).

1. 하나님께 높이 노래하라(1~4절)

"우리 능력되신 하나님께 높이 노래하며"(1절) 성도의 생활은 하나님께 감사를 돌리는 찬양의 생활이다(사 43:21). 그러므로 성도는 항상 하나님을 찬양하는 예배를 가장 귀중하게 여기며 최선을 다해야 한다(엡 5:19~20). 하나님을 찬양할 때 우리가 할 수 있는 모든 방법을 총동원해야 한다. 먼저 자신의 목소리를 높여서 찬양하고, 즐겁게 찬양해야 한다(1절). 시를 지어 찬양하고, 모든 악기를 동원하여 거문고와 비파를 뜯고 나팔을 불며 찬양해야 한다(2절). 월삭 즉 월초와 월망 즉 보름과 절일에 찬양해야 한다(3절). 민수기 28장에는 "매일(3절), 안식일(10절), 월삭(11절), 유월

절(16절), 칠칠절(26절)"에 제사를 드리라고 했다. 하나님을 찬양하는 것은 성도의 율례요, 하나님의 규례이다(4절).

2. 하나님이 애굽 땅을 치러 나가시던 때에(5~7절)

"하나님이 애굽 땅을 치러 나가시던 때에"(5절) 성도의 생활은 과거에 베푸신 하나님의 은혜를 회상하며 하나님께 감사를 돌리는 생활이다(시 103:2). 여기서 시인은 자기 자신을 출애굽 직전의 애굽에 가져다 놓고 마치 출애굽 사건의 경험자처럼 당시의 일을 회상한다. 이것이 구속사관에 서 있는 성도의 역사적 안목이다.

"거기서"(5절) 이 시인은 즉 이스라엘은 상식적으로 이해할 수 없는 말씀을 들었다. 그 말씀은 이스라엘 백성의 어깨에서 노예의 짐을 벗기고 그들의 손에서 벽돌을 나르던 광주리를 내던지게 해주시겠다는 하나님의 음성이었다(6절). 즉 애굽의 고난 중에 부르짖는 이스라엘의 고통소리를 하나님께서 들으시고 저들을 건져주시겠다는 음성이었다(7절). 하나님의 구원사역은 인간의 지혜를 초월하는 크고 비밀한 놀라운 사역이다(렘 33:3).

3. 내 백성이여 들으라(8~16절)

"내 백성이여 들으라"(8절) 하나님의 은총을 입은 성도는 하나님을 찬양하는 동시에 하나님의 말씀을 들으며 순종하는 삶을 살아야 한다(신 6:4, 삼상 15:22). 은혜를 입은 성도는 입을 넓게 열어 은혜를 크게 사모해야 한다(10절, 시 119:131).

그러나 구원의 은총을 입은 이스라엘은 하나님의 소리를 듣지도 않았고 원하지도 않았다(11절). 결국 하나님은 그들에게 고통을 주셨고 한걸음 더 나아가서는 그들을 강퍅한 대로 내버려두셨다(12절). 후자는 더 무서운 징계이다.

하나님은 불순종하는 이스라엘을 징계하시면서도 계속해서 그들에게 하나님을 청종하라고 권면하셨다(13절). 순종 이외에는 살 길이 없기 때문이다. 순종하는 자에게는 그의 대적을 쳐부시고 구원하실 것이다(14절). 하나님을 끝까지 한하는 자 즉 미워하는 자들이 할 수 없이 하나님께 복종하는 체 할지라도 저들에 대한 하나님의 형벌은 영원히 계속될 것이다(15절). 그러나 순종하는 자에게는 하늘과 땅의 온갖 좋은 것으로 가득히 채우실 것이다(16절).

우리가 능력이신 하나님을 높이고 순종할 때 하나님께서는 애굽에서 이스라엘을 인도하신 것과 같이 우리를 깊은 웅덩이와 수렁에서 구원하시고 인도하실 것이다.

이 시간 하나님을 높이고 순종하겠다는 고백으로 하루의 일과를 시작하십시다.

빈궁한 자에게 공의를 베풀지며
※ 시편 82편 ※

이 시편은 통치자들과 재판장들의 타락상이 극도에 달했던 어느 암흑기에 쓰여진 시로, 하나님은 공의로 세상을 통치하시는 분이심과 정부의 통치자들과 재판장들은 공의로 통치하고 재판하여야 함을 강조했다.

1. 하나님은 공의로 세상을 통치하신다(1절)

"하나님이 하나님의 회 가운데 서시며"(1절) 하나님은 사랑의 하나님이시지만 동시에 공의의 하나님이시다. 하나님은 죄인들을 사랑으로 구원하실 때에 아들을 십자가에 희생시킴으로 공의를 세우셨다. 하나님은 세상을 사랑으로 통치하시되 동시에 공의로 통치하신다. 하나님은 이스라엘의 회 가운데 서 계시고 특히 재판장들 가운데 계시며 그들을 판단하신다. 즉 재판장들이 공의로 백성들을 판단하는지의 여부를 판단하신다.

2. 하나님이 불의한 재판장들을 책망하신다(2~7절)

"너희가 불공평한 판단을 하며"(2절) 하나님은 여기서 재판장들의 불공평성을 하나하나 지적하시며 책망하신다. 저들은 불공평하게 재판을 하는데, 악인들의 낯을 보아주며 공정하지 않게 판단한다. 즉 권력자들의 낯을 보아서 저들의 죄를 가볍게 판단한다는 것이다. 저들은 또한 불공평하게 재판을 하는데, 가난한 자, 고아, 곤고한 자, 빈궁한 자, 궁핍한 자들의 낯을 보아주기는커녕 아예 무시하며 저들에게 죄를 덮어 씌우면서 억울하게 판단한다는 것이다.

"공의를 베풀지며"(3절) 하나님은 나라의 책임을 맡은 정부의 관리들과 사법관들이 불의한 정치행위를 버리고 공의를 베풀 것을 권고하신다. 공의는 무조건 가난한 자들의 잘못을 덮어 주는 것이 아니다. 그러나 그들이 가난하게 되고 곤고하게 되고 궁핍하게 된 여러 가지 환경적 여건들을 깊이 참작하여 그들의 편에 서서 공정하게 판단하고 그들을 격려하라는 것이다. 재판장의 판단이 공정하다고 받아들여질 때 극형의 판단도 불평없이 받아들여질 수 있다. 공정한 재판의 목적은 가난하고 궁핍한 자들을 구원하고 건지는 데 있다.

"저희는 무지 무각하여"(5절) 그러나 불의한 재판장들은 습관적으로 불의를 자행하는 가운데 무지 무각하게 되어 흑암 중에 왕래하게 되었고, 그 결과 땅의 모든 터가 흔들리게 되었다. 즉 사회의 모든 질서가 무너지게 되었다.

"너희는 신들이며 다 지존자의 아들들이라 하였으나"(6절) 이 말씀은 나라의 통치자들이 얼마나 중차대한 책임을 맡은 존귀한 자들임을 보여주시는 말씀이다. 나라의 통치자들과 재판장들은 지존하신 하나님이 세우신 하나님의 아들들이다. 하나님의 통치권을 위임 맡은 신들과 같은 존재들이다. 따라서 저들은 사람들의 눈치를 볼 필요도 없었다. 하나님만을 두려워하며 분명한 소신을 가지고 공의롭게 나라를 다스리고 백성들을 재판할 수 있었다. 그런데 저들은 그렇지 못했다.

"너희는 범인같이 죽으며 … 엎더지리로다"(7절) 불의한 통치자들과 재판장들이 심판을 받고야 만다.

3. 하나님이여 일어나사 세상을 판단하소서(8절)

"하나님이여 일어나사"(8절) 이 시인은 공의의 하나님께서 일어나서 세상을 판단하시기를 기원한다. 어떤 의미에서 이 세상 나라에서는 공의를 찾아보기 어렵다. 그러므로 하나님이 일어나서 다스리셔야 세상 나라에 공의가 설 수 있다. "주여 세상을 판단하소서". 시인은 하나님이 판단해 주시기를 기원한다.

이 시인은 마지막에 이렇게 고백한다. "하나님만이 모든 재판장의 재판장이시며 하나님만이 모든 통치자의 통치자이십니다. 모든 열방이 주의 것입니다.

우리는 사랑을 말하면서 공의를 잊어버리는 때가 많다. 공의는 언제나 필요한 것이다. 이 나라의 통치자들과 재판장들에게 공의로움이 있게 해 달라고 기도하자.

하나님이여 침묵치 마소서

✽ 시편 83편 ✽

이 시편은 이스라엘이 이방 10개국 동맹군의 침략으로 패망의 위기에 처했을 때 아삽의 후손이, 하나님이 개입해 주셔서 동맹군을 파멸시켜 주시기를 간구한 탄원의 시이다.

1. 하나님이여 침묵치 마소서(1~8절)

"하나님이여 침묵치 마소서"(1절) 이 시편의 기자는 하나님의 이름을 부르며 "침묵치 마소서, 잠잠치 마소서, 고요치 마소서"라고 세 번씩 반복하며 다급한 마음으로 강청하며 탄원했다. 하나님께서 민족적 위기를 모르시는 듯이 너무나 고요하게 계시는 것 같았기 때문이었다. 마치 풍랑을 만난 제자들이 주무시는 예수님을 깨우면서 "주여 구원하소서 우리가 죽겠나이다"(마 8:25)라고 소란을 피운 것과 비슷하다. 국가적 위기에 처했을 때 화급한 마음으로 먼저 하나님의 도우심을 구하는 것은 당연하다.

"대저 주의 원수가 훤화하며"(2절) 이 시인의 우선적인 관심사는 자기 자신이나 민족의 안녕보다는 하나님의 명예였다. 주의 원수가 떠들고, 주를 한하는(미워하는) 자가 머리를 들고, 저희가 주의 백성을 치려고 간계를 꾀하고, 주의 숨긴 자를 치려고 서로 의논하고 있기 때문에, 이 시인은 하나님께서 가만히 보고 계실 수만은 없다고 탄원한 것이었다. 골리앗이 주의 이름을 모독했을 때 다윗이 참을 수 없었던 것처럼(삼상 17:45), 이 시인은 "주의 집을 위하는 열성이 나를 삼키고"(시 69:9) 지금 이렇게 화급하게 하나님의 개입을 강청한 것이었다.

"다시 나라가 되지 못하게 하여 이스라엘의 이름으로 다시는 기억되지 못하게 하자"(4절) 하나님의 원수들은 언제나 하나님의 나라를 대적하여 성도들의 이름을 말살하려고 한다. 그리고 주를 대적한다. 원수들은 또한 힘을 합하고 서로 연합한다. 여기 열거된 열 나라들은 이스라엘 나라의 동서남북에 산재했던 이방 나라들이었다. 이스라엘은 그야말로 사면초가였다. 이와 같은 국가적 위기에 처했을 때 저들이 할 수 있는 일은 하나님께 부르짖는 일이었다.

2. 주는 미디안인에게 행하신 것같이 행하소서(9~18절)

"주는 미디안인에게 행하신 것같이 … 행하소서"(9절) 여기서 시인은 동맹국들의 패망을 간구했다. 하나님께서 과거에 이스라엘의 원수들을 파멸했던 것과 같이 지금 이스라엘의 원수들을 파멸시켜 달라고 간구했다. 즉 미디안에서 기드온에 의해 오렙과 스엡과 세바와 살문나를 파멸시켰던 것처럼, 기손에서 드보라에 의해 시스라와 야빈을 대파시켰던 것처럼 하나님께서 지금 이스라엘의 원수들을 파멸시켜 달라고 간구했다(9~11절).

"저희가 말하기를 우리가 하나님의 목장을 우리의 소유로 취하자하였나이다"(12절) 이 시인은 여기서 개인적인 복수심이나 민족주의적인 적개심에 불타서 원수들의 패망을 간구했다기 보다는, 주의 원수들이 주의 이름을 모독하고 주의 목장을 유린하려는 것에 대한 의분을 가지고 간구했다고 하겠다. 성도가 하나님의 목장을 유린하려는 하나님의 원수들의 파멸을 간구하는 것은 잘못이 아니다. 이 시인은 하나님의 편에 서서 "주의" 광풍으로 저희를 쫓으시고 "주의" 폭풍으로 저희를 두렵게 하시라고 간구했다.

"저희로 주의 이름을 찾게 하소서"(16절) 이 시인이 원수의 파멸을 간구했던 근본 원인은 주님의 이름과 나라가 모독당하는 것을 보고 참을 수 없었기 때문이었고, 궁극적 목적은 원수들이 주님의 이름을 찾게 되기를 원했기 때문이었다. 주를 찾는 자는 구원을 얻기 때문이다.

"여호와라 이름하신 주만 온 세계의 지존자로 알게 하소서"(18절) 이 시인은 계속해서 자기가 품고 있는 궁극적인 소원을 아뢰었다. 그것은 하나님을 대적하던 원수들이 낭패와 멸망을 당함으로써 결국 여호와 하나님이 온 세계의 지존자이심을 온 세상이 알게 되기를 원하는 것이었다.

하나님이 하나님 되심을 온 세상이 알게 되는 것, 그것이야말로 참된 성도들이 가져야 할 소원이요, 기도의 제목이라고 하겠다.

주의 집에 거하는 자가 복이 있나이다
★ 시편 84편 ★

이 시편은 성전을 사모하는 성전 사모시인데, 참으로 복된 자가 어떤 사람인지를 가르쳐 보여 준다. 이 시편의 기자는 다윗이거나 다윗의 정신으로 노래한 고라 자손이라고 생각된다.

1. 주의 성전을 사모하는 자(1~3절)

"내 영혼이 여호와의 궁정을 사모하여 쇠약함이여"(2절) 이 시편 기자는 주의 성전을 사모하는 마음을 여러 가지로 표현했다. 주의 장막이 너무 사랑스럽게 느껴진다고 표현했다(1절). 주의 성전을 사모한 나머지 그의 영혼이 쇠약해졌다고 고백했다(2절). 이 시편 기자가 주의 성전을 사모한 이유는 성전 자체를 사모했다기 보다는 성전에 계시는 하나님을 사모한 것이었다. 기자는 주의 성전 지붕에 자기 집과 보금자리를 만들어 놓고 성전에서 사는 참새나 제비가 부럽다고 표현하며 주의 성전을 사모했다.

참으로 복된 자는 하나님의 집 곧 하나님께 예배 드리는 성전을 사모하는 사람이다. 즉 주일이 돌아오기를 하루하루 기다리는 사람, 주일이 돌아왔을 때 몸과 마음과 옷을 깨끗이 단장하고, 하나님께 드릴 예물을 정성껏 준비해 가지고, 시간 전에 나와 앞자리에 앉아서 기도와 찬송으로 예배를 준비하는 사람, 그런 사람이 참으로 복된 사람이다.

2. 주의 성전에 거하는 자(4~7절)

"주의 집에 거하는 자가 복이 있나이다"(4절) 이 시편 기자는 이제 본심을 털어놓았다. 주의 성전에서 사는 사람이 복이 있는 사람이라고 고백했다. 다윗은 전에 이렇게 고백한 일이 있다. "주의 뜰에 거하게 하신 사람은 복이 있나이다"(시 65:4). 성도들은 때로 하나님의 성전에 거할 자유를 박탈당하는 경우가 있다. 이는 가장 큰 불행 중의 하나이다.

주의 집에 거하는 자가 복이 있는 이유는 거기서 항상 주를 찬송할 수 있기 때문이다(4절). 주님으로부터 힘을 얻고 그 마음에 시온으로 가는 기도의 길이 열려 있기 때문이다(5절). 여기 5절을 이렇게 영적으로 해석할 수도 있고, 순례자가 시온으로 향해 걸어가는 문자적 해석도 할 수 있다. 주의 집에 거하는 자가 복이 있는 또 하나의 이유는 눈물 골짜기와 같은 세상을 살아갈지라도 성전에서 은혜의 샘물을 마시고 은혜의 단비를 받음으로써 힘을 얻게 되고 하나님의 얼굴을 뵈옵게 되기 때문이다(6~7절). 여기 6~7절을 이렇게 영적으로 해석할 수도 있고, 순례자가 시온으로 향해 험한 길을 걸어가며 누리게 되는 하나님의 도우심을 가리키는 것으로도 해석할 수 있다.

3. 주를 의지하며 기도하는 자(8~12절)

"만군의 하나님 여호와여 내 기도를 들으소서"(8절) 성전은 만민이 기도하는 집이다(사 56:7). 참으로 복이 있는 사람은 성전에 올라가서 하나님께 기도하는 사람이다. 한나는 성전에 올라가서 기도했고(삼상 1:7, 10), 안나도 성전에 올라가서 기도했다(눅 2:37).

"우리 방패이신 하나님이여"(9절) 기도의 내용은 하나님이 누구이심을 고백하며 그 하나님께서 주님이 세우신 종의 얼굴을 살펴 보아 달라는 것이었다. 그리고 자기는 세상에서 많은 낙을 누리는 것보다는 하나님의 집에서 문지기로 즉 낮은 자리에서 봉사하는 것이 더 낫다고 고백하는 것이었다. 그리고 하나님은, 진실하게 믿고 사는 성도들에게 은혜와 영화를 주시고 모든 좋은 것을 아끼지 않으시는 해와 같이 크고 방패와 같이 든든한 분이심을 고백했다. 이렇게 하나님을 의지하며 성전에 올라와서 기도하는 자가 참으로 복된 자임을 다시금 고백하며 이 시를 마쳤다.

누구든지 성도라면 주의 집에 거하는 자가 받는 복을 누릴 수 있다. 오늘 이 새벽에 주의 성전에 올라와 하나님께 기도하는 여러분의 기도가 좋은 것으로 응답받기를 바란다.

우리를 다시 살리사

✱ 시편 85편 ✱

이 시편은 포로 후기의 작품으로 이스라엘 민족이 바벨론으로부터 고국에 귀환은 했으나 아직 그들에게 환난과 궁핍이 남아있었기 때문에, 과거에 베푸신 하나님의 은혜를 감사하면서 앞으로 하나님의 긍휼하심과 도우심을 간구한 감사 및 간구시이다.

1. 받은 은혜에 대한 감사(1~3절)

이 시인은 하나님께서 특별한 은혜를 베푸사 죄값으로 포로된 자들을 고국에 돌아오게 하신 일을 기억하며 하나님께 감사를 드렸다. 그 일을 생각하면 마치 꿈을 꾸는 것 같았다(시 126:1). 너무나 놀라운 하나님의 은혜였기 때문이다. 특히 주의 백성의 죄악을 사하시고 저들의 모든 죄를 덮으신 일을 생각하면 감사 감격하지 않을 수가 없었다. 그래서 "셀라"(잠깐 쉼)의 부호까지 붙이면서 감사 감격했다. 주님은 주의 모든 분노를 거두신 것이었고 주의 진노를 돌이키신 것이었다.

2. 새로운 은혜를 위한 간구(4~7절)

이 시인은 과거에 베푸신 하나님의 은혜를 감사하면서도 하나님께서 앞으로 새로운 은혜를 베푸시기를 간구했다. 왜냐하면 아직도 이스라엘은 완전히 하나님께로 돌이키지 못했고 아직도 이스라엘은 하나님의 분노를 받을 만한 죄를 범하고 있었기 때문이었다. 아직도 무너진 예루살렘 성전이 재건되지 않은 채 온갖 적대세력이 계속되고 있기 때문이었다. 그래서 시인은 이렇게 간구했다. "우리 구원의 하나님이여 우리를 돌이키시고 우리에게 향하신 주의 분노를 그치소서"(4절).

그리고 계속해서 이 시인은 이스라엘을 다시 살려달라고 간구했다. 우리는 하나님의 은혜를 받아야 살게 되고 또 다시 살게 된다. 성령의 은혜를 받아야 우리는 다시 살아나게 된다. 주님의 은혜 없이는 우리는 살 수 없다. 그래서 이 시인은 이렇게 간구했다. "우리를 다시 살리사 주의 백성으로 주를 기뻐하게 아니하시겠나이까"(6절). 우리가 사는 목적은 주를 기뻐하는 데 있다. 시인은 계속해서 이렇게 간구했다. "주의 인자로 우리를 구원하소서 우리가 바랄 것은 주님의 인자하심 뿐이니이다."

3. 미래의 은혜에 대한 확신(8~13절)

이 시인은 여기서 자신의 기도에 대한 하나님의 응답을 확신했다. 하나님께서 은혜를 베푸시겠다고 말씀하실 것을 확신하며 그 말씀을 듣겠다고 고백했다. 즉 그 말씀은 하나님께서 자기 백성에게 화평을 주시겠다는 말씀일 것이다(8절). 그리고 하나님의 구원이 그들에게 임하고 하나님의 영광이 자기 땅에 충만하게 될 것을 눈으로 보듯이 말했다(9절). 하나님의 구원이 임할 때 영광스러운 모습을 다음과 같이 묘사했다. 그것은 "긍휼과 진리가 같이 만나고 의와 화평이 서로 입맞추었으며 진리는 땅에서 솟아나고 의는 하늘에서 하감"하는 하나님나라의 모습이었다(10절).

이 미래적 환상은 궁극적으로 메시아 왕국을 묘사하므로 이 시를 메시아 대망의 시라고도 한다. 긍휼은 구원의 동기이고 진리는 구원의 행위이며 의는 평화의 원인이고 평화는 의의 결과이므로 하나님의 영광이 임재하는 곳에 긍휼과 진리가 서로 만나고 의와 평화가 함께 입맞추게 되는 것이다.

결국 하나님의 구원운동이 하늘과 땅에 충만하게 될 것이다. 하나님은 좋은 것 즉 은혜를 베푸시고 땅은 하나님의 은혜를 받아 풍성한 열매를 맺히게 될 것이다. 그리고 의가 여호와 앞에서 길을 열며 (또는 그리스도가 하나님 앞에서 구원의 길을 열며) 주의 백성들이 그뒤를 따르는 것이야말로 장차 도래할 메시아 시대의 구원 축복을 내다보는 것이었다. 이 시인은 어두운 현실 속에서도 장차 도래할 영광의 모습을 바라보는 것이었다.

주의 구원과 인자로 기뻐하며, 구원이신 하나님의 긍휼과 은혜를 계속적으로 간구하면서 하나님 안에 거하기를 바란다.

내가 곤고하오니 내게 응답하소서
★ 시편 86편 ★

이 시편은 극심한 곤궁에 처한 한 시인이(다윗이나 고라 자손이) 하나님의 도우심과 구원을 부르짖어 호소한 기도시이다. 85편이 국가적 호소라면 86편은 개인적 호소이다. 이 시인은 그 고난의 내용이 무엇인지를 밝히지 않는다. 다만 고난 중에서 부르짖어 기도했다.

1. 나는 경건하오니 내 영혼을 보존하소서(1~10절)

"나는 경건하오니 내 영혼을 보존하소서"(2절) 이 시인은 여기서 다음과 같은 이유와 사실에 근거해서 하나님께 호소하며 기도했다. ① 곤고하고 궁핍하기 때문에(1절) ② 자기는 경건하기 때문에 즉 하나님만을 바라보고 믿는 신자이기 때문에(2절) ③ 자기는 주를 의지하기 때문에(2절) ④ 종일 부르짖으니(3절) ⑤ 자기는 주를 우러러보오니(4절) ⑥ 주는 사유하시기를 즐기시기 때문에(5절) ⑦ 하나님은 환난 날에 부르짖는 기도를 응답하시기 때문에(7절) ⑧ 하나님은 신들 중에 유일한 참 신이시기 때문에(8

절) ⑨ 자신의 구원이 결국에는 하나님께 영광을 돌리게 될 것이기 때문에(9절) ⑩ 오직 주만이 그의 하나님이시기 때문에(10절).

2. 내가 주의 진리에 행하오리니(11~13절)

"내가 주의 진리에 행하오리니"(11절) 여기서 시인은 자기의 서원을 아뢰었다. 기도자는 믿음으로 하나님께 겸손하게 서원을 아뢸 수 있다. ① 하나님께서 주의 도로 가르치시면 자신은 주의 진리에 행하겠다고 서원했다(11절). 즉 주의 길로 걸어가겠다고 했다. ② 일심으로 주의 이름을 경외하겠다고 서원했다(11절). 환경이 변해도 자기는 한결같이 주님만을 경외하겠다고 했다. ③ 전심으로 주를 찬양하고 영원토록 주의 이름에 영화를 돌리겠다고 서원했다(12절). 구원의 목적은 주를 영화롭게 하는 것이다. 이와 같은 서원을 아뢰며 기도할 때 시인은 이미 주의 크신 인자로 자기가 음부에서 건짐받았음을 내다보며 확신했다(13절).

3. 은총의 표징을 내게 보이소서(14~17절)

"은총의 표징을 내게 보이소서"(17절) 시인은 마지막에 자기를 핍박하는 원수들에 대한 하나님의 긍휼을 기대하며 바라보았다. 비록 원수들이 자기를 치고 주님을 버렸지만 그럼에도 불구하고(14절), 하나님은 긍휼과 은혜와 인자와 진실이 풍성하신 하나님이시므로(15절), 자기를 구원하셨음을 원수들에게 보여주심으로 즉 은총의 표징을 보이심으로(16~17절), 결국 원수들로 하여금 부끄러워하게 하시고 깨닫게 해주시기를 소원했다(17절). 원수들은 결국 부끄러움을 당하나 성도는 결국 하나님의 도우심과 위로를 받는다. 성도들에게 필요한 것은 하나님께서 "은총의 표징"을 보여 주시는 것이다.

성도는 고난에 처할 때 부르짖어 기도하게 된다. 하나님은 부르짖는 기도를 들으사, 결국 원수들을 부끄러움당하게 하시며, 성도는 하나님의 도우심과 위로를 받게 해주신다.
오늘 하루도 하나님의 도우심이 함께하기를 바란다.

영광스러운 도성 시온

✶ 시편 87편 ✶

이 세상의 도성과 나라들은 부정과 부패로 가득하다. 어거스틴은 그 기원과 진행과 목적이 정 반대가 되는 두 도성에 대해서 저술한 일이 있다. 시편 87편의 기자도 이 세상의 도성과 대조적인 영광스러운 도성 시온에 대해서 기술했다.

1. 영광스러운 도성(1~3절)

"하나님의 성이여 너를 가리켜 영광스럽다 말하는도다"(3절) 시온 성은 영광스러운 도성이다. 왜 그런가? 첫째, 그 기지가 성산에 있기 때문이다(1절). 즉 주님이 계시는 거룩한 곳에 있기 때문이다. 둘째, 하나님께서 이 세상의 어느 도성보다 시온의 문들을 칭찬하시고 사랑하시기 때문이다(2절). 칭찬하신 이유는 이방의 사람들이 문으로 출입하였기 때문이다. 하나님의 칭찬과 사랑을 받는 대상만큼 영광스러운 대상은 없다. 하나님이 사랑하시는 대상은 무엇이나 영광스러운 존재가 된다. "내가 예루살렘을 즐거워하며 나의 백성을 기뻐하리니"(사 65:19). 여기 시온성은 신약시대의 교회를 가리키며 궁극적으로는 하늘의 도성을 가리킨다.

2. 만인의 도성(4~6절)

"거기서 났다 하리로다"(4절) 시온성은 이제 만인들이 알고 만인들이 속한 만인들의 도성이 된다. 이것은 놀라운 일이다. 라합(애굽)과 바벨론이 시온성을 안다고 하고 블레셋과 두로와 구스(에디오피아)는 시온의 소생이라고 부른다.

위의 나라들은 모두 시온의 대적들이었다. 이제는 그 관계가 달라졌다. 이 사람 저 사람이 너도나도 시온의 소생이라고 고백한다. 즉 열방이 자원하여 시온에 귀순하고 이방인들이 개종하여 이스라엘에 속하게 된다. 만인의 도성은 신약시대의 교회를 가리키며 궁극적으로는 하늘의 도성을 가리킨다. "각 나라와 족속과 백성과 방언에서 아무라도 능히 셀 수 없는 큰 무리가 … "(계 7:9).

3. 시온 백성의 노래(7절)

"나의 모든 근원이 네게 있도다"(7절) 여기 시온의 백성이 된 만인의 노래와 춤이 나온다. 시온은 만인의 찬양과 경배의 대상이 되었다. 여기 시온은 지상과 천상의 하나님 교회를 가리키고, 교회에 임재하시는 하나님 자신을 가리킨다고 할 수 있다. 사람의 모든 은혜와 축복의 근원은 교회에 있고 하나님 자신에게 있다.

오늘 하루도 시온의 백성된 우리는 구원과 생명과 모든 복의 근원이신 하나님으로 말미암아 기뻐하고 춤추며 노래하는 삶을 살아야겠다.

곤란 중에 부르짖은 비통한 기도

✱ 시편 88편 ✱

이 시편은 극도의 곤란 중에서도 하나님을 향해 쉬지 않고 부르짖으며 기도한 애도시이다. 시인은 자기가 당한 곤란들을 20여 가지로 하나하나 나열하며 하나님께 아뢰었고 그 곤란들이 하나님의 진노 때문으로 보았다. 그러나 이 시인은 절망하지 않고 하나님의 긍휼을 의지하며 올바른 목적을 가지고 계속해서 부르짖었다.

1. 나의 영혼에 곤란이 가득하며(1~18절)

이 시인은 극도의 곤란 중에서 그 곤란들을 하나하나 하나님께 아뢰었다. 그리고 그 곤란들이 우연히 생긴 것이 아니고 하나님의 진노 때문에 온 것임을 고백했다.

"나의 영혼에 곤란이 가득하며"(3절), "나의 생명은 음부에 가까웠사오니"(3절), "나는 무덤에 내려가는 자와 함께 인정되고"(4절), "힘이 없는 사람과 같으며"(4절), "사망자 중에 던지운 바 되었으며"(5절), "살육을 당하여 무덤에 누운 자 같으니이다"(5절),

"주의 손에서 끊어진 자니이다"(5절), "주께서 나를 깊은 웅덩이 어두운 곳 음침한 데 두셨사오며"(6절), "주의 노가 나를 심히 누르시고"(7절), "주의 모든 파도로 나를 괴롭게 하셨나이다"(7절), "주께서 나의 아는 자로 내게서 멀리 떠나게 하시고"(8절), "나로 저희에게 가증되게 하셨사오니"(8절), "나는 갇혀서 나갈 수 없게 되었나이다"(8절), "곤란으로 인하여 내 눈이 쇠하였나이다"(9절), "여호와여 어찌하여 나의 영혼을 버리시며 어찌하여 주의 얼굴을 내게서 숨기시나이까"(14절), "내가 소시부터 곤란을 당하여 죽게 되었사오며"(15절), "주의 두렵게 하심을 당할 때에 황망하였나이다"(15절), "주의 진노가 내게 넘치고"(16절), "주의 두렵게 하심이 나를 끊었나이다"(16절), "이런 일이 물같이 종일 나를 에우며 함께 나를 둘렀나이다"(17절), "주께서 나의 사랑하는 자와 친구를 내게서 멀리 떠나게 하시며 나의 아는 자를 흑암에 두셨나이다"(18절).

이 시인은 자기가 당하는 질병, 기근 또는 박해 등의 곤란이 소시 때부터 계속되었고, 점점 극심해져서 이제는 거의 죽게 되어 무덤에 묻힐 시체처럼 되었으며, 결국 친지들조차 자기를 멀리하였고, 하나님도 자기를 버린 것같이 되었다고 고백했다.

2. 여호와여 내가 매일 주께 부르짖으며(1~2, 9~12절)

이 시인은 극도의 곤란 중에서도 절망하지 않고 하나님께 부르짖었다. 하나님께 부르짖을 수 있는 것은 하나님의 은혜이다.

"나의 기도로 주의 앞에 달하게 하시며 주의 귀를 나의 부르짖음에 기울이소서"(2절). "내가 매일 주께 부르며 주를 향하여 나의 두 손을 들었나이다"(9절). 이 시인은 극도의 곤란 중에서도 원망이나 불평없이 그저 묵묵히 주야로 주의 앞에서 두 손을 들고 쉬지 않고 부르짖어 기도했다.

그의 기도 목적은 자신이 주의 구원함의 기사를 목격한 후 주를 찬양하고 주의 기사를 선포하는 데 있었다. "주께서 사망한 자에게 기사를 보이시겠나이까 유혼이 일어나 주를 찬송하리이까 주의 인자하심을 무덤에서, 주의 성실하심을 멸망 중에서 선포할 수 있으리이까"(10~11절).

3. 아침에 나의 기도가 주의 앞에 달하리이다(13~18절)

이 시편에는 다른 시편들에서 발견되는 고난과 기도 뒤에 오는 위로와 소망의 빛이 별로 비치지 않는다. 그저 처음부터 끝까지 곤란 중에서 부르짖는 고통의 기도로 일관한다. 그럼에도 불구하고 가느다란 믿음과 소망의 빛이 비추인다. 그것은 결국에 가서는 그의 고통과 비애의 기도가 하나님께 상달될 것이라는 믿음과 소망이다(13절). 여전히 절망적 고통이 계속되지만 이 시인은 "여호와여" "주께서"라고 계속해서 부르짖는다. 매일 주야로 그리고 아침에 일어나 두 손을 들고 하나님께 부르짖어 기도한다.

성도 여러분은 하나님의 은혜 가운데 살고 있는가?
우리가 처한 상황이 아무리 극할지라도 긍휼과 자비의 하나님을 의지하는 것 곧 그것이 은혜인 것을 이 새벽에 기억하자.

여호와의 인자하심과 성실하심을

✶ 시편 89편 ✶

이 시편의 기자는 어둡고 고통스러운 현실 가운데서도 여호와의 인자하심과 성실하심을 기억하고 찬양했다. 그 인자하심과 성실하심을 의지하면서 고통 중에 있는 선민을 구해 주시길 기원하며 하나님을 찬양했다.

1. 여호와의 인자하심과 성실하심을 노래하며(1~18절)

이 시편의 주제는 여호와의 인자하심과 성실하심이다(1, 2, 5, 8, 14, 24, 33절). 인자하심과 성실하심은 여호와 하나님의 속성이요 그 행사의 본질이다(14절). 그러므로 하나님의 지으심과 구원함을 받은 그의 백성들은 영원토록 여호와의 인자하심과 성실하심을 노래하며 찬양한다. 시편 136편은 매절마다 여호와의 인자하심을 찬양한다.

이 기자는 여호와의 인자하심과 성실하심을 영원히 그리고 대대에 노래하겠다고 고백했다(1~2절). 여호와의 인자하심과 성실하심은 하나님께서 언약을 맺으시고 맹세하신 대로, 다윗의 자손을 영원히 견고히 하고 그 위를 대대에 세우시는 데 있고(3~4절), 원수의 세력을 무너뜨리는 데 있으며 천지와 만물을 창조하시고 소유하시는 데 있다(9~13절).

여호와의 인자하심과 성실하심은 한 개인이 노래할 주제로 그치지 않는다. 하늘이 찬양할 주제요(5절), 거룩한 회중인 천군천사가 찬양할 주제이며(5~8절), 남방의 다볼산과 북방의 헐몬산이 찬양할 주제이다(12절).

여호와의 인자하심과 성실하심을 노래할 줄 아는 백성은 유복한 백성이다. 저들은 주의 얼굴 빛에 다니며 종일 주의 이름을 기뻐하며 주의 의로 높임을 받게 된다(15~17절).

2. 나의 성실함과 인자함이 저와 함께하리니(19~37절)

여기서 이 시편의 기자는 다윗에게 베푸신 하나님의 인자하심과 성실하심으로 감사하며 감격했다. 그를 택하여 능력있게 하셨다(19~21절). 그의 원수들을 물리쳐 주셨다(22~23절). 여호와의 인자하심과 성실하심이 다윗과 함께하므로 그가 높아지고 그 세력이 확장되었다(24~25절). 그는 하나님을 아버지라 부르고 하나님은 그를 장자로 삼아 열방의 으뜸이 되게 하셨다. 그리고 그 후손을 영구케 하셨다(26~29절). 만일 그 자손이 죄를 범할 때는 징벌을 받지만 여호와의 인자하심과 성실하심을 아주 거두지는 않고 은혜를 베풀어서 그 자손이 장구하게 될 것이다(30~37절).

3. 그러나 여호와여 언제까지니이까?(38~52절)

여기서 시인은 어둡고 고통스러운 현실을 여호와께 아뢰면서 하나님께서 그의 선민을 고통 중에서 구원해 주실 것을 간구했다. 여호와께서 기름부어 세우신 왕에게 노하셔서 그를 물리치시고(38절), 그를 욕되게 하셨으며(39절), 성벽을 파괴시키셨고(40절), 이방인들에게 조소를 받게 하셨다(41절). 원수로 이기게 하셔서 다윗의 나라를 단명케 하셨다(42~44절). 이 시인은 여기서 이렇게 부르짖었다. "여호와여 언제까지니이까 스스로 영원히 숨기시리이까 주의 노가 언제까지 불붙듯 하시겠나이까"(46절). "주여 주의 성실하심으로 다윗에게 맹세하신 이전 인자하심이 어디 있나이까"(49절). 여기서 시인은 탄식하면서도 여호와의 인자하심과 성실하심을 기억하고 붙잡는다. 그러면서 주의 종들이 받은 훼방을 기억해 달라고 호소했다(50절).

"여호와를 영원히 찬송할지어다 아멘 아멘"(52절) 어두운 고통 중에서 부르짖으며 호소하다가도 이 시인은 회의나 불평으로 마치지 않고 결국 하나님의 인자하심과 성실하심을 기억하며 하나님을 찬양하는 것으로 마쳤다.

하나님의 인자하심과 성실하심은 영원하다. 오늘 이 새벽 우리는 어둡고 고통스러운 현실을 하나님께 아뢰고 그의 인자와 성실하심을 기억하면서 그 하나님을 찬양하자.

〈하나님의 영원하심과 인생의 무상함〉
주의 은총을 우리에게
※ 시편 90편 ※

이 시편의 표제는 "하나님의 사람 모세의 기도"이다. 모세는 "하나님의 사람"이었고, "기도하는 사람"이었다(렘 15:1). 얼마나 복된 일인가? 하나님의 사람 모세의 기도는 두 부분으로 나뉘어져 있다.

1. 주여! 주는(1~9절)

첫 부분에서 하나님의 사람 모세는 먼저 하나님이 어떠한 분인가를 고백했다. 하나님은 모세의 주님이시었다. 이 부분(1~9절)에서 모세는 "주여" "주는" "주께서" "주의"라는 말들을 열세 번이나 반복했다. 하나님을 자기의 주님으로 알고 고백할 수 있는 사람은 복된 사람이다. 모세가 주님이라고 고백한 하나님은 과연 어떤 분이시었는가?

(1) "주여 주는 대대에 우리의 거처가 되셨나이다"(1절) 인생은 이곳저곳을 옮겨다니는 나그네이지만 하나님은 인생의 영주지와

거주지가 된다. 영원부터 영원까지 주는 산과 땅과 세계를 조성하신 〈창조주〉 하나님이시다(2절).

(2) "주께서 사람을 티끌로 돌아가게 하시고"(3절, 창 3:19) "주의 목전에는 천 년이 지나간 어제 같으며 밤의 한 경점 같을 뿐임이니이다"(4절). "주께서 저희를 홍수처럼 쓸어 가시나이다"(5절).

(3) "우리는 주의 노에 소멸되며 주의 분내심에 놀라나이다"(7절) "주께서 우리의 죄악을 주의 앞에 놓으시며"(8절). "우리의 모든 날이 주의 분노 중에 지나가며 우리의 평생이 일식간에 다하였나이다"(9절).

2. 우리의 연수(10~17절)

하나님이 어떤 분이심을 바로 알고 고백하는 사람은 자기 자신을 바로 알게 되며 자기 자신에 대한 바른 기도를 드릴 수 있게 된다. 모세는 여기서 그의 관심을 "주님"으로부터 "우리"에게로 돌렸다. 이 둘째 부분에서 모세는 "우리" 또는 "주의 종들"이라는 말을 열다섯 번이나 사용하며 "우리"의 진정한 모습이 무엇임을 고백했고, "우리"를 위한 바른 기도를 드렸다. "우리"에 대한 모세의 고백은 무엇이었으며, "우리"를 위한 모세의 기도는 무엇이었는가?

모세는 무엇보다 먼저 인생의 무상함을 고백했다. 모세는 광야에서 무수한 죽음을 목격하며 인생의 무상함을 절감했을 것이다. "우리의 연수가 칠십이요 강건하면 팔십이라도 그 연수의 자랑은 수고와 슬픔뿐이요 신속히 가니 우리가 날아가나이다"(10절, 시 39:5). 그리고 세 가지 기도를 드렸다.

(1) "우리에게 우리 날 계수함을 가르치사 지혜의 마음을 얻게 하소서"(12절) 즉 인생이 얼마나 짧고 허무한 사실을 알고 인생의 날들을 헛되이 보내지 않게 가르쳐 달라고 기도했다.

(2) "여호와여 돌아오소서 … 주의 종들을 긍휼히 여기소서"(13절) "아침에 주의 인자로 우리를 만족케 하사 우리 평생에 즐겁고 기쁘게 하소서"(14절). "우리를 곤고케 하신 날수대로와 우리의 화를 당한 연수대로 기쁘게 하소서"(15절).

(3) "주의 행사를 주의 종들에게 나타내시며 주의 영광을 저희 자손에게 나타내소서"(16절) 자손들을 통해 주의 영광이 나타나기를 기도드렸다. "주 우리 하나님의 은총을 우리에게 임하게 하사 우리 손의 행사를 견고케 하소서"(17절).

하나님은 나에게 과연 누구이신가?

하나님을 바로 알 때 내가 누구인지 알게 되며 무엇을 기도해야 할지도 알 수 있게 된다. 우리도 모세처럼 하나님의 사람으로 기도하는 사람이 되어야 할 것이다. 부르짖는 기도로 이 새벽을 깨우시기 바란다.

저는 나의 피난처시요

* 시편 91편 *

시편 90편에서 모세는 "주여" "주는" "주께서" "주의"라는 말을 열세 번이나 반복했고 "우리" 또는 "주의 종들"이라는 말도 열다섯 번이나 사용했다. 주님을 바로 알 때 우리 자신을 바로 알게 되며, 주님을 바로 고백할 때 우리에 대한 바른 기도를 드리게 된다.

시편 91편은 90편에 이은 모세의 시라고도 하지만 작자 미상의 시로 알려져 있다. 시편 91편에서 시인은 하나님을 "나의" 하나님이라고 친밀하게 고백했고(2, 9절), 하나님은 마찬가지로 "너를" 건지신다고 친밀하게 약속했다(3, 4, 11, 12, 14, 15, 16절).

1. 저는 나의 피난처시요(1~13절)

이 시편 기자는 첫머리에서 인생이 피할 처소와 거할 처소는 하나님의 은밀한 곳이며 하나님의 그늘 아래임을 고백했다(1절). "저는 나의 피난처요 나의 요새요 나의 의뢰하는 하나님이라"(2절). "여호와는 나의 피난처시라 하고 지존자로 거처를 삼았으므로"(9절).

이렇게 하나님이 "나의" 피난처요, 요새라고 고백하고 하나님을 거처로 삼고 하나님께 피한 자만이 안전하며 건지심을 받는다.

첫째, "저가 너를" 새 사냥꾼의 올무에서 건지신다(3절). 올무는 속여서 거꾸러뜨리는 것이기 때문에 노골화한 위험보다 더 무섭다.

둘째, "저가 너를" 극한 염병에서 건지신다(3절). 염병은 특별히 위험한 병이었다. 하나님은 그를 의지하고 그에게 피하는 자들을 위험한 병에서도 건지신다.

셋째, "저가 너를" 만인이 당하는 갖가지 재앙에서 건지신다(5~7절). "밤에 놀램과 낮에 흐르는 살과 흑암 중에 행하는 염병과 백주에 황폐케 하는 파멸" 등의 재앙에서 건지신다.

넷째, 악인이 당하는 갖가지 보응과 화와 재앙에서 건지신다(8~13절). "화가 네게 미치지 못하며 재앙이 네 장막에 가까이 오지 못하리니"(10절), "네가 사자와 독사를 밟으며 젊은 사자와 뱀을 발로 누르리로다"(13절).

2. 내가 저를 건지리니(14~16절)

이 부분에서는 하나님이 친히 말씀하신다. 하나님을 의뢰하는 자들은 하나님이 건지시고 높이시며 응답하시고 영화롭게 하시며 만족케 하신다고 약속하신다. 하나님은 자기를 의뢰하는 자들에게 구원의 은혜를 베푸시기를 기뻐하시는 분이시다.

첫째, "내가 저를 건지리라"고 약속하신다(14절).

둘째, "내가 저를 높이리라"고 약속하신다(14절).

셋째, "내가 응답하리라"고 약속하신다(15절).

넷째, "내가 저를 건지고 영화롭게 하리라"고 약속하신다(15절).

다섯째, "내가 장수함으로 저를 만족케 하며 나의 구원으로 보이리라"고 약속하신다(16절).

장수는 분명히 하나님의 선물이다(잠 16:31, 엡 6:2~3). 그러나 여기서 장수는 반드시 육신적 삶의 장수만을 의미하지는 않는다. 본질적으로는 영적 삶의 장수가 진정한 복이라고 말할 수 있다.

하나님을 의뢰하고 하나님께 피하는 자는 어떤 사람인가? 하나님을 사랑하고 하나님의 이름을 아는 자이며 하나님께 간구하는 사람이다. 오늘 하루도 하나님으로 피난처를 삼으시는 여러분이 되기를 바란다.

감사하며 찬양함이 좋으니이다

✱ 시편 92편 ✱

시편 92편은 안식일의 찬송시이다. 안식일은 하나님께 감사와 찬양을 드리는 날이다. 안식일뿐 아니다. 감사와 찬양은 성도들이 날마다 그리고 영원토록 하나님께 드려야 할 본분이다. 감사와 찬양은 어떤 의미에서 기도보다 우월하다.

1. 여호와께 감사하며 찬양함이 좋으니이다(1~3절)

"여호와께 감사하며"(1절) 성도가 하나님께 감사와 찬양을 드리는 것은 좋은 일이다. 믿음이 깊은 성도는 감사하며 찬양하기를 좋아한다. 자기 자신의 음성은 물론 모든 악기를 동원하여 총체적으로 마음껏 감사하며 찬양하기를 좋아한다. 감사와 찬양의 주제는 주의 인자하심이요 주의 성실하심이다. 아침에 주의 인자하심을 감사하고 찬양하며, 밤에 주의 성실하심을 감사하고 찬양한다.

2. 주의 행사를 인하여 내가 높이 부르리이다(4~6절)

"주의 손의 행사를 인하여"(4절) 성도가 하나님께 감사와 찬양을 드려야 할 또 하나의 이유는 하나님께서 크신 구원의 행사를 성도들에게 나타내셨기 때문이다.

주님은 크신 행사를 나에게 베푸심으로 나를 기쁘게 하셨다. 그러므로 나는 큰소리로 감사와 찬양을 하나님께 드린다. "주의 행사가 어찌 그리 크신지요"(5절). 믿음이 깊은 성도가 주께서 베푸신 행사를 묵상하면 할수록 너무나 크고 깊다는 사실을 발견한다(시 139:17~18). 그래서 감사하고 찬양한다. 그러나 미련한 자는 그것을 깨닫지 못한다. 물론 감사도 찬양도 없다.

3. 악인은 멸망하나 의인은 흥왕하리로다(7~15절)

"악인은 풀같이 생장하고 … 다 흥왕할지라도"(7절) 성도가 하나님께 감사와 찬양을 드려야 할 또 하나의 이유는 악인은 흥왕하는 것 같지만 결국 망하고, 의인은 고난을 당하는 것 같지만 결국 하나님의 궁정에서 흥왕한다는 사실을 믿는 믿음이 있기 때문이다. 악인의 생장은 풀과 같다. 즉 신속한 듯이 무성한 듯이 보이지만 곧 마르고 사라지고 만다. 하나님만이 영원하시고 지존하시다.

"그러나 주께서 내 뿔을 … 높이셨으며"(10절) 하나님은 하나님을 의지하는 의인들을 높이 드신다. 신성한 기름을 부으신다.

"의인은 종려나무같이 번성하며 레바논의 백향목같이 발육하리로다"(12절) 종려나무와 백향목같이 번성하게 하신다. 그리고 백향목같이 향기롭고 곧고 단단한 재목이 되게 하신다. 더욱이 그 나무들이 하나님의 궁정에 심기웠으므로 더욱 더 번성하게 된다.

"늙어도 결실하며"(14절) 성도는 늙어도 쇠하지 않고 결실한다.

성도는 이 세상을 떠나도 영원토록 영생하며 결실한다. 그것이 또한 감사와 찬양의 조목이 된다.

오늘 하루도 성도의 감사와 찬양받으시기를 기뻐하시는 하나님께 감사와 찬양을 드리기 바란다.

여호와는 왕이시라

✳ 시편 93편 ✳

양에게 목자가 필요하듯이 우리 사람들에게는 통치자가 필요하다. 선한 통치자들도 있지만 악한 통치자들도 있다. 한 나라 백성들의 행복은 선한 통치자를 갖는 데 있다.

1. 여호와께서 통치하시니(1~2절)

"여호와께서 통치하시니 … 요동치 아니하도다"(1절) 여호와 하나님을 통치하시는 왕으로 모신 나라와 백성들은 복된 나라와 백성들이다. 하나님을 왕으로 모신 나라는 견고히 서고 요동치 않는다. 하나님의 통치권이 다른 데서 온 것이 아니고 "스스로" 권위를 입으셨기 때문이다. 하나님은 우주의 통치자로서의 권위와 영광을 스스로 갖고 계신다. 하나님은 또한 세상을 창조하시고 유지하시는 능력을 갖고 계신다.

"주의 보좌는 예로부터 견고히 섰으며"(2절) 하나님의 통치는 영원부터 영원까지 이른다. 하나님의 통치는 세상의 통치자와 같이 잠간 동안의 임기가 아니다. 옛날부터 우주를 창조하시고 통치하시는 하나님이 앞으로도 영원토록 통치하시고 다스리신다. 그러므로 우리는 이렇게 고백한다. "여호와는 왕이시라".

2. 여호와의 능력은 큰 파도보다 위대하시니이다(3절)

"여호와여 큰 물이 소리를 높였고"(3절) 이 세상에는 하나님의 통치에 대항하는 열방의 세력들이 항상 요동한다. 유브라데강이 요동하고 나일강이 요동한다. 파도와 같은 열방의 세력이 흉용한다. "큰 물이 소리를 높였고"라고 세 번씩 반복할 정도로 하나님을 대항하는 세상의 세력들이 극심하게 요동한다.

"여호와의 능력은 … 큰 파도보다 위대하시니이다"(4절) 세상의 물결이 아무리 요동해도 두려워 할 필요도 없고 당황할 필요도 없다. 여호와의 능력이 큰 파도보다 위대하시기 때문이다. 그러므로 우리는 이렇게 고백한다. "여호와는 왕이시라".

3. 여호와여 주의 증거하심이 확실하고 영구하리이다(5절)

"여호와여 주의 증거하심이 확실하고 … 영구하리이다"(5절) 여기서 주의 백성들은 하나님의 신실하심과 거룩하심을 찬양하며 하나님의 영원하심을 축원한다. 하나님의 통치를 받는 그의 백성들은 하나님의 말씀이 확실함을 발견하고 이를 찬양한다(시 19:7).

그리고 하나님의 거룩하심을 체험하고 이를 높이 찬양한다. 주의 증거와 거룩함은 영원하도다. 그러므로 우리는 이렇게 고백한다. "여호와는 왕이시라".

주의 백성된 성도는 왕이신 하나님의 통치와 다스림 안에 거하는 자이다. 우리는 이 시간 여호와 하나님을 왕으로 모시고 살고 있는지 생각해 보고, 왕이신 하나님이 우리의 하루를 전적으로 책임져 주시기를 의탁하자.

보수하시는 하나님이여

* 시편 94편 *

이 시편은 누가 언제 어디서 썼는지 알 수 없고 박해자가 누구였는지도 분명치 않다. 다만 수난을 당하던 한 성도가 하나님을 향하여 부르짖으며 하나님께 대한 그의 신앙을 고백한 시라고 하겠다.

1. 여호와여 보수하시는 하나님이여(1~6절)

"악인이 언제까지"(3절) 사방에서 악인들이 일어나 개가를 부르며 하나님을 대적하고 사람들을 죽이면서 이 시인을 괴롭히고 있었다. 악인들은 우선 하나님을 대적하는 교만과 오만과 자긍의 죄를 범했다. 하나님이 가장 미워하시는 죄였다. 그들은 또한 성도들과 가난한 사람들을 괴롭히고 죽이는 살인죄를 범했다. 하나님이 아주 미워하시는 죄였다.

"여호와여 보수하시는 하나님이여"(1절) 그러나 이 시인은 하나님께서 보수하시는 하나님이심을 믿고 고백하며 하나님께서 일어나서 교만한 자에게 상당한 형벌 주시기를 간구했다. 캄캄한 불신앙의 밤에 이 시인은 하나님에 대한 올바른 신앙을 고백했다.

2. 여호와께서 아시느니라(7~11절)

"말하기를 여호와가 보지 못하며"(7절) 사방에서 악인들이 일어나 악을 자행하며 하나님이 그들의 악행을 보지 못한다고 지껄여 댔다. 세상에는 이렇게 대담하고 뻔뻔하게 죄를 범하는 사람들이 많이 있다.

"여호와께서 … 아시느니라"(11절) 그러나 이 시인은 귀를 지으신 창조주가 듣지 아니하시는 것이 없고, 눈을 지으신 창조주 하나님께서 보지 못하시는 것이 없으며, 온 세계와 나라들을 다스리시는 통치자 하나님께서 범죄한 나라들을 징치하시지 아니하시는 것이 없음을 믿고 고백했다. 하나님께서 사람의 모든 허무한 생각과 행동을 다 아신다고 고백했다.

"나 여호와는 심장을 살피며 폐부를 시험하고"(렘 17:10). "여호와는 지식의 하나님이시라 행동을 달아보시느니라"(삼상 2:3). 이 시인은 무지한 불신앙의 밤에 "여호와께서 아시느니라"라고 하나님에 대한 올바른 신앙을 고백했다.

3. 여호와는 나의 산성이시요 피할 반석이시라(12~23절)

"여호와여 주의 징벌을 당하며 … 교훈하심을 받는 자가 복이 있나니"(12절) 수난을 당하는 이 시인은 결국 하나님께서 자기에게 복을 베푸시고, 자기에게 평안을 주시고, 자기를 버리지 아니하시고, 자기의 의가 승리하게 하시고, 자기에게 도움이 되시고, 자기를 붙드시고, 자기 영혼을 즐겁게 하시는 자기의 산성이시고, 자기의 피할 반석이심을 믿고 고백했다.

지금 당하는 징벌이 결국 복이 된다(12절). 환난 중에서도 평안을 누리게 하신다(13절).

하나님은 결국 자기 백성을 버리지 아니하시며(14절), 공의가 승리하게 하신다(15절). 또한 하나님은 나의 발이 미끄러진다 말할 때에 넘어져 망하지 않도록 나의 발을 붙드신다(17~18절). 여러 가지 복잡한 생각이 일어날 때에도 주의 위로와 즐거움을 얻게 하신다(19절). 결국 이 시인은 하나님께서 자기의 산성이시고 자기의 피할 바위이심을 믿고 고백했다. 무질서한 환난의 밤에 하나님에 대한 올바른 신앙을 고백했다.

심장을 살피고 폐부를 시험하시는 하나님은 죄와 악을 미워하시며 원치 않으신다.

전지전능하신 하나님 앞에 드러나지 않을 우리의 삶의 모습이 없다는 사실을 기억하고 오늘 하루도 죄와 악을 행치 않기를 바란다.

오라 우리가 여호와께 노래하며

✱ 시편 95편 ✱

이 시편은 다윗의 시라고 알려져 있는 데(히 4:7) 예배용 시가(시 95~100편) 중의 하나로 사용되었다.

1. 오라 우리가 여호와께 노래하자(1~5절)

"오라 우리가 여호와께 노래하며"(1절) 이 시편 기자는 하나님의 백성들을 향해 모두 와서 하나님께 즐거운 노래를 부르자고 권면했다. 하나님은 우리의 찬송의 대상이시다. 하나님은 너무나 위대하시기 때문에 사람이 혼자서 그를 찬송하기는 모자란다. 그래서 이 시편 기자는 모든 성도들이 찬송에 참여하게 했다. 찬송을 부르되 즐거운 마음으로 그리고 감사한 마음으로 찬송을 부르자고 권면했다.

"오라 … 우리 구원의 반석을 향하여"(1절) 하나님을 찬송해야 할 이유로 ① 하나님은 구원의 하나님이시기 때문이다(1절) ② 여호와는 크신 하나님이시요 크신 왕이시기 때문이다(3절) ③ 하나님은 만물을 지으신 창조주이시기 때문이다(4~6절).

2. 오라 우리가 여호와께 경배하자(6~11절)

"오라 우리가 굽혀 경배하며"(6절) 이 시편 기자는 또한 하나님의 백성들을 향해 모두 와서 하나님께 경배하자고 권면했다. 하나님은 우리의 경배 대상이시기 때문이다. 하나님은 너무나 위대하시기 때문에 사람이 혼자서 그를 경배하기는 모자란다. 그래서 이 시편 기자는 모든 성도들이 경배에 참여하게 했다. 경배를 하되 허리를 굽히고 무릎을 꿇으며 경배하자고 권면했다. 굽혀 경배한다는 말은 정성을 다해서 그리고 겸손한 자세로 경배한다는 뜻이다.

"대저 저는 우리의 하나님이시요 우리는 그의 기르시는 백성이며 그 손의 양이라"(7절) 하나님을 경배해야 할 이유로 첫째, 저는 우리의 하나님이시기 때문이다. 둘째, 우리는 그의 기르시는 백성이요 그 손의 양이기 때문이다. "너희가 오늘날 그 음성 듣기를 원하노라"(7절). 하나님을 경배하되 허리를 굽혀 무릎을 꿇고 경배할 뿐 아니라 그의 음성을 듣고 순종하면서 경배하자고 권면했다. 하나님께서는 순종을 제사보다 낫게 여기신다(삼상 15:22~23).

"너희 마음을 강퍅하게 말지어다"(8절) 여기서 이 시편 기자는 옛날 이스라엘 백성들이 광야에서 하나님을 불순종하다가 마음이 강퍅해졌고, 하나님을 시험(의심)했으며 마음이 미혹되었다. 그래서 하나님의 안식에 들어가지 못한 것을 거울 삼으라고 경고했다.

우리는 시편 95편에서 신자가 힘써할 일 세 가지를 발견한다.

첫째는 모두 함께 하나님을 찬송하는 일이다.

둘째는 모두 함께 하나님을 경배하는 일이다.

셋째는 모두 함께 하나님을 순종하는 일이다.

이와 같은 세 가지 일은 예배시간에 힘써 할 일이며 일상 생활에서도 힘써 할 일이다.

예배와 삶속에서 찬양과 경배로 하나님께 더 가까이 나아가야 한다. 이 새벽에 하나님께 더 가까이 나아가자.

새 노래로 여호와께 노래하라

✱ 시편 96편 ✱

이 시편도 95편과 같은 예배용 시가(1~5절) 중의 하나이다. 95편을 (1) 여호와께 노래하자(1~5절) (2) 여호와께 경배하자(6~11절)로 나누어 생각했던 것처럼, 96편 역시 두 부분 또는 세 부분으로 나누어 생각할 수 있다. 인생의 본분은 하나님을 찬양하고 하나님을 경배하는 것이다. 기독교는 찬양의 종교이다.

1. 여호와께 노래하라(1~6절)

"여호와께 노래하라 온 땅이여 여호와께 노래할지어다"(1절) 구원 받은 하나님의 백성들과 지음받은 온 땅이 해야 할 일은 여호와께 노래하는 일이다. "새 노래로 여호와께 노래하라"(1절). 여호와께 노래하되 특별히 "새 노래"로 노래하라고 했다. 즉 새로운 은혜를 경험하고 새로운 감격으로 노래하라고 했다. 예레미야는 이렇게 고백했다. "여호와 하나님의 자비와 긍휼이 … 아침마다 새로우니 주의 성실이 크도소이다"(애 3:22~23).

우리는 새로운 일들 때문에 새로운 은혜를 경험할 수도 있지만 같은 상황과 형편 가운데서도 하나님의 은혜를 새롭게 경험할 수 있다.

우리는 그저 하나님께 노래하여야 하며 그 이름을 송축해야 한다. "그 구원을 날마다 선파할지어다 … 선포할지어다"(2~3절). 여호와께 노래하고 찬양할 우선적인 주제는 구원이다. "큰 소리로 외쳐 가로되 구원하심이 보좌에 앉으신 우리 하나님과 어린양에게 있도다"(계 7:10). 구원을 노래할 뿐 아니라 전파하여야 한다. 즉 남들에게 널리 간증하여야 한다. 감격에 넘친 찬양은 간증이 되고 전도가 된다.

"여호와는 광대하시니"(4절) 하나님을 찬양해야 할 두 번째 주제는 하나님의 광대하심과 위대하심이다. 하나님은 모든 신보다 크시다. 하나님은 하늘을 지으셨다. 하나님은 존귀와 위엄으로 옷 입으셨다. 하나님의 능력과 아름다움이 성소에 나타난다.

2. 여호와께 경배하라(7~10절)

"만방의 족속들아 영광과 권능을 여호와께 돌릴지어다"(7절) 이 세상의 나라들은 일반적으로 다른 신들을 섬기며 신들과 통치자 자신들에게 영광과 권능을 돌린다. 여기서 시인은 나라마다 하나님께 영광과 권능을 돌리고 민족마다 하나님을 경배하라고 권고했다. 영광을 돌리며 경배하되 ① 예물을 가지고 주 앞에 나아가서 영광을 돌리고(8절) ② 아름답고 거룩한 옷을 입고 여호와께 경배하고(9절) ③ 주 앞에서 떨며 경배하고(9절) ④ 여호와의 통치하심을 전파하며 경배하라(10절)고 권고했다.

3. 기뻐하고 즐거워하라(11~13절)

"하늘은 기뻐하고 땅은 즐거워하며"(11절) 이 시인의 찬양은 이스라엘과 땅으로부터 시작하여 열방에 미쳤고 다시 하늘과 땅에 이르렀다. 피조물은 모두 하나님의 창조와 구원 사역을 기뻐하고 즐거워하며 하나님을 찬양하고 경배하여야 할 존재들이다. 하늘도 땅도 바다와 거기 충만한 것과 밭과 그 가운데 있는 모든 것들과 그리고 삼림의 나무들이 기뻐하고 즐거워하며 하나님을 찬양하고 경배할 존재들이다.

"저가 임하시되"(13절) 찬양의 주제는 하나님이 하늘과 땅과 바다에 임재하셔서 심판과 아울러 구원의 은혜를 베푸시는 것이다.

사람과 하늘 그리고 만물이 지음받은 목적은 하나님을 찬양하는 데 있다. 날마다 새로운 은혜를 베푸시는 하나님을 기뻐하고 즐거워하며 찬양하는 하루가 되기를 바란다.

여호와께서 통치하시니

✽ 시편 97편 ✽

이 시편도 93편과 같이 "여호와께서 통치하신다"는 사상을 주제로 한다. 하나님께서 우주와 인생을 통치하시는 사실로 인해 성도들은 기뻐하며 하나님을 경배한다.

1. 땅은 즐거워하고 섬은 기뻐하라(1~6절)

"여호와께서 통치하시나니"(1절) 성도의 기쁨은 하나님이 우주와 인생을 통치하신다는 사실을 깨닫고 인정하고 그 통치에 순복하는 데 있다. 부활의 주님은 열한 제자들에게 하늘과 땅의 통치권이 자기에게 주어진 사실을 알리셨다(마 28:18).

승천의 주님은 밧모섬에 갇힌 사도 요한에게 역사의 처음과 나중이 그리고 사망과 음부의 권세가 자기에게 주어진 사실을 알리셨다(계 1:17~18). 독재자나 사단이 세상을 통치하지 않고 하나님과 어린양이 통치하신다는 사실을 아는 것보다 더 큰 즐거움과 기쁨은 없다.

"땅은 즐거워하며 허다한 섬은"(1절) 이 세상에서는 모든 사람들이 함께 기뻐할 일들이 그리 많지 않다. 예를 들어 축구경기 하나만 보더라도 한국이 기뻐하면 일본이 싫어하고 일본이 기뻐하면 한국이 싫어한다. 그러나 땅과 섬들이 모두 함께 기뻐할 일이 있다. 그것은 하나님이 우주와 인생을 통치하신다는 사실이다. 하나님의 통치가 때로는 구름과 흑암에 둘렸지만(창 37:24, 욥 23:8~9, 단 6:16), 통치의 기초는 "의와 공평"으로 만들어져 있다. 하나님의 통치는 의롭고 공평하시다. 그러므로 땅과 섬들은 즐거워하고 기뻐한다.

"불이 그 앞에서 발하여 그의 번개가 세계를 비추니"(3~4절) 하나님의 통치는 또한 '불'이나 '번개'와 같이 능력과 위엄을 갖고 나타나신다. 그러므로 모든 대적은 그 앞에서 소멸되고 녹아버린다. 하나님의 통치는 그의 백성들에게는 즐거움과 기쁨이 되지만 그의 대적들에게는 두려움과 멸망이 된다.

"하늘이 그 의를 선포하니 모든 백성이 그 영광을 보았도다"(6절) 하나님의 의로운 통치를 하나님 스스로 나타내실 뿐 아니라 그의 피조물인 하늘도 나타내 보인다. 하늘에 나타난 하나님의 통치의 영광을 모든 백성들이 목격한다.

2. 여호와께 경배하라(7~12절)

"너희 신들아 여호와께 경배하라"(7절) 하나님이 통치하신다는 사실을 깨닫고 인정하는 자들은 하나님께 순복하며 하나님을 경배한다. 경배한다는 말은 무릎을 꿇고 하나님을 높이며 찬양한다는 것이다. 여기서 시인은 사신과 우상을 섬기던 자들도 그것을 버리고 하나님을 경배하라고 충고한다. 심판의 마지막 날에는 거짓 신들까지도 하나님을 경배하여야 한다고 권고한다.

"주의 판단을 시온이 듣고"(8절) 여기서 시인은 성도들이 하나님의 통치하심을 기뻐하며 여호와를 경배해야 할 이유를 다시금 나열한다. 첫째, 하나님의 판단이 공평하시기 때문이다(8절). 둘째, 하나님이 온 땅 위에 지존하시기 때문이다(9절). 셋째, 하나님이 성도의 영혼을 보전하시고 건지시기 때문이다(10절). 넷째, 하나님이 성도들을 위하여 빛을 뿌리시고 기쁨을 뿌리시기 때문이다(11절). 의인들과 마음이 정직한 자들을 위하여 빛과 기쁨을 뿌리시는 하나님은 얼마나 멋진 하나님이신가!

"의인이여 너희는 여호와로 인하여 기뻐하며 그 거룩한 기념〈이름〉에 감사할지어다"(12절) 하나님의 백성들은 여호와께서 통치하신다는 사실로 인하여 기뻐하며 감사할 것이다. "항상 기뻐하라 쉬지 말고 기도하라 범사에 감사하라"(살전 5:16~18).

하나님은 의인을 위해 의로운 통치를 행하신다. 하나님의 통치 아래 있는 주의 백성된 우리는 의를 행하며 하나님을 경배하는 하루의 삶이 되기를 바란다.

새 노래로 여호와께 찬송하라

✶ 시편 98편 ✶

이 시편도 예배용 시가(95~100편) 중의 하나이다. 인생의 본분은 하나님을 찬양하고 경배하는 것이다. 기독교는 찬양의 종교이다.

1. 기이한 행적을 찬양하라(1~3절)

"새 노래로 여호와께 찬송하라"(1절) 구원받은 하나님의 백성들의 할 일은 여호와께 찬양하는 일이다. 여호와께 찬양하되 특별히 "새 노래"로 찬양하라고 했다. 즉 새로운 은혜를 경험하고 새로운 감격으로 노래하라고 했다.

"대저 기이한 일을 행하사"(1절) 하나님이 이루신 구원의 행적은 기이하다. 출애굽, 바벨론의 구원 행적이 기이했고, 성육과 십자가의 죽으심과 부활을 통한 구원의 행적도 기이했다.

"예수는 기이하게 사셨고, 기이하게 죽으셨고, 기이하게 부활하셨고, 기이하게 승천하셨다. 그는 신성한 능력으로 기이한 일을 행하실 성령을 보내셨고, 그 신성한 능력을 힘입어 사도들로 기이한 일들을 행하게 하여 온 세상을 놀라게 했다"(스펄젼).

"그 오른손과 거룩한 팔로"(1절) 하나님이 이루신 구원의 행적은 오직 그의 손과 팔의 능력으로 이루셨다. 그의 손은 창조와 구원과 치유와 위로와 인도와 보호를 의미하고 거룩한 팔은 신적 능력의 방편을 의미한다.

"자기를 위하여 구원을 베푸셨도다"(1절) 인간 구원의 궁극적 목적은 하나님의 영광을 드러내는데 있다. 그래서 하나님은 그가 베푸시는 구원의 행적을 온 세상에 나타내셨다(2절).

"저가 이스라엘 집에 향하신 인자와 성실을 기억하셨으므로"(3절) 하나님이 이루신 구원의 행적은 그의 백성의 의로움 때문이 아니었다. 그의 백성에 대한 하나님 자신의 인자와 성실에 근거한 것이었다.

2. 만민들아 찬양하라(4~6절)

"온 땅이여 여호와께 즐거이 소리할지어다"(4절) 하나님의 구원 행적은 이스라엘 백성뿐 아니라 땅 끝에 있는 만민들이 즐거이 노래할 주제이다. 하나님이 베푸시는 구원은 특수층을 위한 특별한 것이 아니라 만민들을 위한 보편적인 것이기 때문이다.

"힘차게 노래하라. 용기 있게 노래하라. 반쯤 죽은 듯, 반쯤 자는 듯한 찬양을 하지 말라. 원기 왕성하게 목소리를 높이라. 너의 큰소리를 두려워 말라. 그것이 들킬까봐 부끄러워 말라. 네가 사단의 노래를 부르던 것보다 더 크게 부르라"(웨슬레).

"수금으로 여호와를 찬양하라"(5절) 소리로 노래하고 그 다음에는 악기를 동원해서 찬양해야 한다. 만 입이 있어도 부족하기 때문이다. 하나님을 찬양하는 사람들은 비파와 수금을 그냥 잠재워 둘 수가 없다. 현악기뿐 아니라 관악기와 타악기도 모두 동원되어야 한다.

3. 만물들아 찬양하라(7~9절)

"바다와 거기 충만한 것과 세계와 그중에 거하는 자는 다 외칠지어다"(7절) 하나님을 찬양함은 만민들뿐 아니라 만물도 함께해야 한다. 여호와 하나님은 만민의 주이신 동시에 만물의 주인이시기 때문이다. "이는 만물이 주에게서 나오고 주로 말미암고 주에게로 돌아감이라"(롬 11:36). 범죄한 인간은 찬양을 중단했지만 만물은 지금도 하나님을 계속 찬양하고 있다. 영적인 눈과 귀가 열려져 있는 시인은 그것을 알아차렸다. 구원과 함께 하나님의 판단이 찬양의 주제가 된다.

오늘 새벽 우리는, 만민의 주이시고 만물의 주인이신 하나님께 새 노래로 찬양하자.

그는 거룩하시도다

✱ 시편 99편 ✱

이 시편에 "하나님을 경배(찬송)할지어다 그는 거룩하시도다"라는 고백이 후렴처럼 세 번 나온다. "거룩하다"는 말은 "구별되다" "특별하다"는 의미를 포함한다. 그리고 하나님을 찬송하고 경배하여야 할 이유들을 세 가지로 나열했다.

1. 여호와께서 통치하시니 (1~3절)

"여호와께서 통치하시니"(1절) 하나님을 찬송하고 경배하여야 할 첫째 이유는 하나님께서 세상과 만민을 통치하시기 때문이다. 나라의 흥망은 주로 통치자에게 달려 있다. 하나님이 통치하시는 개인과 사회와 나라는 흥한다. "의는 나라로 영화롭게 하고 죄는 백성을 욕되게 하느니라"(잠 14:34). 그러므로 우리는 하나님께서 우리를 통치하시도록 하나님을 높이고 하나님께 순복해야 한다.

"여호와께서 그룹 사이에 좌정하시니"(1절) 하나님을 찬송하고 경배하여야 함은 지성소 즉 그리스도가 오시는 곳에 임재하시기 때문이다. 그리고 시온을 중심으로 하여 온 세상과 모든 민족을 다스리시기 때문이다.

2. 왕의 능력은 공의를 사랑하는 것이라(4~5절)

"왕의 능력은 공의를 사랑하는 것이라"(4절) 하나님을 찬송하고 경배하여야 할 둘째 이유는 하나님께서 능력이 많으실뿐 아니라 공의를 사랑하시고 공평을 견고하게 세우시기 때문이다. 많은 통치자들은 자신과 자파에 기울어짐으로 국민의 불만을 산다. 그러나 하나님은 야곱 중에서 즉 그의 백성들 가운데 공과 의를 행하시며 판단하시고 심판하신다. 그러므로 우리는 공의로우신 하나님의 발 앞에 엎드려 하나님을 경배하며 그의 거룩하심을 높여 찬양해야 한다.

3. 여호와께 간구하매 응답하셨도다(6~9절)

"모세와 아론이요 … 사무엘이라"(6절) 하나님을 찬송하고 경배해야 할 셋째 이유는 하나님께서 그의 종들의 기도를 들으시고 죄를 사하시기 때문이다. 모세와 아론과 사무엘은 이스라엘 민족의 주춧돌과 같은 위대한 지도자들이었다. 이스라엘 민족에게 특별한 존경을 받는 지도자들이었고 하나님으로부터 특별한 은총과 사랑을 받는 종들이었다.

"저희가 여호와께 간구하매 응답하셨도다"(6절) 저들이 기도할 때 하나님께서 저들의 기도를 응답하셨고, 하나님께서 저들에게 말씀하실 때 저들은 하나님의 말씀을 지켰으며(7절), 저들이 사죄의 기도를 드릴 때 하나님께서 저들과 이스라엘의 죄를 사하셨다(8절). "모세가 손을 들면 이스라엘이 이기고 손을 내리면 아말렉

이 이기더니"(출 17:11). "그러나 합의하시면 이제 그들의 죄를 사하시옵소서"(출 32:32). 사무엘이 이스라엘을 위하여 부르짖으매 여호와께서 응답하셨더라(삼상 7:9).

오늘 이 새벽에 우리의 기도를 들으시고 죄를 사하시는 하나님을 경배하며 그의 거룩하심을 높이 찬양하자. 또한 환난에 처한 나라와 민족을 위해 하나님께 간절히 기도하자.

노래하면서 그 앞에 나아가자

✱ 시편 100편 ✱

이 시편은 구약교회에서는 물론이고 신약교회에서도 가장 많이 사용되고 애용되는 예배시 중의 하나로, 성전으로 올라가는 노래(1~2절)와 성전에서 부르는 노래(3~5절)로 되어 있다.

1. 성전으로 올라가는 노래(1~2절)

"온 땅이여 여호와께 즐거이 부를지어다"(1절) 그 일은 기뻐서 소리를 지르면서 환호성을 발할 만한 일이다. 올림픽 메달리스트가 때로는 환성의 대상이 되기도 한다. 그러나 만민의 환성의 대상이 되기에 족한 분은 오직 여호와 하나님뿐이시다. 하나님께서 우리 인생을 지으신 목적이 바로 하나님께서 인생의 찬송을 받으시는 데 있기 때문이다(사 43:21).

여기서 시인은 이스라엘 백성들은 물론 온 땅의 모든 사람들이 모두 함께 환성을 지르며 하나님께로 나아가자고 권면한다. 그런데도 대부분의 인생은 하나님 앞으로 나아가기를 싫어하고 거부한다. 하나님의 은혜를 입은 자들만이 하나님께로 나아간다.

"기쁨으로 여호와를 섬기며 노래하면서"(2절) 하나님께 나아가는 자들은 즐거움과 기쁨 그리고 노래를 가지고 나아간다. 그리고 감사를 가지고 나아간다(4절).

2. 성전에서 부르는 노래(3~5절)

"그는 우리를 지으신 자시요"(3절) 노래의 첫째 내용은 하나님이 우리를 지으신 창조주이시고, 우리는 그가 지으신 피조물이라는 것이다. 우리는 그의 소유물이다.

"우리는 그의 것이니 그의 백성이요 그의 기르시는 양이로다"(3절) 노래의 둘째 내용은 하나님이 우리를 기르시는 목자이시고 우리는 그의 양이라는 것이다.

"대저 여호와는 선하시니"(5절) 노래의 셋째 내용은 하나님이 선하시다는 것이다. 하나님이 우리에게 하시는 모든 일은 선하신 일들이다.

"그 인자하심이 영원하고"(5절) 노래의 넷째 내용은 하나님의 인자하심이 영원하다는 것이다. 인자하심이란 긍휼과 자비가 가득한 사랑을 의미한다. 하나님은 공의의 하나님이시지만 무엇보다 인자와 긍휼과 사랑의 하나님이시다.

"그 성실하심이 대대에 미치리로다"(5절) 노래의 다섯째 내용은 하나님의 성실하심이 대대에 미친다는 것이다.

우리는 사람과 만물이 지음받은 목적이 하나님을 찬양하기 위함인 것을 오늘 이 새벽에 다시 한번 기억하고, 우리 삶의 모든 초점을 하나님께로 향해 맞춥시다.

인자와 공의를 찬송하겠나이다

* 시편 101편 *

한 나라의 통치자가 되는 일은 쉬운 일이 아니다. 독선적인 폭군이 되거나 무능한 약군이 되기가 쉽다. 이 시편은 통치자의 보감이 되는 말씀으로 다윗왕이 통치자로서 갖추어야 할 요건들을 지적하고 고백하며 이를 간구한 시이다.

1. 내가 인자와 공의를 찬송하겠나이다(1~2절)

"내가 인자와 공의를 찬송하겠나이다"(1절) 다윗은 통치자가 갖추어야 할 기본적인 요건이 인자와 공의인 것을 알고 그것을 사모하며 간구했다. 공의가 없는 인자는 나약에 흐르고 인자가 없는 공의는 포악과 횡포에 떨어진다. 그런데 세상에는 인자와 공의를 찾아보기가 힘들다. 그래서 다윗은 하나님의 인자와 공의를 주목하며 그것을 찬양했다. 그리고 자기도 인자와 공의가 겸전한 완전한 길에 서도록 주의하겠다고 다짐하며 고백했다. 그것은 자신의 결심이나 노력으로만 되어지는 것이 아니다. 하나님이 자기에게 임재하시고 하나님의 인자와 공의를 부여해 주셔야만 되어지는 것이다. 다윗은 이렇게 간구했다. "주께서 언제나 내게 임하시겠 나이까"(2절).

2. 내가 완전한 마음으로 내 집안에서 행하리이다(2~4절)

"내가 완전한 마음으로 내 집안에서 행하리이다"(2절) 다윗은 다른 사람들을 통치하기 전에 먼저 자기 자신이 죄악에서 떠나야 함을 알고 그렇게 하겠다고 고백했다. 자기 마음과 자기 집을 다스리지 못하는 자는 다른 사람들도 다스리지 못한다.

"나는 비루한 것을 내 눈 앞에 두지 아니할 것이요"(3절) 첫째, 다윗은 비루한 것 즉 저속한 것을 눈앞에 두지 않겠다고 다짐했다. 통치자가 저속한 일에 눈과 마음이 사로잡히면 안 된다. 둘째, 배도자들의 행위가 자기에게 붙접지 않도록 하겠다고 다짐했다. 통치자가 자기에게 이롭다고 영적으로 타락한 자들과 가까이 하면 않된다. 셋째, 사특한 마음 즉 안과 밖이 다른 간사한 마음이 자기에게서 떠나도록 할 것을 다짐했다. 통치자가 이중적인 마음과 생각을 가지면 안된다.

3. 그 이웃을 그윽히 허는 자를 내가 멸할 것이요(5~8절)

"그 이웃을 그윽히 허는 자를 내가 멸할 것이요"(5절) 다윗은 이제 신하들을 정화하겠다고 선언했다. 통치자에게 있어서 개혁과 정화는 반드시 필요하다. 세 가지 죄악을 다스리겠다고 했다. 첫째, 이웃을 음해하는 간신들의 죄(5절) 둘째, 눈이 높고 마음이 교만한 권력 추구자들의 죄(5절) 셋째, 거짓말하고 거짓을 행하는 위선자들의 죄(7절)를 처벌하고 쫓아 버리겠다고 선언했다. 그러나 동시에 충성된 자들과 완전한 길에 행하는 자들은 등용하여 자기를 수종들게 하겠다고 했다. "아침마다 내가"(8절). 다윗은 이와 같은 개혁과 정화운동을 일회성으로 그치지 않고 아침마다 단행하겠다고 다짐했다. 이 시편은 모든 통치자의 보감이며 모든 지도자의 지침이다.

인자와 공의의 하나님은 그의 거룩한 백성인 우리들에게도 삶의 현장에서 인자와 공의를 행하길 요구하신다. 특별히 이 새벽 우리의 무릎으로 통치자들이 인자와 공의로 이 나라를 통치할 수 있도록 간절히 기도해야 할 것이다.

곤고한 자의 탄식과 기도

✱ 시편 102편 ✱

　이 시는 곤고한 형편에 처한 한 성도가 자기 개인의 참상과 민족의 참상을 탄식하며 하나님께 부르짖어 기도한 탄식의 기도이다.

1. 괴로운 날에 주의 얼굴을 내게 숨기지 마소서(1~11절)

　"나의 괴로운 날에 주의 얼굴을 내게 숨기지 마소서"(2절) 시인은 지금 질병과 원수들의 훼방으로 인해 몸과 마음이 극심한 고통을 당하고 있었다. 성도들은 세상을 살아가면서 갖가지 괴로움을 당한다. 시인은 자기가 당하는 괴로움을 낱낱이 하나님께 아뢰며 탄식했다. "내 날이 연기같이 소멸하며 내 뼈가 냉과리같이 탔나이다"(3절). 그의 생애가 불에 타는 듯한 탄식으로 인하여 연기처럼 사라져갔고 그의 뼈는 화로에서 숯처럼 타는 것 같았다.

　"내가 음식 먹기도 잊었음으로 내 마음이 풀같이 쇠잔하였사오며 … 나의 살이 뼈에 붙었나이다"(4~5절) 그의 마음은 건초처럼 쇠잔해졌고 그의 몸은 가죽과 뼈만 남게 되었다. "나는 광야에 당아

새 같고 황폐한 곳의 부엉이같이 되었사오며"(6~7절). 그는 광야에서 홀로 사는 외로운 당아새나 부엉이 같이 고독한 존재가 되었다. "내 원수들이 종일 나를 훼방하며"(8절). 원수들은 일어나서 고난당하는 성도들을 훼방하며 괴롭힌다.

"여호와여 내 기도를 들으시고"(1절). 이 시인은 극심한 고통 중에서도 절망하지 않고 하늘을 우러러보며 하나님께 부르짖어 기도했다. 얼굴을 숨기지 마시고 속히 응답해 달라고(욥 23:8~9). 극심한 고통 중에서 바라볼 분은 하나님밖에 없다. 세상을 향한 탄식은 소용이 없으나 하나님을 향한 탄식은 선을 이룬다. 이 시인의 탄식의 귀중한 점은 "재를 양식같이 먹으며 나의 마심에는 눈물을 섞었사오니"(9절)이다. 하나님께 참회의 기도를 드렸고, 그가 당하는 모든 고통이 자기의 죄악 위에 임한 하나님의 "분과 노" 때문임을 깨닫고 회개한 것이었다(10절).

2. 주께시 일어나시 시온을 긍휼히 여기시리니(12~22절)

"주께서 일어나사 시온을 긍휼히 여기시리니"(13절) 이 시인은 이제 그의 시선을 자신의 참상으로부터 시온의 참상으로 돌렸다. 하나님께서 황폐하게 된 시온을 긍휼히 여기시기를 기원했고 자신도 시온의 티끌을 불쌍히 여김을 고백했다(14절). 하나님께서 빈궁한 자 즉 고난당하는 자들의 기도를 들어주시기를 간구했고(17절), 갇힌 자의 탄식을 들으시며 죽이기로 작정한 자들을 해방시켜 주시기를 간구했다(20절).

"열방이 여호와의 이름을 경외하며 세계 열왕이 주의 영광을 경외하리니"(15절) 시인은 시온을 위하여 기도하면서도 이스라엘의 구원이 세계 구원의 기점이 되기를 기원했다. 이는 민족주의에 머물지 않고 세계주의에로 시선을 돌린 것이다.

3. 주는 여상하시고 주의 연대는 대대에 무궁하리이다(23~28절)

"나의 중년에 나를 데려가지 마옵소서 주의 연대는 대대에 무궁하니이다"(24절) 곤고한 형편에 처한 성도가 개인과 민족의 참상을 탄식하며 부르짖어 기도하다가 하나님께서 자기와 자기 민족을 구원하실 것을 확신하게 되었다. 자기가 죽지 않고 살 것과 후손들도 굳게 설 것을 확신했다. 그 근거는 하나님과 그의 말씀의 영원성이었다(12, 24, 26절). 인간은 유한하고 제한되어 있지만 하나님은 영원하고 무한하시다. 그러므로 주의 종들의 자손은 항상 있고, 그 후손이 주의 앞에 굳게 설 것이다(28절).

하나님은 곤고한 날에 드리는 우리의 기도를 들으시고 귀를 기울이사 부르짖는 기도에 응답하신다. 이 새벽에 응답하시는 하나님을 더욱 의지하며 부르짖어 기도함으로 승리하는 하루가 되기를 바란다.

내 영혼아 여호와를 송축하라

✶ 시편 103편 ✶

다윗의 시로 성도가 찬양할 수 있는 가장 온전하고 아름다운 시 중의 하나이다.

1. 내 영혼아 여호와를 송축하라〈개인이 입은 은혜〉(1~5절)

"내 영혼아 여호와를 송축하라"(1절) 성도들이 부를 찬송은 영혼의 찬송이어야 하고 몸과 마음을 다하여 부르는 찬송이어야 한다. 몸과 마음이 총동원되어 부르는 찬송이 되어야 한다. 그러기 위해서는 성령의 감동을 받아야 한다.

"그 모든 은택을 잊지 말지어다"(2절) 다윗은 먼저 자신이 입은 하나님의 은총을 인해서 찬송하라고 자신에게 권고하며 찬송했다. 성도들이 부를 찬송의 동기와 이유는 하나님이 베푸신 은총이다. 은총을 입은 자가 영혼의 노래를 부른다.

"저가 네 모든 죄악을 사하시며"(3절) 다윗은 여기서 자기가 받은 다섯 가지 은총으로 인하여 하나님을 찬양했다. 첫째는 사죄의 은총이다. 사죄의 은총은 모든 은총 중에서 으뜸이 되는 은총이다. 둘째는 치유의 은총이다. 하나님은 우리들의 모든 병을 치유하시는 분이시다. 셋째는 생명 구속의 은총이다. 하나님은 우리의 영혼뿐 아니라 육체의 생명도 위험에서 건지신다. 넷째는 인자와 긍휼의 은총이다. 하나님은 성도들의 모든 행사에 인자와 긍휼을 베푸신다. 다섯째는 만족케 하시고 새롭게 하시는 은총이다. 하나님의 은총을 입은 성도들은 겉 사람은 늙어도 속 사람은 항상 즐겁고 만족하며 젊고 새로워진다.

2. 여호와께서 의로운 일을 행하시며 〈이스라엘이 입은 은총〉
  (6~18절)

"여호와께서 의로운 일을 행하시며"(6절) 다윗은 이스라엘이 입은 은총으로 인해서 하나님을 찬송했다. 하나님은 압박당하는 이스라엘에게 의로운 일을 행하시고 구원의 은총을 베푸셨다. 의로우신 구원의 행위를 모세에게 그리고 이스라엘 자손에게 나타내 보이셨다. 다윗은 이스라엘에게 베푸신 하나님의 자비로우신 은총을 다음과 같이 기술하며 하나님을 찬송했다. ① 하나님은 노하기를 더디하신다. ② 인자하심이 풍부하시다. ③ 죄를 징계하시고 경책하시되 항상 계속해서 하시지 않으신다. ④ 죄대로 갚지 않으신다. ⑤ 죄를 멀리 옮기신다. ⑥ 아비가 자식을 불쌍히 여김같이 연약한 인생을 불쌍히 여기신다. ⑦ 우리의 체질을 아시며 우리가 진토임을 기억하신다.

"여호와의 인자하심은 … 영원부터 영원까지 이르며"(17절) 하나님의 긍휼과 인자하심은 누구에게나 주어지는 것이 아니라 하나님을 경외하고 그의 법도를 지키는 자들에게 주어진다. 그의 법도란 죄를 회개하고 예수님의 의를 믿고 의지하는 것이다.

3. 천군이여 여호와를 송축하라 〈만유가 입은 은총〉(19~22절)

"여호와께서 그 보좌를 하늘에 세우시고"(19절) 다윗은 이제 한걸음 더 나아가서 자기 자신이나 이스라엘뿐 아니라 온 우주와 천군 천사와 만물에 나타난 하나님의 통치의 위대하심을 찬양하며, 천군 천사와 만물과 자기 영혼에게 하나님을 찬송하라고 권고했다. 하나님의 통치를 받는 모든 피조물은 마땅히 하나님을 송축해야 한다.

우리가 하나님을 송축할 때에 우리의 몸과 마음을 다하기까지 온전해야 할 것이다. 우리 모두 성령의 감동을 받아 온전하게 하나님을 송축할 수 있도록 기도하는 새벽이 되길 바란다.

창조주를 송축하라

※ 시편 104편 ※

이 시는 103편에 이은 여호와의 송축시로, 103편이 여호와의 인자와 긍휼을 송축했다면 104편은 여호와의 위엄과 영광을 송축한다.

1. 창조주의 영광을 송축하라(1~4절)

다윗은 창조주 여호와의 위엄과 영광을 송축했다.

"주는 심히 광대하시며"(1절) 여호와께서 창조한 만상을 관찰한 시인은 그의 소감을 표현할 적절한 어휘를 찾아 애쓰던 중에 그저 "광대하시다"는 말 외에 달리 할 말이 없었다. 이 말은 '위대하시다'는 뜻이다.

"존귀와 권위를 입으셨나이다"(1절) 여호와의 창조 행적에 하나님의 지존하심과 권능과 위엄이 나타나 있음을 송축했다.

"빛을 입으시며"(2절) 이 말은 '하나님께서 거룩하심과 생명과 기쁨으로 충만하시다.'는 뜻이다.

하늘 휘장을 치시고, 물 위의 누각을 얹으시며, 구름 수레를 타시고, 바람 날개로 다니시며, 바람과 불꽃을 사자로 삼으셨다(2~4절). 창조주 하나님은 실로 우주만물을 그의 거처와 도구와 사자로 삼으실 만큼 엄위하시다.

2. 창조의 신묘함을 송축하라(5~30절)

"땅의 기초를 두사 영원히 요동치 않게 하셨나이다"(5절) 하나님께서 그의 능력으로 지각이 요동치 않게 만드셨다. "물이 산들 위에 섰더니 주의 견책을 인하여 ⋯ 빨리 가서 주의 정하신 처소에 이르렀고 ⋯ 다시 돌아와 땅을 덮지 못하게 하셨나이다"(6~9절). 본래는 바다가 땅을 덮었으나 하나님께서 그의 능력으로 바다의 조수의 출입을 조정하심으로 바다와 땅의 경계를 정하시고 질서를 유지하신다(5~9절).

"여호와께서 샘으로 ⋯ 흐르게 하사 들의 각 짐승에게 마시우시니"(10절) 하나님께서 짐승과 새들과 가축과 사람을 위하여 샘이 흐르게 하시고 나무와 풀과 채소를 자라게 하시며 포도주와 기름과 양식을 주신다(10~18절).

"여호와께서 달로 절기를 정하심이여"(19절) 하나님께서 해와 달의 순환으로 낮과 밤을 정하시고 사람과 짐승으로 하여금 활동하게 하신다. "여호와여 주의 하신 일이 어찌 그리 많은지요"(24절).

"저기 크고 넓은 바다가 있고 그 속에 동물 곧 대소 생물이 무수하니이다"(25절) 하나님께서 바다 속에 각종 대소 동물들을 가득히 채워 놓고 그것들을 모두 먹여 살리신다.

"주께서 주신즉 저희가 취하며 주께서 손을 펴신즉 저희가 좋은 것으로 만족하다가"(28절).

3. 창조주의 영광이 영원히 계속할지라(31~35절)

다윗은 여기서 창조 세계에 나타난 하나님의 영광과 창조 세계를 향한 하나님의 기뻐하심이 영속되기를 송축하였다. 자기도 평생토록 창조주 하나님으로 인하여 즐거워하며 창조주 하나님을 찬양하겠다고 서원한다. 영원히 온누리에 퍼져야 할 메아리는 "내 영혼아 여호와를 송축하라 할렐루야!"이다.

세상 만물을 지으시고, 바다와 땅의 경계를 정하시듯 질서를 유지하시는 창조주 하나님을 높여 드리며 그 안에서 기쁨을 누리는 오늘 하루가 되기를 바란다.

언약과 역사의 하나님께 감사하라

✽ 시편 105편 ✽

시편 103편은 구속의 하나님을 송축하고, 104편은 창조의 하나님을 송축하는데, 105편은 언약과 역사의 하나님께 감사하며 하나님을 찬양하고 전파하며 기도한다.

1. 여호와께 감사하며 그 행사를 알게 하라(1~6절)

"여호와께 감사하며 … 그 행사를 만민 중에 알게 할지어다"(1절) 택한 백성은 하나님의 은혜를 잊지 않고 감사하며 그 행사를 널리 전파한다. "그에게 노래하며 그를 찬양하며 그의 모든 기사를 말할지어다"(2절). 택한 백성은 하나님의 은혜를 노래하고 찬양하며 그의 모든 기사를 널리 전파한다. 그 성호를 자랑하고 그 얼굴을 구하며 그의 기사를 기억한다(3~6절). 택한 백성은 하나님의 이름을 자랑하고 그에게 기도하며 그의 기사를 기억하고 전파한다.

2. 그는 언약을 세우신 여호와 하나님이시다(7~15절)

"그는 여호와 우리 하나님이시라"(7절) 그는 여호와 즉 전능하신 우리 하나님이시며 아브라함과 이삭과 야곱을 택하시고 그들과 언약을 맺으신 언약의 하나님이시다. 그 언약을 영원히 기억하시는 신실하시고 은혜로우신 하나님이시다. 하나님께서 족장들에게 언약을 세우실 때 그들의 수가 적고 세력이 미약하여 이 나라 저 나라로 유리하던 시절이었다.

3. 그는 언약을 이루신 역사의 하나님이시다(16~45절)

"한 사람을 앞서 보내셨음이여"(17절) 하나님은 언약을 이루시기 위해 역사를 주관하시며 사람들을 택하여 사용하신다. 요셉을 택하여 사용하셨고(17~22절), 모세와 아론을 택하여 사용하셨으며(26~27절), 이적과 기사를 행하셨다(28~36절). 하나님은 이스라엘을 애굽에서 나오게 하셨고 구름과 불로 인도하셨으며 하늘 양식으로 먹이셨고 반석의 물로 마시게 하셨다.

"그 발이 착고(차꼬)에 상하며 그 몸이 쇠사슬에 매였으니 곧 여호와의 말씀이 응할 때까지라"(18~19절) 하나님은 자기의 언약을 이루어가실 때 그의 종들을 고난의 과정을 통과하게 하시면서 이루어가시는 때가 많다. 하나님은 자기의 시간표를 가지고 계신다. 그러므로 그의 자녀들은 그의 때가 올 때까지 기다려야 한다. 그 동안 말씀이 그를 단련시킨다.

"이는 그 거룩한 말씀과 그 종 아브라함을 기억하셨음이로다"(42절) 하나님께서 언약을 세우시고 언약을 이루시는 이유와 목적이 무엇인가? 그 이유는 자기가 세우신 언약의 말씀과 아브라함을 기억하셨기 때문이다. 그 목적은 언약의 백성들이 그 율례와 법을 지키고 좇게 하는 데 있다(45절).

"할렐루야"(45절) 택함받은 백성들이 할 말은 오직 이 한마디이다. "할렐루야 여호와를 찬양하라!"

사랑하는 성도 여러분!

아브라함과 언약을 이루셨던 하나님께서 오늘날 우리에게도 언약을 주시고 날마다 새로운 은혜로 신실하게 인도해 주실 것이다. 이 하루를 살면서 신실하신 언약의 하나님께 감사를 드립시다.

끝없는 범죄와 한없는 자비

✳ 시편 106편 ✳

시편 103편은 구속의 하나님을, 104편은 창조의 하나님을, 105편은 언약과 역사의 하나님을 찬양하는데, 106편은 한없는 자비의 하나님을 찬양하며 감사한다.

1. 할렐루야 여호와께 감사하라(1~5절)

"할렐루야 여호와께 감사하라"(1절) 시인은 본 편에서 이스라엘의 끝없는 범죄와 하나님의 한없는 자비를 진술하기 전에, 먼저 하나님께 찬양과 감사를 돌린다. 감사의 주제는 하나님의 선하심과 인자하심이다. 그러나 시인은 한없는 하나님의 선하심과 인자하심을 제대로 표현할 말을 찾지 못한다. "뉘 능히 여호와의 능하신 사적을 전파하며 … 광포할꼬"(2절).

"여호와여 주의 백성에게 베푸시는 은혜로 나를 기억하시며 … 주의 기업과 함께 자랑하게 하소서"(4~5절) 감사를 드린 시인은 이어서 간구의 기도를 드린다. 하나님의 은혜와 구원의 은총을 입어 자기로 하여금 주의 나라의 기쁨으로 즐거워하게 하시고 자랑하게 해달라는 것이었다.

2. 우리가 열조와 함께 범죄하였나이다(6~42절)

"우리가 열조와 함께 범죄하여"(6절) 시인은 이스라엘의 죄악사와 거기에 나타난 하나님의 진노와 긍휼을 길게 진술하여, 그 끝없는 범죄가 열조들만의 행위가 아니고 바로 자기 자신의 행위라며 인정하고 고백한다.

(1) 홍해에서 하나님의 기사와 인자를 기억하지 않고, 애굽 군대가 뒤쫓아오는 것을 보자마자 하나님을 거역하고 원망했다(7~13절).

(2) 광야에서 욕심을 크게 부렸으며, 하나님을 시험했고, 모세와 아론을 질투하며 반항하는 죄를 범했다(14~18절).

(3) 호렙에서 송아지와 우상을 만들어 숭배하며 하나님을 잊어버렸다(19~22절). 그러나 모세의 중보기도로 인해 하나님께서 저들을 멸하시지 않았다(23절).

(4) 가나안 땅 앞에서도 약속의 말씀을 믿지 않고 의심하며 원망했다(24~27절).

(5) 싯딤에서 음행과 바알브올 우상을 숭배하는 죄를 범했다(28~31절).

(6) 므리바에서 모세와 아론을 공박하여 저들로 넘어지게 했고 하나님을 노하시게 했다(32~33절).

(7) 가나안 땅에 들어와서도 이방 민족을 멸하지 않고 그들의 풍습을 배우며 우상을 섬겼다(34~43절). 여호와께서 여러 번 저희를 건지시나 저희가 거역했다.

3. 여호와께서 저희의 부르짖음을 들으실 때(44~48절)

"그러나 여호와께서"(44절) 끝없이 범죄한 이스라엘은 멸망을 당해 마땅하다. 그러나 한없는 하나님의 인자하심과 자비하심은 고통 중에서 부르짖는 저들을 긍휼히 여기시고 구원하셨다. 저들의 조상과 맺은 언약을 파기할 수 없었기 때문이다.

"여호와 우리 하나님이여 우리를 구원하사 … 찬양하게 하소서 여호와 이스라엘의 하나님을 영원부터 영원까지 찬양할지어다 모든 백성들아 아멘 할지어다 할렐루야"(47~48절). 시인은 하나님의 구원을 다시금 간구하며 할렐루야 찬양으로 이 시를 마친다. 이것은 모든 성도들이 반복할 기도와 찬양의 결론이다.

하나님의 뜻을 거역하며 각기 제 갈 길로 가고 있는 오늘의 우리들을 포기하지 않으시고 오늘도 기다리시는 자비의 하나님을 이 새벽에 찬양합시다. "할렐루야"

구속함을 받은 자의 감사와 찬송

✳ 시편 107편 ✳

시편 107편은 범죄한 이스라엘을 바벨론 포로에서 구출하시고 고국으로 귀환케 하신 하나님께 감사하며 찬양하는 시이다. "여호와의 인자하심과 인생에게 행하신 기이한 일로 인하여 그를 찬송할지로다"가 이 시의 주제이다(8, 15, 21, 31절).

1. 구속함을 받은 자는 이같이 말할지어다(1~3절)

"여호와께 감사하라"(1절) 구속함을 받은 자, 즉 공로없이 하나님의 은혜로 구속함을 받은 자가 할 말은 그저 감사하다는 말과 아울러 하나님의 선하시고 인자하심을 들어내며 하나님께서 저희를 구속하신 사건을 그대로 진술하는 것이다. 범죄한 이스라엘이 다시 한번 포로에서 구출되어 고국으로 돌아오게 된 것은 전적으로 하나님의 은혜로 이루어진 것이기 때문이다.

2. 감사해야 할 것들(4~32절)

시인은 포로생활 중에서 입은 하나님의 구원의 은총을 네 가지로 분류하여 진술했다.

(1) "저희가 광야 사막 길에서"(4~9절) 이방에서의 포로생활은 마치 사막의 방황처럼 절망적이었는데 하나님께서는 저들을 거기서 구출하여 거할 성으로 인도하셨다. 저희가 광야 사막 길에서 고통을 당했을 때 "근심 중에 여호와께 부르짖으매" 하나님께서 저들을 고통에서 구출하셨다. "여호와의 인자하심과 인생에게 행하신 기이한 일을 인하여 그를 찬송할지로다"(8절).

(2) "곤고와 쇠사슬에 매임을"(10~16절) 70년에 걸친 포로생활은 감옥에 갇힌 죄수와 같아서 흑암과 사망의 그늘 아래 있는 것과 같았는데 하나님께서 놋문을 부수고 거기서 구출하셨다. 저희가 곤고와 쇠사슬에 매임은 하나님의 뜻을 멸시한 죄악 때문임을 알고 "근심 중에 여호와께 부르짖으매" 하나님께서 저들을 흑암과 사망의 그늘에서 구출하셨다. "여호와의 인자하심과 인생에게 행하신 기이한 일을 인하여 그를 찬송할지로다"(15절).

(3) "사망의 문에"(17~22절) 저들의 포로생활은 식욕을 잃고 사경을 헤매는 중환자와 같았는데 하나님께서 저희를 고치사 위경에서 건지셨다. 저희가 사망의 문에 가까이 이르렀을 때 저들의 범과와 죄악의 연고임을 알고 "근심 중에서 여호와께 부르짖으매" 하나님께서 말씀을 보내사 저들을 위경에서 건지셨다. "여호와의 인자하심과 인생에게 행하신 기이한 일을 인하여 그를 찬송할지로다"(21절).

(4) "광풍과 바다 물결에서"(23~32절) 저들의 포로생활은 삶을 뒤집어엎는 광풍과 같았는데 하나님께서 광풍을 평정하사 저희를 소원의 항구로 인도하셨다. 저희가 이리저리 구르고 비틀거리면

서 "근심 중에서 여호와께 부르짖으매" 하나님은 저들을 광풍에서 구출하셨다. "여호와의 인자하심과 인생에게 행하신 기이한 일을 인하여 그를 찬송할지로다"(31절).

3. 정직한 자는 기뻐하며(33~43절)

시인은 과거와 현재와 미래에 걸친 심판과 아울러 구원을 베푸시는 하나님을 깨달아 알고, 정직한 자는 하나님의 구원의 행사를 바라보며 기뻐하라고 권고한다.

구원의 하나님을 알기 전 우리의 인생은 흑암과 사망의 그늘 아래 있는 것과 같았다. 우리를 곤고와 질병과 사망의 문에서 건지시는 우리 주 하나님으로 인해 기뻐할 수 있어야 한다. 오늘 하루를 지낼 때 우리는 구속함을 받은 자로서 감사와 찬송을 드리길 바란다.

내가 노래하며 찬양하리로다

✱ 시편 108편 ✱

시편 108편은 포로 후기의 한 시인이 다윗의 감사 시(시 57:7~11)를 인용하여 하나님의 구원의 은혜를 감사하고 찬양한 시이다. 또 다른 다윗의 시(시 60:5~12)를 인용하여 하나님의 구원을 간구한 시이기도 하다.

1. 내 마음을 정하였사오니 (1~5절)

"내 마음을 정하였사오니"(1절) 이 시인은 하나님께 감사하고 하나님을 찬양하기로 마음을 정했다. 참으로 귀한 일이다. 마음을 정하지 못하는 사람들, 오락가락하는 사람들은 불행한 사람들이다. "두 마음을 품어 모든 일에 정함이 없는 자로다"(약 1:8).

그의 결심은 그의 심령으로 하나님을 찬양하겠다는 것이다. 그리고 비파와 수금으로 노래하고 찬양하겠다는 것이다. 수금을 깨우고 새벽을 깨우면서 열성을 다하여 하나님을 찬양하겠다는 것이다.

"내가 새벽을 깨우리로다"(2절) 그는 홀로 조용히 감사하며 찬양하지 않고, 만민 중에서 그리고 열방 중에서 감사하고 찬양하겠다는 것이다. 참으로 열성이 대단한 사람이다! 하나님께 기도하고 찬양하며 예배 드리기로 마음을 정하지 못하는 사람들이 많고, 마음을 정했다가도 쉽게 조석으로 변심하는 사람들이 많은데 이 시인은 이렇게도 열성적으로 하나님께 감사하고 하나님을 찬양하겠다고 단단히 마음을 정했다.

"대저 주의 인자하심이 하늘 위에 광대하시며"(4절) 감사와 찬양의 내용과 주제는 하나님의 인자하심과 진실하심이다. 하늘과 우주에 충만한 하나님의 인자하심과 진실하심을 이 시인은 찬양하며 노래했고 송축했다. 주님이 하늘 위에 높이 들리소서 그리고 주의 영광이 온 세계 위에 높이 들리소서!

2. 우리에게 응답하사 오른손으로 구원하소서(6~13절)

"우리에게 응답하사 오른손으로 구원하소서"(6절) 하나님의 구원 은혜를 체험한 이 시인은 더욱 더 큰 확신을 갖고 기도 응답과 구원의 은혜를 또 다시 간구했다. 은혜를 체험한 사람이 힘있게 기도하는 법이다. 주님은 주님이 사랑하는 자들을 건지신다. 건지시기 위해서 사랑하는 자의 기도를 응답하시며 그리고 구원하신다. 구원하시되 오른손으로 구원하신다.

"하나님이 그 거룩하심으로 말씀하시되"(7~9절) 이 시인은 이제 하나님께서 여호수아에게 약속하신 말씀들을 기억하며 그 말씀대로 자기와 자기 민족을 구원하시기를 간구했다. 말씀에 근거한 기도는 힘이 있다.

"누가 나를 이끌어 견고한 성에 들이며 누가 나를 에돔에 인도할

꼬"(10절) 이 말은 의문을 표현한 말일 수도 있으나 강한 확신을 표현한 말일 수도 있다. 즉 지금은 잠깐 동안 하나님이 잠잠하시지만 우리를 구원하실 분은 사람이 아니라 하나님뿐이심을 확실하게 고백한 말이다. "누가 능히 하나님의 택하신 자들을 송사하리요"(롬 8:33절). 하나님만이 우리의 대적을 밟으시고 우리를 구원하시는 분이다. 그러므로 시인은 하나님을 의지하며 용감히 행한다.

구원의 하나님께만 감사하고 찬양하기로 마음을 정한 시인과 같이 우리도 수금을 깨우고 새벽을 깨우면서 열성을 다하여 하나님을 찬양하겠다는 결단이 있기를 바란다.

저희는 대적하나 나는 기도할 뿐이라
* 시편 109편 *

시인은 시편 108편에서는 하나님을 찬양하기로 "내 마음을 정하였사오니"라고 고백했고, 시편 109편에서는 "나는 기도할 뿐이라"고 고백했다. 얼마나 복된 사람인가!

1. 저희는 대적하나 나는 기도할 뿐이라(1~4절)

"대저 저희가 악한 입과 궤사한 입을 열어"(2절) 이 시인은 악하게, 궤사하게, 거짓되게, 무고하게, 애매하게 원수들의 훼방과 공격을 받았다. 얼마 전 신송태 선교사가 알마타에서 사역하는 중에 너무나 억울하고 거짓되게 비난과 훼방을 받아 산에 올라가서 소리를 지르며 울고 또 운 일이 있었다고 고백했다.

"나의 찬송하는 하나님이여"(1절) 시인은 원수들의 극악한 훼방을 받았을 때 저들에게 어떻게 대응했는가? 첫째, 찬송으로 대응했다. 둘째, 사랑으로 대응했다. 셋째, 기도로 대응했다. "나는 사랑하나 저희는 도리어 나를 대적하니 나는 기도할 뿐이라"(4절). 축복된 사람이다.

2. 악인으로 저를 제어하게 하시며(5~20절)

"악인으로 저를 제어하게 하시며"(6절) 여기서 시인은 원수들에 대한 저주를 선언했다. ① 악인으로 저를 제어하게 하시고(6절) ② 판단을 받을 때 죄를 지고 나오게 즉 정죄를 받게 하시며(7절) ③ 기도가 죄로 변케 하시고(7절) ④ 그 연수를 단촉케 하시고(8절) ⑤ 가정이 망하게 하시고(9~10절) ⑥ 재산이 빼앗기게 하시고(11절) ⑦ 그 후손이 끊어지게 하시기를 기원했다(12~15절).

원수에 대해 사랑과 기도로 대응하던 시인이 저주를 선언한 것이 과연 옳은 일인가? 예수님은 원수를 사랑하며 미워하는 자를 선대하고 저주하는 자를 위해 축복하며 모욕하는 자를 위해 기도하라고 했는데(눅 6:27~28), 원수에 대한 저주를 선언하는 것이 그리스도의 교훈에 배치되는 것이 아닌가?

시편에 자주 나타나는 저주의 시는 시인 개인의 복수심에서 나온 것이 아니라 "천국의 공적으로 간주하고 그들에게 저주를 선언했다. 그리고 이런 판정과 선언은 누구나 할 수 없고 오직 구약의 예언자나 신정국의 대표자가 하나님의 대언적 권위로만 할 수 있다"(박윤선). 시인이 여기서 원수의 저주를 소원했다기 보다는 궁극적으로 임할 하나님의 심판을 내다보며 성도가 취할 자세를 확정한 것이라고 이해할 수 있다.

"저가 긍휼히 여길 일을 생각지 아니하고"(16~20절) 원수들이 하나님의 심판을 받게 되는 이유가 분명하다. 긍휼히 여길 자를 긍휼히 여기지 않고 축복하기를 기뻐하지 않으며 오히려 핍박하고 저주했기 때문이다.

3. 주의 이름을 인하여 나를 건지소서(20~31절)

"주의 이름을 인하여 … 나를 건지소서"(21절) 시인은 하나님의 구원을 간구했다. 구원의 근거는 항상 하나님의 이름과 인자하심이다. 하나님의 인자하심에 비추어 자기의 가난과 궁핍, 상함과 수척함을 낱낱이 아뢰이며 하나님의 구원을 기도했다.

"내가 입으로 여호와께 크게 감사하며 무리 중에서 찬송하리니"(30절). 구원의 목적은 항상 하나님께 감사와 찬양을 돌리는 것이다. 기도와 찬양, 이것은 성도의 삶의 시작이요 끝이다.

우리도 삶속에서 억울하고 거짓되게 비난과 훼방을 받는 경우가 있다. 고요한 이 새벽에 인자하신 하나님께 우리의 궁핍과 상함을 아뢰자. 하나님께서 친히 도우사 우리를 건져 주실 것이다.

너는 내 우편에 앉으라

✱ 시편 110편 ✱

이 시는 다윗이 지은 메시아 예언시이다. 예수님은 이 시를 자기를 가리킨 것으로 해석했고 베드로도 그렇게 해석했다(마 22:41~46, 행 2:34~36). 다윗은 메시아에 대한 비전을 가지고 있었다.

1. 너는 내 우편에 앉으라(1절)

"여호와께서 내 주에게 말씀하시기를"(1절) 하나님께서 다윗의 주님이신 메시아에게 하시는 말씀이다. 다윗은 영감을 받아 앞으로 올 메시아를 바라보면서 그를 가리켜 "내 주"라고 불렀다. 복된 사람이다.

"너는 내 우편에 앉으라" 이 말씀은 하나님께서 죽으셨다가 부활 승천하실 예수님을 향하여 하시는 말씀이다. 예수님이 하나님의 우편에 앉아 계심은 원수 사단의 세력을 완전히 파멸하시는 것이다. 주님의 재림으로 사단의 세력은 완전히 파멸된다.

2. 권능의 홀을 가지신 왕이신 주님(2~3절)

"주의 권능의 홀을 내어 보내시리니"(2절) 홀은 왕권의 상징이다. 여호와께서, 시온에서 메시아에게 그의 홀을 건네 주심은 메시아의 왕권 선포이다. 마귀는 이제 전적으로 메시아의 권능의 통제 아래 놓여 있게 되었다. 메시아는 원수 중에서 우주를 다스리신다.

"주의 권능의 날에 주의 백성이 거룩한 옷을 입고 즐거이 헌신하니 새벽 이슬 같은 주의 청년들이 주께 나오는도다"(3절) 메시아의 통치는 원수들에게는 파멸을 가져오지만 주의 택한 백성들에게는 구원과 헌신과 갱신을 가져온다. "거룩한 옷을 입는다"는 것은 믿음으로 의롭다 함과 성결한 삶을 얻게 됨을 의미하고, "즐거이 헌신한다"는 것은 구원의 은총을 받은 백성들이 기뻐하며 몸과 물질을 주님께 바친다는 뜻이다. "새벽 이슬 같은 주의 청년들이 주께 나온다"는 것은 새벽 이슬과 같이 부어 주시는 성령의 은혜를 받아 이슬과 같이 새롭게 빛나는 주의 싱싱한 종들이 주님 앞으로 나온다는 의미이다.

3. 영원한 제사장이신 주님(4절)

"너는 멜기세덱의 반차를 좇아 영원한 제사장이라"(4절) 메시아에게는 제사장직이 주어졌다. 제사장은 하나님과 인간 사이의 중보자이다. 범죄한 인간을 하나님과 화목시키는 일은 대속의 제물이 되어 죽으시고 항상 살아서 대언하여 기도하시는 제사장이 하는 일이다. 여기 메시아는 아론 계통의 일시적인 보통 제사장이 아니고, 율법에 속하지 않고 무시무종한 멜기세덱의 질서와 전통에 따른 영원하고도 특별한 제사장이다. 그러므로 인간을 향한 하나님의 자비는 변할 수가 없다. 영원한 제사장이 있는 한 하나님의 자비는 변치 않는다.

4. 심판장이신 주님(5~7절)

"열왕을 쳐서 파하실 것이라"(5절) 메시아에게는 또한 심판권이 부여되었다. 불의의 세력을 심판하고 근절하지 못하는 통치자는 완전한 통치자가 될 수 없다. 하나님의 우편에 계신 주께서 노하시는 날이 온다. 그때는 하나님을 대적하는 열왕을 쳐서 파하고 머리를 들며 승리의 개가를 부른다.

다윗처럼 우리도 하나님 우편에 앉으신 예수 그리스도를 왕과 제사장과 심판주로 고백하자. 또한 그의 다스리심을 받으면서, 스데반처럼 새벽 이슬 같은 싱싱한 청년으로 거룩한 옷을 입고 우리의 몸과 생명을 즐거이 주님께 드리기를 결단하는 새벽이 되기를 바란다.

여호와의 행사가 크시니

✱ 시편 111편 ✱

다윗은 시편 110편에서 메시아에 대한 비전을 가지고 메시아에 대해 예언했다. 111편에서는 하나님의 행사에 대한 기억을 가지고 하나님의 크신 행사들을 열거하며 하나님을 찬양했다. 우리는 무엇을 보고 무엇을 기억하며 무엇을 말하는가?

1. 할렐루야 내가 여호와께 감사하리로다(1~2절)

"할렐루야"(1절) 다윗이 하나님의 크신 행사를 돌이켜보며 생각할 때 그의 입에서 먼저 나온 말은 논리적인 진술이 아니라 감탄적인 찬양과 감사였다. 이는 바울이 고난의 의미를 고백하며 기술하려고 했을 때 그의 입에서 제일 먼저 나온 말이 논리적인 진술 이전에 감탄적인 "찬송하리로다"였던 것과 같다(고후 1:3). 다윗은 하나님의 크신 행사를 혼자서 조용히 찬양하고 감사할 수가 없었다. "정직한 자의 회와 공회 중에서" 즉 참된 신자들의 공적인 모임 가운데서 진심으로 찬양하고 감사해야만 했다.

"이를 즐거워하는 자가 다 연구하는도다"(2절) 하나님의 행사는 크고 위대하시기 때문에 신자들은 그것을 즐거워하며 깊이 알아보려고 연구한다. 하나님의 은혜를 체험한 자는 그것을 말하고 또 말하는 것을 즐거움으로 삼으며 그것을 연구하는 것을 기쁨으로 삼는다. 누가도 주님의 행사를 진술하려고 했을 때 그 모든 일을 깊이 살피며 연구했다(눅 1:3).

2. 그 행사가 존귀하고 엄위하며(3~4절)

여기서 다윗은 하나님의 행사의 성격을 하나하나 나열하며 진술했다. 하나님의 행사는 "존귀와 위엄"을 갖추고 있다. 그의 행사는 "공의"로우시고 "영원"하다. 그의 행사는 인간에게는 이해하기 어려울 정도로 "기이"하다. 그의 행사는 은혜로우시고 자비하시다.

3. 자기를 경외하는 자에게 양식을 주시며(5~9절)

여기서 다윗은 이스라엘에게 행하신 하나님의 크신 행사들을 열거하며 하나님을 더욱 힘 있게 신뢰했다.

(1) 하나님은 그를 경외하는 이스라엘에게 광야에서 만나와 메추라기와 물을 주시면서 이스라엘의 족장들과 맺은 언약을 기억하셨다.

(2) 하나님은 이스라엘 백성들에게 열방 즉 가나안 민족들을 기업으로 차지하게 하시면서 그의 능력을 나타내 보이셨다. 7절과 8절에서는 위에서 진술한 하나님의 행사의 성격을 다시 반복해서 진술했다. 하나님의 행사는 진실하고 공의로우며 확실하고 영원하다.

(3) 하나님은 그의 백성에게 구속을 베푸시면서 그의 언약을 영원히 세우셨다. 결국 이스라엘에게 크고 기이한 행사를 나타내신 하나님은 거룩하시고 지존하신 분이시다!

4. 여호와를 경외함이 곧 지혜의 근본이라(10절)

하나님의 크고 기이한 행사를 진술하며 하나님께 감사와 찬양을 돌린 다윗은 결국 하나님을 경외하는 것이 지혜의 근본이고, 계명을 지키는 것이 좋은 지각을 가지는 것이며 하나님을 찬송함이 영원히 남아 있는 것이라고 결론을 지었다. 세상의 것들은 모두 지나가지만 여호와를 찬송함만이 영원히 남아 있을 것이다.

우리도 다윗처럼 하나님 우편에 앉으신 예수 그리스도를 바라보고, 하나님이 이루신 크고 기이한 행사를 기억하고 감사하며 하나님을 경외하고 찬송하는데 힘과 정성을 다하자. 그것이 인생의 본분이요 영원히 남아 있을 것이기 때문이다.

복이 있는 자

✽ 시편 112편 ✽

이 시편은 앞의 111편의 속편으로, 전 편에서는 여호와를 경외하는 것이 지혜의 근본임을 강조했고 본 편에서는 여호와를 경외하는 것이 복임을 강조했다. 그리고 참으로 복이 있는 자는 여호와를 경외하며 동시에 빈궁한 자에게 은혜를 베푸는 것임을 강조했다. 이것이 신·구약성경의 일관된 가르침이다(사 1:17, 약 1:27).

1. 할렐루야 여호와를 경외하는 자는 복이 있도다(1~4절)

"할렐루야"(1절) 시인은 진리를 선포하기 전에 항상 그랬듯이 먼저 하나님을 찬양했다. 하나님을 경외하는 자가 받는 복을 생각할 때 그의 입에서 먼저 나온 말은 논리적인 진술이 아니라 감탄적인 찬양이었다.

"그 후손이 땅에서 강성함이여"(2절) 하나님을 경외하는 자가 받는 첫째 복은 그의 자손이 강성해지는 것이다. 둘째 복은 그와 그 자손들의 집에 부요와 재물이 있는 것이다. 여기 부요는 재산을 의미할 수도 있으나 반드시 재산이 많은 것만을 의미하지는 않는다. 하나님을 기업으로 삼아 항상 만족하고 여유 있는 삶을 사는 사람은 부요한 삶을 사는 사람이라고 말할 수 있다. 셋째 복은 그의 의가 영원히 있는 복이다. 하나님을 경외하는 자에게 주님이 입혀 주시는 의는 영원하다. 넷째 복은 흑암 중에서도 빛이 일어나는 복이다. 하나님을 경외하는 사람은 어두운 죄악 세상에서 빛을 발하는 삶을 산다.

2. 은혜를 베풀며 꾸이는 자는 잘되나니(5~10절)

"은혜를 베풀며 꾸이는 자는 잘되나니"(5절) 하나님께 복을 받는 사람은 하나님을 경외하는 동시에 이웃에게 은혜를 베풀고 꾸이는 자이다. 하나님 경외와 이웃 사랑은 분리할 수 없는 불가분적 관계이다.

"잘되나니"(5절). 은혜를 베풀고 꾸이는 자는 잘된다. 즉 형통하게 된다. 그리고 은혜를 베풀고 꾸이는 일을 공의로 계속한다. 그는 영원히 요동치 않는다. 그는 흉한 소식을 들어도 두려워하지 않는다. 그는 하나님을 의뢰하고 이웃에게 은혜를 베푸는 두 가지 일에 삶의 목표를 두고(마음을 굳게 정하고) 살기 때문이다.

"저가 재물을 흩어 빈궁한 자에게 주었으니"(9절). 그는 보통 적당히 구제하는 것이 아니고 아주 철저하고 광범위하게 구제한다. 즉 재물을 쌓아 모으는 대신 아주 흩어 버리며 빈궁한 자에게 준다.

"그 의가 영원히 있고 그 뿔이 영화로이 들리리로다"(9절) 성도가 남을 구제한 의가 영원히 있어서 그의 뿔처럼 되어 있다. 야고보는 말하기를 "긍휼은 심판을 이기고 자랑하느니라"(약 2:13)라고 하였다. 반면에 하나님과 이웃을 무시하면서 산 악인은 결국 의인의 형통을 보고 이를 갈면서 소멸하고 만다.

우리도 이 시편의 시인처럼 하나님 경외의 신앙과 이웃 구제의 삶을 실천하며 사는 복된 자들이 되어야겠다. 그리고 이 한날도 온전하게 하나님을 찬양하며 살도록 하자. 할렐루야!

해 돋는 데부터 해 지는 데까지

✱ 시편 113편 ✱

  이 시편은 "할렐루야 시"(111~118, 146~150편) 곧 "찬양시"에 속한다. 이 시편들은 유대인의 큰 절기 때마다 부른 것이다. 113, 114편은 식사 전에 115, 118편은 식사 후에 부르기도 했다.

1. 여호와를 찬양하라 (1~3절)

  "여호와의 종들아"(1절) 여호와 찬양은 모든 피조물의 의무이지만 특히 "여호와의 종들"의 의무이다. 여기 여호와의 종들은 성전에서 예배하는 모든 예배자들을 가리키며 특히 성전에서 봉사하는 제사장과 레위인들을 가리킨다. 오늘의 교회에서는 모든 성도들을 가리키지만 특히 주님을 섬기는 교역자들과 성가대원들을 가리킨다.

  "이제부터 영원까지"(2절) 여호와 찬양은 지금부터 영원까지 계속되어야 한다. 젊었을 때 뿐 아니라 늙은 후에도, 형통할 때 뿐 아니라 곤고한 날에도, 이 세상에서 뿐 아니라 오는 세상에서도 계속해서 이어지는 노래가 여호와 찬양이다.

"해 돋는 데서부터 해 지는 데까지"(3절) 여호와 찬양은 세계적이어야 한다. 지구 상의 모든 족속들은 그들의 시간에 맞추어 차례차례로 여호와 앞에 나와 여호와를 찬양한다. 호흡이 있는 모든 자가 여호와를 찬양해야 한다(시 150:6).

2. 높으신 여호와를 찬양하라(4~5절)

"여호와는 모든 나라 위에 높으시며"(4절) 여호와를 찬양할 첫째 이유는 여호와께서 모든 나라 위에 높으신 분이시며, 하늘 위에 높으신 분이시기 때문이다. 하나님과 같이 높은 신이 아무도 없기 때문이다.

3. 낮아지신 여호와를 찬양하라(6~9절)

"스스로 낮추사 천지를 살피시고"(6절) 여호와를 찬양할 둘째 이유는 높으신 여호와께서 스스로 낮아지셔서 비천한 인간을 보살피시는 분이시기 때문이다. 여호와는 가난한 자를 진토에서 일으켜 세우시고, 궁핍한 자를 거름 무더기에서 들어 세우시며, 잉태하지 못하는 여자로 자녀의 어미가 되게 하신다. 하나님은 아브라함과 룻과 막달라 마리아 같은 사람들을 비천한 데서 일으켜 세우셨고, 사라와 한나와 엘리사벳 같은 무자한 여인들에게 자녀들을 주셨다. 사도 바울도 높으신 그리스도께서 스스로 낮아지신 은혜를 찬양하고 또 찬양했다(고후 8:9, 빌 2:6~8).

"할렐루야"(9절) 여호와의 종들이 입을 열어서 할 첫 말과 마지막 말은 모두 "할렐루야" 즉 "여호와를 찬양하라"이다. 함께 찬양하자. 1절 - 해 뜨는 데부터 해 지는 데까지 ~ 주 이름 찬양받으리(두 번). 랄랄라 할렐루야 여호와의 모든 종들아 주 이름 찬양해 이제부터(!) 영원까지 주 이름 찬양하리로다. 2절 - 모든 나라 위에 높으신 하나님 스스로 낮아지셨네(두 번). 랄랄라 할렐루야 여호와의 모든 종들아 주 이름 찬양해 이제부터(!) 영원까지 주 이름 찬양하리로다. 3절 - 궁핍한 자들을 거름무더기에서 일으켜 높이 세웠네(두 번). 랄랄라 할렐루야 여호와의 모든 종들아 주 이름 찬양해 이제부터(!) 영원까지 주 이름 찬양하리로다.

하늘 아버지이신 하나님께서 스스로 낮아지셔서 비천한 인간을 보살펴 주셨다. 우리도 스스로 낮아지며 높으신 하나님을 찬양하고 또 찬양하는 하루가 되자. 우리가 스스로 자신을 낮출 때 하나님께서 기뻐하시며 높여 세워 주실 것이다.

이스라엘이 애굽에서 나올 때에

✳ 시편 114편 ✳

이 시편은 "할렐루야 시"(111~118, 146~150편)에 속하는데, 특히 "출애굽 할렐루야(Exodus Halleluiah) 시" 중의 하나이다. 이 시편들은 유대인의 큰 절기 때마다 부른 것으로 113, 114편은 식사 전에 115, 118편은 식사 후에 부르기도 했다.

1. 이스라엘이 애굽에서 나올 때에(1~2절)

"이스라엘이 애굽에서 나오며"(1절) 출애굽 사건은 모든 구원 사건의 모형이다. 구원은 죄인들이 하나님의 부르심을 받아 죄악의 세상에서 '나오는' 사건이다. 하나님은 죄인들을 불러 죄악의 세상에서 나오게 하시고, 죄인들은 하나님의 부르심을 따라 죄악의 세상에서 나온다. 아브라함은 부르심을 받아 갈대아 우르에서 나왔고, 이스라엘은 애굽과 바벨론에서 나왔으며, 신자들은 주님의 택하심을 받아 죄악의 세상에서 나왔다. "너희는 … 세상에서 나의 택함을 입은 자인 고로"(요 15:19). 구원받은 자들은 항상 하나님의 부르심을 받아 죄악의 세상에서 나온 사건을 기억하고 회상하며 하나님을 찬양한다. 할렐루야!

"여호와의 성소가 되고"(2절) 죄인들이 구원을 받음으로 하나님을 예배하는 성소가 된 것이고, 하나님의 통치를 실현하는 그의 영토가 된 것이다. 그러므로 구원함을 받은 자들은 예배와 하나님을 증거하는 전도와 봉사에 전력해야 한다.

2. 바다는 도망하며 요단은 물러갔도다(3~6절)

"바다는 이를 보고 도망하며 요단은 물러갔으며"(3절) 하나님의 구원 행사에는 하나님의 놀라운 초자연적인 능력이 나타나곤 했다. 출애굽 초기에는 홍해 바다가 갈라지는 이적이 나타났고(출 14장), 40년이 지난 말기에는 요단강이 멈추는 이적이 일어났다(수 3장). 바다와 산과 같은 방해물들도 하나님의 능력 앞에서 모두 굴복하였으므로 구원받은 자들은 이렇게 감격하며 놀라워 한다. "바다야 네가 도망함은 어찜이며 요단아 네가 물러감은 어찜인고!"(5절).

하나님은 우리들을 구원하시기 위해서 일본 나라도 무너뜨리고 술 귀신도 물러가게 하시며 돈 귀신과 정욕 귀신과 무당 귀신도 도망가게 하신다. 일곱 귀신도 물리치셨다. 그러므로 성도들은 "할렐루야!" 한다.

3. 땅이여 하나님 앞에서 떨지어다(7~8절)

"땅이여 … 하나님 앞에서 떨지어다"(7절) 하나님의 구원 행사는 출애굽 사건에 국한하지 않고 현재와 미래에도 계속해서 발생하고 경험하게 되는 '오늘의 사건'이다. 그러므로 온 땅과 그 가운데 있는 거민들은 구원을 이루시는 "하나님 앞에서" 떨어야 한다. '하나님 앞에서' 피조물들의 자세는 찬양과 경외이다. 하나님은 반석이나 차돌을 변하여 못과 샘이 되게 하신다. 그러므로 모든 피조물들은 하나님을 경외하며 찬양한다. "주를 경외함이 곧 지혜요"(욥 28:28). "The fear of the Lord, that is wisdom"

자연 만물을 창조하시고 다스리시는 하나님께서 그의 초자연적인 능력으로 이스라엘을 출애굽시키셨다. 이러한 하나님의 구원 행사가 오늘도 우리의 삶 속에서 계속되어지고 있음을 경험할 수 있기를 바란다.

영광을 오직 주님께
(Glory to God alone, Soli Deo gloria)

✲ 시편 115편 ✲

이 시편은 "할렐루야 시"(111~118, 146~150편) 중의 하나로 유월절 만찬 후에 불려졌다. 하나님을 무시하는 우상숭배의 세상에서 오직 하나님께 영광을 돌리게 해달라고 간구한 시이다.

"영광을 오직 하나님께"는 칼빈주의의 중심이요, 예수님과 바울 신앙의 중심이다.

1. 영광을 우리에게 돌리지 마옵소서(1~8절)

"영광을 우리에게 돌리지 마옵소서"(1절) 헤롯은 영광을 자기에게 돌리다가 충이 먹어 죽었다(행 12:23). 기독교에서는 영광이라는 말을 오직 하나님께만 사용한다. 성경은 헤롯왕이 영광을 하나님에게 돌리지 않다가 하나님의 징계를 받은 일을 기록하고 있다. '신뢰를 받는 지도자는 영광을 추구하는 지도자가 아니다'(한국일보 1987. 6. 21 종교인 칼럼, '마음을 비워야' 중에서). '하나님의 은혜를 받은 후 자기 자신이 영광을 받는 것은 도적 행위이다'

(박윤선 목사).

인간은 하나님 대신 자기 자신이나 돈이나 우상을 섬기며 그것들을 높이고 그것들에게 영광을 돌리려고 한다. 그러나 성경은 인간이나 돈이나 우상은 헛된 것이라고 가르친다(잠 11:28, 사 2:22, 렘 10:14~15). 우상은 눈, 코, 입, 귀, 손, 발, 목구멍이 있어도 아무 것도 하지 못한다(시 115:4~8). 그러므로 인간은 "영광을 우리에게 돌리지 마옵소서"라고 다짐하고 "영광을 오직 주님께 돌리소서"라고 기도해야 한다. 하나님은 하늘에 계시고 원하시는 모든 것을 행하시며 인자하시고 진실하신 분이시기 때문이다.

2. 이스라엘아 여호와를 의지하라(9~11절)

"이스라엘아 여호와를 의지하라"(9절) 인간이 하나님께 영광을 돌리는 일은 하나님을 의지하는 일이다. 하나님은 우리가 그를 의지할 때 영광을 받으신다. "믿음이 없이는 기쁘시게 못하나니"(히 11:6).

우리가 그를 의지해야 할 이유 중의 하나는 그는 우리의 도움이시고 우리의 방패가 되시기 때문이다. 그러므로 이스라엘 모든 족속과 아론의 자손들과 여호와를 경외하는 모든 신자들은 하나님을 의지해야 한다.

3. 여호와께서 복을 주시리로다(12~16절)

"여호와께서 … 복을 주시며"(12절) 우리가 하나님께 영광을 돌리고 하나님을 의지할 때 하나님은 우리들에게 복을 주신다. 여호와께서 우리에게 복을 주시되, 이스라엘 집에도 아론의 집에도 그리고 여호와를 경외하는 모든 자에게 복을 주신다. 저들의 자손에게까지 복을 주신다. 하나님을 의지하는 자들은 천지를 지은 여호와께로부터 복을 받는 자들이다. "무릇 여호와를 의지하며 여호와를 의뢰하는 그 사람은 복을 받을 것이라"(렘 17:7).

4. 이제부터 영원까지 여호와를 송축하리로다(17~18절)

죽은 자는 찬양할 수 없다고 한다. "참으로 하나님을 영화롭게 하는 찬송생활은 이 세상에서만 할 수 있는 기회를 가진다"(박윤선 목사). 그러므로 살아있는 지금부터 사후 세계의 영원까지 여호와를 찬양할 것이다. "할렐루야 여호와를 찬양하라!"

우리는 날마다 주의 인자하심과 진실하심 속에 살아가고 있다. 우리의 도우심과 방패되시는 하나님께만 영광 돌리는 오늘 하루의 삶이 되기를 바란다.

내 음성과 간구를 들으시는 하나님
＊ 시편 116편 ＊

이 시편도 "할렐루야 시"(111~118, 146~150편) 중의 하나로 기도를 응답하시고 죽음의 위기에서 구원하여 주신 하나님을 찬양했다.

1. 여호와께서 내 음성과 간구를 들으시므로(1~14절)

"여호와께서 내 음성과 내 간구를 들으시므로"(1절) 성도들의 감사와 기쁨은 하나님께서 성도의 기도를 들으시고 환난과 위기에서 구원하시는 일로부터 온다. '하나님이 나의 기도를 들으시다니! 나 같은 것을 구원하시다니!' 기도 응답과 구원 체험은 성도들로 하여금 하나님을 뜨겁게 사랑하고 찬양하게 만들며 평생토록 간절히 기도하게 만든다.

"사망의 줄이 나를 두르고 음부의 고통이 내게 미치므로"(3절) 이제 이 시인은 자기가 당했던 극심한 죽음의 위기를 기술한다. 죽음의 위기에서 환난과 슬픔을 만났다고 고백했다. 그리고 그 위기가 자기로 하여금 하나님께 기도하게 했다고 진술한다.

"여호와는 은혜로우시며 … 자비하시도다"(5절) 결국 하나님은 그의 기도를 들으시고 은혜와 자비를 베푸셔서 낮게 된 그를 구원하셨다. 그는 하나님의 구원을 체험하고 평안을 누렸다. "주께서 내 영혼을 사망에서, 내 눈을 눈물에서, 내 발을 넘어짐에서 건지셨나이다"(8절). 그리고 하나님을 계속해서 찬양하며 평생토록 하나님 앞에서 합당하게 살겠다고 서원했다.

"내가 믿는 고로 말하리라"(10절) 이제는 간증까지 한다. 즉 그가 큰 환난을 당했을 때 당황한 나머지 자기를 돕지 않는 모든 사람들을 불신하며 모두가 다 거짓말쟁이라고 단죄한 일이 있었다. 그럼에도 불구하고 하나님께서는 그에게 은혜를 베푸셔서 그를 구원하셨다. 그래서 구원의 잔을 높이 들고 하나님을 찬양하며 하나님 앞에서 합당하게 살겠다고 약속한 서원을 갚겠다고 다짐했다.

2. 성도의 죽는 것을 여호와께서 귀중히 보시는도다(15~19절)

"성도의 죽는 것을 여호와께서 귀중히 보시는도다"(15절) 죽음의 위기에서 건짐을 받은 시인은 이제 앞으로 다가올 죽음 자체도 하나님의 구원과 복의 관점에서 보게 되었다. 즉 죽음이 성도에게 있어서는 무서운 것도 끔찍한 것도 아니며 오히려 귀중한 것임을 깨달았다. 성도의 죽는 것을 여호와께서는 귀중히 보시므로 성도의 죽음은 귀중한 것이고 복된 것이다. 그래서 주의 종인 성도들은 죽음을 통해서 모든 죄악의 결박에서 벗어나 자유함을 누린다.

"내가 주께 감사제를 드리고"(17절) 이 시인은 다시 하나님께 감사제를 드리고 하나님의 이름을 부르며 하나님을 찬양하겠다고 다짐한다. 그리고 하나님 앞에서 합당하게 살겠다고 약속한 서원을 모든 사람들과 예루살렘 즉 하나님의 도성 가운데서 갚겠다고 재 삼 다짐한다. 은혜를 입은 자들은 마지 못해서가 아니라 자원해서 서원을 갚는다. 하나님을 사랑하고 기도하며 합당하게 살겠다고 다짐한다.

죽음의 위기에서 건짐받아 하나님을 찬양했던 본문의 시인과 같이 우리도 내 음성과 간구를 들으시는 하나님을 높이고 찬양하며 하나님께 합당한 삶을 살겠노라고 결단하는 새벽이 되어야겠다.

모든 나라들아 여호와를 찬양하라

✱ 시편 117편 ✱

"할렐루야 시"(111~118, 146~150편) 중의 하나인 본 편은 시편 뿐 아니라 성경 중에서 가장 짧은 장이지만 그 내용은 찬송시로써 완벽하다.

1. 너희 모든 나라들아 너희 모든 백성들아(1절)

찬양은 구원받은 백성들의 전유물이다(찬송가 249장). 그런데 어떻게 모든 나라들로 하여금 하나님을 찬양하라고 하는가? 그 이유는 모든 나라들이 구원의 복을 받게 될 것을 내다보기 때문이다. 즉 구원의 복이 몇몇 나라나 민족에만 국한되지 않고 모든 나라 모든 민족에게 주어지는 사실을 선언한 것이다. 이 선언은 하나님께서 일찍이 아브라함에게 하신 언약(창 12:3)이 성취됨을 보여 준다.

기독교는 모든 나라 모든 민족의 종교이다. 선지자 이사야도 같은 맥락에서 세계가 하나님을 찬양할 것을 내다 보았다(사 19:23). 이방 나라들을 '나의 백성'이라고 부르신다. "너희 모든 나라들아"라는 호칭은 세계선교의 비전과 도전을 주는 구호이다.

2. 여호와를 찬양하며 저를 칭송할지어다(1절)

찬양의 대상은 하나님뿐이시다. 스스로 계시는 전능하신 창조주 하나님 그리고 이스라엘을 애굽에서 구원하신 구속주 하나님뿐이시다. 자연은 예찬의 대상이 될 수는 있으나 찬양의 대상이 될 수는 없다. 인간은 존경의 대상이 될 수는 있으나 찬양이나 경배의 대상이 될 수는 없다. 김정일 찬가나 어떤 대통령의 찬가도 있을 수 없다. 더욱이 우상은 작품의 대상이 될 수 없고 찬양이나 숭배의 대상도 될 수 없다. "주 너의 하나님께 경배하고 다만 그를 섬기라"(마 4:10). "나 외에는 다른 신들 즉 찬양의 대상을 네게 있게 말지니라".

3. 우리에게 향하신 여호와의 인자하심이 크고 진실하심이 영원함이로다(2절)

만민이 하나님을 찬양해야 할 이유는 특정한 사람들만이 누리는 성공이나 부귀영화가 아니기 때문이다. 만민이 다같이 하나님을 찬양함은, 우리 모든 백성들을 향하신 하나님의 인자하심(steadfast love)과 진실하심(faithfulness)이 있기 때문이다.

우리가 구원과 복을 받는 것은 우리의 선행이나 공로의 대가가 아니다. 하나님의 끈질긴 사랑 즉 무한히 자비로우신 은혜 때문이다. "나의 나된 것은 하나님의 은혜로 된 것이니"(고전 15:10). "나 같은 죄인 살리신 주 은혜 놀라워 잃었던 생명 찾았고 광명을 얻었네"(찬송가 405장). 우리가 구원과 복을 받는 것은 또한 신실하시고 불변하신 하나님의 약속 때문이다. 그의 약속은 영원토록 변함이 없다.

모든 성도는 변함없고 무한하신 하나님의 인자하심과 진실하심을 찬양해야 한다.
이 새벽에 우리는 하나님을 찬양하는 삶을 살고 있었는가를 되돌아보고, 오늘부터라도 찬양의 삶을 살도록 힘써야겠다.

여호와께 감사하라

✱ 시편 118편 ✱

본 편은 "할렐루야 시"(111~118, 146~150편) 중의 하나로 "여호와께 감사하라 그는 선하시며 그 인자하심이 영원함이로다"를 찬송의 시작과 끝으로 삼고 있다.

1. 여호와께 감사하라 그는 선하시며 그 인자하심이 영원함이로다(1~4절)

이 시편 기자는 하나님의 구원의 은총을 체험한 모든 사람들 즉 이스라엘과 아론의 집과 여호와를 경외하는 자들을 향해 하나님의 선하심과 인자하심을 찬양하며 감사하자고 권면했다. 하나님의 인자하심을 체험하고 그 인자하심이 영원함을 믿는 사람들은 언제나 감사와 찬양의 삶을 산다.

2. 내가 고통 중에 부르짖었더니 여호와께서 응답하시고 나를 광활한 곳에 세우셨도다(5~18절)

여기 감사와 찬양의 내용은 하나님의 구원의 은총이다. 하나님께서는 고통 중에서 부르짖는 기도에 응답하셨고, 내 편이 되어 주셔서 두려움이 없게 하셨다. 여호와께 피하는 것이 제일 좋은 길임을 알게 하셨고, 여호와의 이름이 어떤 원수의 세력도 끊어 버릴 수 있음을 보여 주셨다. 여호와가 나의 능력이시고 찬송이시며 구원이심을 체험케 하셨다. 여호와의 오른손이 베푸시는 권능을 보여주셨다. 하나님께서 때로는 심할 정도로 경책하셨지만 죽음에 붙이시지는 않으셨다. 그러므로 이 시인은 죽지 않고 살아서 여호와의 선하시고 인자하신 행사를 널리 선포하겠다고 다짐했다.

3. 의의 문에 들어가 여호와께 감사하리로다(19~24절)

시인은 "의의 문" 즉 성전 안으로 들어가서 하나님께 감사하겠다고 말했다. 성전 안으로 들어가서 자신의 기도에 응답하신 것과 은혜로 구원을 베푸신 하나님께 감사하겠다고 다짐했다. 또한 건축자의 버린 돌을 들어서 집 모퉁이의 머릿돌이 되게 하신 하나님의 은혜를 감사하겠다고 고백했다. 그것은 하나님이 행하신 기이한 일이다. 구원을 베푸신 이 날이야말로 하나님이 정하신 날이며 우리가 기뻐하고 즐거워할 날이다.

4. 여호와여 구하옵나니 이제 구원하소서(25~29절)

구원의 은혜를 체험한 시인은 또 다시 하나님의 형통케 하시는 은혜를 간구했다. 은혜를 받은 자는 하나님의 은혜를 더욱 더 간절히 사모한다. 시인은 여기서 여호와의 이름으로 오는 자 즉 메시아에게 복을 기원하는 예언을 했고, 그리스도의 희생의 제물을 제단 뿔에 매라고 했다. 그리고 이렇게 찬양을 마친다. "주는 나의 하나님이시라 내가 주께 감사하리이다 주는 나의 하나님이시라 내가 주를 높이리이다 여호와께 감사하라 그는 선하시며 그 인자하심이 영원함이로다"(28~29절).

여러분은 구원의 은혜를 체험했는가?

우리는 이 시편의 시인과 같이 우리의 능력과 찬송이시며 구원이신 하나님을 체험할 수 있어야 한다. 그리고 그 하나님의 선하심과 인자하심을 영원토록 찬양해야 할 것이다.

여호와의 법에 행하는 자

✱ 시편 119편 ✱

본 편은 22연으로 구성된 율법 예찬시로 성경에서 가장 긴 장이다. 여기서 말하는 율법은 모세오경과 성경 전체를 가리키는 말인데, 율법이란 말 외에 증거, 말씀, 법, 계명, 율례, 규례, 법도, 훈계, 도, 판단 등 다른 말도 사용했다.

1. 여호와의 법에 행하는 자가 복이 있음이여

여호와의 율법에 행하는 자가 복이 있는 이유는 율법을 사모하고 사랑하며 지키는 자에게 다음과 같은 복을 가져다 주기 때문이다.

① 구원의 복을 얻게 함(41절) ② 살리심(50, 93, 116, 144, 149절) ③ 영혼을 소성케 함(25, 107, 154, 156절) ④ 곤란 중에 위로를 줌(50절) ⑤ 행실을 깨끗케 함(9절) ⑥ 범죄치 않게 함(11절) ⑦ 감사하게 함(7, 62절) ⑧ 부끄럽지 않게 함(6, 80절) ⑨ 지혜롭게 함(98, 99, 100절) ⑩ 등과 빛이 되어 줌(105절) ⑪ 큰 평안이 있고 장애물이 없게 함(165절).

2. 여호와여 주의 율례의 도를 내게 가르치소서 내가 끝까지 지키리이다

본 편은 율법을 예찬하는 데 그치지 않고 율법에 대한 우리들의 태도와 자세가 어떠해야 함을 구체적으로 가르친다.

첫째, 깨닫고 지키게 해주시기를 기도한다. 가르치시고 보게 하시고 깨닫게 하소서(12, 18, 34절), 지키게 하소서(5, 10, 29절).

둘째, 사모하며 묵상한다. 항상 사모함으로 마음이 상함(20절), 주의 법도를 사모함(40절), 말씀을 사모하기에 피곤함(123절), 주의 계명을 사모하므로 입을 열고 헐떡였음(131절), 주의 법도(율례)를 묵상함(15, 23, 27, 78, 99절), 손을 들고 주의 율례를 묵상함(48절), 종일 묵상함(97절), 묵상하려고 야경에 깨어남(148절), 주의 증거를 생각함(95절), 영원히 잊지 아니함(83, 93, 109, 153절).

셋째, 즐거워하며 사랑한다. 재물보다 즐거워함(14절), 천천 금은보다 승함(72절), 주의 율례와 법을 즐거워함(16, 70, 174절), 주의 증거와 법은 나의 즐거움임(24, 77, 92, 111, 143절), 사랑하는 바 주의 계명을 스스로 즐거워함(47절), 탈취물을 얻은 것처럼 주의 말씀을 즐거워함(162절), 주의 법을 어찌 그리 사랑하는지요(97절), 주의 법을 사랑함(113, 140, 163절), 정금보다 더 사랑함(127절), 지극히 사랑함(167절).

넷째, 노래하며 찬송한다. 나그네된 집에서 주의 율례가 노래가 됨(54절), 주의 규례를 인하여 하루에 일곱 번씩 주를 찬양함(164절), 주의 말씀을 노래함(172절).

다섯째, 지키며 행한다. 말씀에 대한 최상의 예찬은 그 말씀의 준행이다. 여호와의 법에 행하며 율례와 말씀을 지킴(1, 2, 8, 17절), 끝까지 지킴(33절), 전심으로 지킴(34, 69절), 항상 영영히 끝없이 지킴(44절), 밤에 주의 법을 지킴(55절), 주의 법을 지킨 것이 소유가 됨(56절), 주의 말씀과 율례와 증거를 지킴(57, 101, 106, 129, 145, 146, 167절), 주의 율례를 길이 끝까지 행함(112절).

여섯째, 주의 말씀을 바란다(소망한다). 나는 오히려 주의 말씀을 바라나이다(I hope in your word, 43, 74, 81, 114절), 주의 말씀을 바라기에 피곤함(82절).

하나님은 말씀을 통해서 우리를 붙드시고 주의 율례와 도를 가르쳐 주신다. 매일의 양식으로 우리의 육신을 강건케 하듯 늘 하나님의 말씀을 사모하며 묵상함으로 우리의 영혼이 강건해져야 할 것이다.

오늘 하루도 하나님의 말씀으로 충만하기를 바란다.

성전에 올라가는 노래〈1〉
성전을 향해 올라가는 삶
✱ 시편 120편 ✱

본 편은 "성전에 올라가는 노래"(120~134편) 중 그 첫 번째 노래이다. 바벨론에서 해방된 이스라엘 백성들이 예루살렘을 향하여 올라가며 부른 노래이거나 순례자들이 해마다 예루살렘을 향하여 올라가며 부른 노래라고 생각된다. 오늘날 세상을 살아가는 신자들이 교회로 올라가거나 올라와서 부르는 노래와 기도라고 할 수 있다.

1. 환난 중에 살아가는 성도의 삶

세상을 살아가는 성도들의 삶의 특징은 환난을 당하며 환난 중에 살아가는 것이다. "또 환난이 있으리니"(단 12:1), "세상에서는 너희가 환난을 당하나 담대하라"(요 16:33), "너희가 십 일 동안 환난을 받으리라"(계 2:10).

세상을 살아가는 성도의 모습은 '수난자'의 모습이다. 그들이 사는 곳이 '이 세상'이기 때문이다. "너희는 세상에 속한 자가 아니요 도리어 세상에서 나의 택함을 입은 자인 고로 세상이 너희를 미워하느니라"(요 15:19).

세상에서 환난을 당하는 두 가지 이유가 있다. 첫째는 이 세상이 거짓되고 궤사하기 때문이다. 노골적인 거짓이나 간교한 궤사함은 사람들을 괴롭히고 죽이기에 족하다. "혀는 곧 불이다"(약 3:6). 둘째는 이 세상이 화평을 미워하며 싸움을 좋아하기 때문이다. 싸우려고 대드는 것은 사람들을 괴롭히고 죽이기에 족하다.

2. 성전을 향해 올라가는 성도의 삶

성도가 세상에서 환난을 당하는 것은 어떤 의미에서 큰 복이다. 환난으로 인해서 시온을 사모하며 성전을 향해 올라가기 때문이다.

성도가 환난을 당할 때 성전을 향해 올라가는 이유는

(1) 성전에서 부르짖는 성도의 기도를 하나님께서 응답하시기 때문이다. "내가 환난 중에 여호와께 부르짖었더니 내게 응답하셨도다"(1절). "이곳에서 하는 기도에 내가 눈을 들고 귀를 기울이리니"(대하 7:15).

(2) 하나님께서 성전에서 부르짖는 성도의 기도를 들으사 그들을 건지시기 때문이다. "거짓된 입술과 궤사한 혀에서 내 생명을 건지소서"(2절). "환난 날에 나를 부르라 내가 너를 건지리니"(시 50:15).

(3) 성전에 올라올 때 하나님 및 성도들과의 교제를 통한 평안과 기쁨을 누릴 수 있기 때문이다. "나는 화평을 원할지라도"(7절). 성전은 성도들이 사랑의 교제를 나누며 평안과 화평을 누리

는 곳이다. "기쁨과 순전한 마음으로 음식을 먹고"(행 2:46).

우리를 사랑하시는 하나님께서는 성전에서 부르짖는 성도의 기도를 들으시고 응답하시기를 기뻐하신다. 오늘 새벽 주의 전에 나아온 여러분들의 기도 제목을 하나님은 이미 알고 계신다. 우리 모두 힘써 기도하자.

성전에 올라가는 노래〈2〉
산을 향하여 눈을 들리라
✱ 시편 121편 ✱

본 편은 "성전에 올라가는 노래"(120~134편) 중 그 두 번째 노래이다. 성전으로 올라가는 길은 때로는 험난하고 방해되는 것들이 가로놓여 있다. 원수들의 공격이 있을 수 있으며 부모님이나 남편의 반대가 있을 수도 있다. 그럼에도 불구하고 성전으로 올라가는 사람은 복된 사람이다. 그 길은 생명의 길이요, 은혜와 복을 받는 길이기 때문이다.

1. 내가 산을 향하여 눈을 들리라(1~2절)

이 시편의 '산'은 이스라엘의 역사에 있어서 하나님의 임재가 나타난 거룩한 곳을 상징한다. 모리아산과 호렙산과 갈멜산에 하나님이 임재하셨고 변화산에도 하나님의 영광이 나타났다. 성전으로 올라가는 사람은 '눈을 들어' 하나님의 임재가 나타난 거룩한 산을 바라본다. 그리고 이렇게 질문한다. "나의 도움이 어디서 올꼬"(1절). 사람은 근본적으로 도움을 필요로 하는 존재이기 때문이다. 이와 같은 정당하고 올바른 질문에 대한 응답이 주어졌다. "나의 도움이 천지를 지으신 여호와에게서로다"(2절). 그 응답이 성전으로 올라가는 동료에게서부터 왔을 수도 있고 하늘로부터 오는 영감에 의해 주어졌을 수도 있다. 우리를 참으로 도울 수 있는 분은 천지를 지으신 여호와 하나님뿐이시다.

2. 여호와는 너를 지키시는 자라(3~8절)

하늘로부터 계속해서 들려오는 소리가 있다. 그 소리는 하나님은 성전을 향해서 올라가는 성도들을 참으로 돕는 분이시며 참으로 지키시는 분이시라는 것이다. 여기 "지키신다"는 말이 여섯 번 나온다. 성도들을 지키시되 세 가지 방식으로 지키신다.

첫째, 실족하지 않도록 졸지도 않고 주무시지도 않으시며 지키신다(3~4절). 사람은 실족할 수밖에 없는 지극히 연약한 존재이다. 그러나 하나님은 졸지도 않으시며 지키신다. 실족해도 다시 일으키신다(시 37:24, 잠 24:16).

둘째, 그늘이 되시면서 지키신다(5~6절). 예루살렘으로 올라가는 순례자들은 사막과 광야를 통과해야 하므로 뜨거운 태양이 비추는 낮도, 차가운 달이 비추는 밤도 괴로운 시간이다. 세상에는 또한 비바람과 폭풍이 몰아치기도 한다. 그런데 하나님은 성도들을 보호하고 지키시는 그늘이 되신다. 하나님의 그늘 아래 있을 때 어떤 원수도 해치 못한다.

셋째, 출입을 지키신다(7~8절). 세상에는 나아가나 들어오나 언제나 시험과 환난이 기다리고 있다. 몸과 영혼을 파멸시키려는 시험과 환난이 기다리므로 출발이 좋다고 마무리가 반드시 좋으리라는 보장은 없다. 인생의 행로는 굴곡의 연속이기 때문이다. 그러나 하나님은 우리의 출입을 지키신다. 그러므로 들어와도 복을 받고 나아가도 복을 받는다(신 28:6). 하나님의 보호 아래 있는 사람은 시작뿐 아니라 마무리도 좋게 된다. 하나님은 우리들을 영원까지 지키시는 분이시기 때문이다. 이 세상에 들어오는 순간과 떠나는 순간에도!

우리를 도울 수 있는 분은 천지를 지으신 여호와 하나님이시다. 이 하루를 지낼 때에 우리를 지켜 환난을 면하게 하시고, 우리의 영혼을 지키시는 하나님만을 바라보자.

성전에 올라가는 노래〈3〉
예루살렘을 사랑하는 자
✱ 시편 122편 ✱

본 편은 "성전에 올라가는 노래"(120~134절) 중 세 번째 노래이다. 신자의 기쁨과 감격은 성전으로 올라가서, 성전으로 들어가는 것이다. 신자의 형통과 복은 하나님의 집을 위해서 기도하고 하나님의 집을 사랑하는 것이다.

1. 여호와의 집에 올라가자 할 때에 내가 기뻐하였도다(1절)

신자의 기쁨은 성도들과 함께 하나님의 집으로 올라가는 것이다. 그 옛날 성전이 예루살렘 한 곳에 있었을 때는 더욱 그러했다. 포로생활 이후 재건된 예루살렘 성전으로 올라가던 성도들의 기쁨은 더욱더 컸다. 하나님께 마음껏 자유롭게 예배 드리기 위한 목적을 가지고, 북미주로 건너간 청교도들이 새로 지은 하나님의 집으로 올라갈 때 그들의 기쁨은 한이 없었다. 오랫동안 박해 중에 있던 로마니아 교회의 신자들이 주일 아침·저녁은 물론 이른 새벽마다 교회당으로 예배 드리러 올라갈 때 그들의 기쁨은 충만했다. "하나님께 예배 드리는 일을 무거운 짐으로 생각하는 자는 하나님의 자녀된 자의 심리가 아니다"(박윤선).

2. 예루살렘아 우리 발이 네 성문 안에 섰도다(2~5절)

신자의 감격은 하나님의 집 안으로 들어가는 것이다. 여기 이스라엘 백성들은 예루살렘성 안으로 들어가면서부터 감격하기 시작했다. "우리 발이 성문 안에 들어섰도다" 감탄의 소리가 흘러나왔다. 여기 예루살렘은 교회를 상징한다. 예루살렘을 바라보았을 때, 예루살렘이 조밀하게 즉 정교하고 아름답게 건설되어 있음을 발견했다. 그곳은 이스라엘의 모든 지파들 즉 모든 나라와 민족들이 차례대로 올라와서 예배 드리는 예배의 중심지임을 발견했다. 또한 거기는 하나님의 의로운 판단과 통치가 이루어지는 곳이다. 예루살렘에 들어와서 그곳을 바라보는 예배자의 감격은 점점 증가되었다.

3. 예루살렘을 사랑하는 자는 형통하리로다(6~9절)

신자의 형통과 복은 하나님의 집을 위해서 기도하고 하나님의 집을 사랑하는 것이다. 성전으로 올라가며 기뻐하고 성전에 들어서면서 감격한 이스라엘 백성은 성전을 위해서 축원할 마음과 성전을 사랑할 마음이 생겼다. 그래서 이렇게 자기의 소원을 토로하며 서로 권면했다. "예루살렘을 위하여 평안을 구하라 예루살렘을 사랑하는 자는 형통하리로다"(6절).

예루살렘이란 평화의 도시라는 말이다. 하나님의 집, 성전 또는 교회는 십자가로 말미암아 하나님과의 평화와 인간과의 평화가 주어지는 곳이다. 신자는 예루살렘 안에서 평화를 누리는 복을 받는 동시에 예루살렘의 평화를 위해서 축원한다. 그리고 이렇게 고백한다. "예루살렘을 사랑하는 자는 형통하리로다". 교회를 사랑하고 교회를 위해서 기도하는 자는 형통케 되는 복을 받는다.

하나님은 교회를 통해 자신의 일들을 행하시며 교회를 사모하는 사람들에게 형통케 되는 복을 주신다. 고요한 이 새벽에 우리가 함께 모여 예배 드릴 수 있는 교회를 하나님께서 주셨음을 깨닫고 감사하는 성도가 되자.

성전에 올라가는 노래⟨4⟩
내가 눈을 들어 주께 향하나이다
✱ 시편 123편 ✱

본 편은 "성전에 올라가는 노래"(120~134편) 중 네 번째 노래이다. 신자는 성전으로 올라가면서 기뻐하는 것이 당연하지만 때로는 박해와 고난이 극심하여 슬픔에 잠기기도 한다. 신자는 기쁠 때나 슬플 때나 언제나 "성전"을 향해서 올라간다.

1. 내가 눈을 들어 주께 향하나이다(1~2절)

신자는 세상에 살면서 성도들과 더불어 교제와 나눔과 예배를 즐긴다. 그러나 때로는 교제와 나눔과 예배가 모두 끊어져 버리는 때가 있다. 요셉과 욥과 다윗이 그와 같은 형편에 처했었다. 리차드 범브란트는 14년 동안 감방에서 극심한 박해와 고문을 당했다. 그와 같은 때에도 성도들은 "성전"으로 올라가며(땅의 성전으로 가는 길이 막힐 때 하늘의 성전을 바라보며) 눈을 들어 하늘에 계신 하나님을 향한다. 느헤미야도 성전이 훼파되었다는 소식을 들었을 때 하늘의 하나님만을 바라보았다.

고난 중에 눈을 들어 하늘에 계신 주만 바라보는 것은 고독하고 외로운 일이지만 또한 자기만이 누릴 수 있는 위로와 평안을 소유하는 길이다. "종의 눈이, 여종의 눈이, 우리의 눈이 하나님을 바라며". 눈을 들어 하늘의 주님만을 바라볼 때 성도들은 하늘의 위로와 평안을 누린다.

2. 주여 긍휼히 여기소서(3~4절)

극심한 고난과 슬픔 중에서 "성전"을 향해 올라가며 하늘의 하나님을 바라보는 신자가 할 수 있는 말은 오직 하나, "주여 우리를 긍휼히 여기소서"(끼리에 엘레이손)이다. 여기서 시인은 "주여 긍휼히 여기소서"를 세 번 반복했다. 성도에게 영원히 필요한 것이 있다면 그것은 하나님의 긍휼이다.

"우리를 긍휼히 여기소서"라는 기도는 가장 핵심적인 바른 기도이다. 여기서 시인은 자기와 자기 민족이 당하는 수난을 장황하게 늘어 놓지 않고 그저 "심한 멸시를 당하는" 자기와 자기 민족을 불쌍히 여기시기를 간구했다. 가해자에 대한 미움이나 정죄를 나타내지도 않았다. 하나님에 대한 원망이나 불평을 늘어 놓지도 않았다. 그저 솔직하게 자기의 죄를 인정하며 단순하게 하나님의 긍휼을 간구했다. 누가복음 18장에 나오는 세리가 성전에 올라와서 기도한 것처럼 "하나님이여 불쌍히 여기옵소서 나는 죄인이로소이다".

"주께 향하고 하나님을 바라며, 기다리나이다". 여기 기도자의 자세는 하나님을 향하고 바라며 하나님을 기다리는 자세이다. 곧 모든 것을 하나님께 맡기고 비천한 자리에서(종의 심리로) 하나님의 처분을 기다리는 자세였다. 신앙은 하나님을 향하는 것이고, 하나님을 바라는 것이며 겸손히 참고 기다리는 것이다.

고난과 슬픔 중에 무엇을 바라보는가?
하늘의 하나님은 이땅에 있는 자신의 백성들에게 자비와 긍휼을 베푸시기 원하신다. 그러므로 우리는 이 시간 하나님의 긍휼을 바라보며 기도하자. 이 새벽 하나님은 우리를 찾아오셔서 만나 주실 것이다.

성전에 올라가는 노래〈5〉
여호와께서 우리 편에 계시지 아니하셨더면
✱ 시편 124편 ✱

본 편은 "성전에 올라가는 노래"(120~134편) 중 다섯 번째 노래이다. 시인은 성전으로 올라가면서 이스라엘이 과거에 극심한 환난에 처했을 때 하나님께서 이스라엘 편에서 그들을 도운 사실을 기억하며 하나님을 찬송했다. 도우심을 받고도 깨닫지 못하는 사람은 배은망덕한 자들이다.

1. 여호와께서 우리 편에 계시지 아니하셨더면(1~5절)

"이스라엘은 이제 말하기를"(1절) 성전으로 올라가는 자들은 무엇보다 먼저 하나님의 도우신 은혜를 기억하고 고백한다. 허둥지둥 생각없이 올라가는 것은 옳지 않다.

"이스라엘은 이제 말하기를" 즉 성전으로 올라가는 자들은 모두 한마음과 한목소리로 하나님이 극심한 환난 중에서도 저들을 도우신 사실을 입으로 말하며 고백하라고 서로 권면한다.

"여호와께서 우리 편에 계시지 아니하시고"(1절) 우리의 모든 도움은 하나님께서 우리 편에 서 계실 때 주어지며 하나님이 우리와 함께하실 때 주어진다. 그 사실을 기억하며 분명히 고백하라고 권면한다. 그래서 사도 바울은 이렇게 고백했다. "만일 하나님이 우리를 위하시면 누가 우리를 대적하리요"(롬 8:31).

"우리를 산 채로 삼켰을 것이며"(3절) 과거에 이스라엘이 당한 환난은 구원 불가능한 환난이었다. 다니엘의 경우는 순식간에 맹수의 밥이 될 뻔했다. 출애굽의 경우 "물이 엄몰하며 시내가 영혼을 잠갔을" 그런 극심한 환난이었다. 여기 물은 원수들의 세력을 의미한다. 홍수같이 많은 원수들의 세력에 묻혀 버릴 뻔했다.

2. 우리를 저희 이에 주어 씹히지 않게 하신 여호와를 찬송할지로다(6~8절)

"여호와를 찬송할지로다"(6절) 성전으로 올라가는 자들의 궁극적인 목적은 하나님을 찬송하는데 있다. 성전에 올라온 자들이 해야 할 일도 구원의 하나님을 찬송하는 일이다. 원수들의 입에서 구출하신 하나님을 찬송하고, 사냥꾼의 올무에서 벗어나게 하신 하나님께 감사하며, 도우시는 하나님께 영광을 돌려야 한다. 성전으로 올라가는 성도들은 하나님을 찬송한다. "우리의 도움은 천지를 지으신 여호와의 이름에 있다"고 고백하면서 하나님을 찬송한다.

한 가지 꼭 기억해야 할 진리가 있다. 하나님이 우리 편에 계셔야 우리가 살 수 있다는 사실이다. 하나님은 택한 자들 편에 서 계시면서 택한 자들을 도우시는 분이시다. 하나님은 하나님을 사랑하고 그뜻에 순종하는 자들 편에 서서 그들을 도우시는 분이시다.

환난과 고통 중에 우리는 성전으로 또는 하나님께로 가까이 나아가야 한다. 그러면 하나님은 친히 우리 편이 되어 주사 도우시는 은혜를 허락하실 것이다. 오늘 이 하루도 하나님의 도우시는 은혜가 넘쳐나기를 바란다.

성전에 올라가는 노래〈6〉
여호와를 의뢰하는 자
✱ 시편 125편 ✱

본 편은 "성전에 올라가는 노래"(120~134편) 중 그 여섯 번째 노래이다. 시인은 성전으로 올라가면서 여호와를 의뢰하는 자의 행복을 노래했다. 우리도 예배를 드리러 성전에 올라와서 인생의 기본적인 복인 여호와를 의뢰하는 자의 복을 다시 한번 기억하며 다함께 노래하자.

1. 시온산이 요동치 않음 같이 요동치 않는다(1절)

세상은 늘 변하고 요동한다. 권력도 부귀도 변하고 요동한다. 그래서 사람들은 불안과 두려움을 느낀다. 그러나 하나님을 의뢰하는 자는 미련하게 보일 정도로 불안과 두려움을 느끼지 못한다. 언제나 편안하고 든든하다. 여호와를 의뢰하며 성전에 올라와 하나님께 예배 드리는 자는 시온산이 요동치 않음 같이 요동치 않는다.

2. 여호와의 두르심과 보호하심을 받는다(2~3절)

　세상에는 언제나 원수들의 공격이 있다. 원수들이 사방으로부터 공격한다. 그래서 견고한 성은 산과 성들로 둘러싸여 있다. 예루살렘도 산들로 둘러싸여 산들의 보호를 받고 있었다. 하나님을 의뢰하는 자도 마찬가지이다. 하나님의 두르심과 보호하심을 받는다. 악인의 세력이 의인의 기업과 영역을 범할 수 없을 뿐 아니라 의인 역시 악인의 일에 손을 뻗칠 수 없게 된다. 여호와를 의뢰하며 성전에 올라와 하나님께 예배 드리는 자는 하나님의 두르심과 보호하심을 받는다.

3. 여호와의 선하심을 체험하며 평강을 누린다(4~5절)

　세상에는 불의와 불안이 가득하다. 선한 자가 손해를 보고 악한 자가 득을 보는 경우가 많다. 그러나 여호와를 의뢰하고 여호와를 바라는 자는 현세적인 득실에 마음이 사로잡히지도 않고 불안을 느끼지도 않는다. 오히려 평강을 누린다. 하나님의 공의로우신 판단을 믿기 때문이다. 즉 하나님께서 조만간 하나님을 의뢰하는 선인에게 선을 베푸시고, 배도자와 악인들은 모두 함께 심판하게 될 것을 내다보기 때문이다. 여호와를 의뢰하고 여호와를 바라보며 성전에 올라와 하나님께 예배 드리는 자는 이와 같은 평강을 누린다.

　"무릇 여호와를 의지하며 여호와를 의뢰하는 그 사람은 복을 받을 것이라 그는 물가에 심기운 나무가 그 뿌리를 강변에 뻗치고 더위가 올지라도 두려워 아니하며 그 잎이 청청하며 가무는 해에도 걱정이 없고 결실이 그치지 아니함 같으리라"(렘 17:7~8).

오늘 하루를 지낼 때에 여호와를 의뢰하는 자되어 하나님의 두르심과 보호하심을 받자.

성전에 올라가는 노래〈7〉
꿈꾸는 것 같았도다
✱ 시편 126편 ✱

본 편은 "성전에 올라가는 노래"(120~134편) 중 그 일곱 번째 노래이다. 포로에서 귀환한 이스라엘 백성은 70년 만에 성전으로 올라가면서 그 사실이 "믿을 수 없는 꿈만 같은 사실"임을 고백하며 기뻐서 어쩔 줄을 몰라했다. 성전으로 올라온 성도들의 심정도 사실 그러해야 한다.

1. 우리가 꿈꾸는 것 같았도다(1~3절)

1945년 8월 15일 해방 직후 신사참배의 억압에서 벗어나 36년 만에 신앙의 자유를 되찾은 조선의 신자들이 하나님의 집으로 올라갔을 때도 똑같은 놀라움과 감격과 기쁨을 느꼈을 것이다. 이와 같은 느낌은 평생 우상과 탐욕과 거짓과 음란의 부끄러운 죄악 가운데서 살던 교만하고 뻔뻔한 사람이 회개와 사죄의 은혜를 받은 후 하나님의 집으로 올라올 때 가지는 느낌이다.

"우리가 꿈꾸는 것 같았도다"(1절) 믿을 수 없는 사실이 현실로 나타날 때 우리는 꿈꾸는 것 같다는 표현을 한다. "우리 입에는 웃음이 가득하고"(2절). 너무 좋아서 입에서는 웃음이 저절로 나온다. "우리는 기쁘도다"(3절). 진정한 기쁨은 구원의 은혜를 체험할 때 생긴다.

"여호와께서 시온의 포로를 돌리실 때에"(1절) 포로 귀환과 성전 등청은 저들의 공적으로 이루어진 것은 아니었다. 조국의 힘으로 된 것도 아니었고 바벨론의 특혜로 된 것도 아니었다. 역사의 주재자이신 하나님께서 친히 저들을 돌이키신 것이었다. 그래서 저들은 그것을 고백했다. 여호와께서 이루신 대사였다. 그것을 열방도 인정했고 저들도 인정했다.

2. 우리의 포로를 돌리소서(4절)

포로에서 귀환한 이스라엘, 성전으로 올라가는 이스라엘은 감사와 기쁨에 넘쳐 있으면서도 저들에게는 하나님을 향한 간절한 호소가 있었다. 아직 돌아오지 못한 동족 포로들이 빨리 돌아올 수 있게 해달라는 간절한 호소였다. 진정한 신자는 자기가 받은 은혜만을 인해서 기뻐하는 자가 아니다. 아직도 같은 은혜를 받지 못한 이웃과 세계를 위한 안타까운 마음을 가지고 저들을 위해서 하나님께 호소하는 자들이다. 남방 시내들이 우기에 물로 가득 차서 다시 흐르는 것처럼 동족 포로들도 다시 흘러 돌아오게 되기를 간구했다.

3. 눈물로 씨를 뿌리는 자는 기쁨으로 거두리로다(5~6절)

"눈물을 흘리며 씨를 뿌리는 자"는 아직 포로에서 돌아오지 못한 자를 가리킬 수도 있고 포로에서 돌아온 자를 가리킬 수도 있다. 포로에서 돌아왔다고, 성전으로 올라왔다고 모든 것이 다 이루어진 것은 아니다. 오히려 앞으로 더 힘들고 어려운 일들이 있을 것이다. 하나님나라를 이루기 위해 눈물 흘릴 일이 더 많을 수도 있다. 선지자들과 사도들에게는 항상 고난과 눈물이 있었다. 그러므로 성급한 낙관주의는 금물이다. 너무 빨리 웃어 버리면 안 된다. 그러나 성급한 좌절도 금물이다. 너무 쉽게 울어 버려도 안 된다. 기독교는 비관주의와 함께 궁극적인 낙관주의를 보여 준다. 울면서 밭을 갈고 눈물로 씨를 뿌리면 분명히 기쁨으로 단을 거두게 될 것을 보여 준다. 그러므로 웃기 위해서는 먼저 울어야 한다.

죄악의 포로되어 살던 우리를 하나님의 전적인 주권으로 돌이키사 주님 자녀 삼아 주셨다.

우리는 오늘 이 새벽에 하나님께서 값없이 주시는 은혜에 감사하며 아직 하나님을 알지 못하는 이웃과 세계를 위해 안타까운 마음으로 기도하자.

성전에 올라가는 노래⟨8⟩
여호와께서 함께하지 아니하시면
✱ 시편 127편 ✱

본 편은 "성전에 올라가는 노래"(120~134편) 중 그 여덟 번째 노래이다. 포로에서 귀환한 이스라엘 백성이 70년 만에 성전으로 올라가면서 하나님 대신 자기 자신들을 믿었던 것을 회개하면서 솔로몬의 신앙고백을 따라 여호와께서 함께하지 않으시면 모든 인간의 수고와 노력이 헛되다고 고백했다. 성전에 올라가는 자들이 되새기며 고백하여야 할 내용이다.

1. 여호와께서 함께하지 아니하시면(1~2절)

"여호와께서 집을 세우지 아니하시면"(1절) 지식과 재산과 능력이 늘어갈수록 사람들은 그것들과 자기 자신을 믿게 된다. 그러나 사람이 자기 자신을 믿을 때 결국 낭패하고 만다. 집도 나라도 사업도 다 낭패를 당한다.

지금 하나님의 긍휼로 포로에서 돌아온 이스라엘은 그 사실을 절감하며 성전으로 올라가면서 이렇게 고백했다. 하나님께서 함께하지 아니하시면 가정과 성전과(여기 집은 가정을 가리킬 수도 있고 성전을 가리킬 수도 있음) 나라와 사업을 위한 수고와 노력이 다 수포로 돌아가고 만다고 고백했다. 가장이 하나님을 무시하면 가정이 망하고 통치자가 하나님을 무시하면 나라가 망하고 사업가가 하나님을 무시하면 사업이 망한다. 지금 북한은 통치자를 "조국의 수호신, 인류의 구세주, 지구촌의 한울님"으로 떠받들고 있다. 우리는 성전을 향해서 올라올 때마다 "여호와께서 함께하지 아니하시면 우리의 모든 수고와 노력이 헛것입니다"라고 고백해야 할 것이다.

2. 여호와께서 잠을 주시는도다(2절)

인간의 근본적인 행복은 평안에 있다. 여기 잠은 육체적 잠과 아울러 마음의 평안을 뜻한다. 잠과 평안을 잃으면 천하를 얻어도 아무 소용이 없다. 여호와를 전적으로 의지하고 여호와의 도움을 구하면서 사는 사람을 하나님은 기뻐하시고 사랑하신다. 그리고 그에게 잠을 주시고 평안을 주신다. "나 어느 곳에 있든지 늘 맘이 편하다 주 예수 주신 평안함 늘 충만하도다"(찬송가 466장). 하나님께서 여러분들에게 참된 평안과 잠을 주시기를 바란다. 그렇다고 게으름의 잠꾸러기가 되라는 말은 아니다.

3. 자식은 여호와의 주신 기업이요(3~5절)

하나님이 주시는 복 중의 하나는 튼튼하고 아름다운 자식이다. 가시 같은 자식도 있고 감람나무 같은 자식도 있는데 아름다운 자식은 하나님이 주시는 선물이다. 아름다운 자식은 부모에게 기쁨과 힘을 제공한다. "장사의 수중의 화살과 같다" 자식은 복과 영예가 되기도 한다. 수치 대신 영예가 된다.

결국 인생의 성공과 평안과 행복은 모두 하나님께로부터 온다. 그러므로 시편 127편의 제목을 "인생의 성공과 평안과 행복"이라고 해도 좋을 것이다.

우리는 인생의 성공자인가?

부나 명예를 누리며 살고 있는가?

그렇다 할지라도 하나님이 함께하시지 아니하시면 참평안과 참만족을 얻을 수 없다. 오늘 하루의 삶을 살 때에 주님과 동행하기를 바란다.

성전에 올라가는 노래⟨9⟩
여호와를 경외하는 자가 받는 복
✱ 시편 128편 ✱

본 편은 "성전에 올라가는 노래"(120~134편) 중 그 아홉 번째 노래이다. 포로에서 귀환한 이스라엘 백성이 70년 만에 성전으로 올라가면서 사람이 누리는 참된 복의 근원이 무엇인지를 고백했다. 복의 근원은 여호와 하나님이시고 참된 복은 여호와를 경외하는 데서부터 온다. 시편 128편에서 경외란 두려워하면서 공경한다는 뜻이다. 하나님을 무시하는 자는 하나님으로부터 멸시를 당하고 하나님을 경외하는 자는 하나님으로부터 복을 받는다. 이 시편에서 "복"이란 말이 다섯 번이나 나온다.

1. 네 손이 수고한 대로 먹을 것이라(1~2절)

여호와를 경외하는 자가 누리는 첫째 복은 손이 수고한 대로 먹는 복이다. 사람은 수고하며 살도록 되어 있고 수고한 대로 먹고 살도록 되어 있다. 그것이 사람을 향한 하나님의 뜻이고 축복이다. 그래서 하나님은 하나님을 경외하는 자기 자녀들에게 수고

할 일거리를 주시고 수고할 건강과 지혜를 주시며 수고에 상응한 대가를 주신다. 수고를 아니하고 불로소득으로 먹고 사는 사람들은 하나님의 뜻을 거역하는 것이고(창 3:17, 살후 3:8, 10), 수고는 많이 하는데 그 열매를 먹지 못하는 경우는 하나님의 축복을 받지 못하는 불행한 경우이다. 하나님은 하나님을 경외하며 사는 사람들에게 가정과 학교와 일터에서 수고한 열매를 먹게 하는 복을 주신다.

2. 네 아내는 결실한 포도나무 같으며(3~4절)

여호와를 경외하는 자가 누리는 둘째 복은 아내와 자식의 복이다. 가정은 하나님이 인간에게 주신 귀한 선물이지만 축복이 될 수도 있고 불행이 될 수도 있다.

"어진 여인은 그 지아비의 면류관이나 욕을 끼치는 여인은 그 지아비로 뼈가 썩음 같게 하느니라"(잠 12:4). "지혜로운 아들은 아비로 기쁘게 하거니와 미련한 아들은 어미의 근심이니라"(잠 10:1). "다투며 성내는 여인과 함께 사는 것보다 광야에서 혼자 사는 것이 나으니라"(잠 21:19). 그러나 여호와를 경외하는 자의 가정은 그렇지 않다. 남편은 하나님을 경외하며 정직하고 성실하게 수고하며 일하고, 아내는 기도와 인내와 지혜와 부드러움으로 가정을 결실한 포도나무처럼 싱싱하고 맛있고 향기롭게 하며, 자식은 푸르고 싱싱한 어린 감람나무처럼 가정을 기쁘고 활기 있게 만든다. 305장의 찬송을 부르는 천국을 이루는 가정이 된다. 이것이 여호와를 경외하는 자가 누리는 둘째 축복이다.

3. 시온에서 복을 주실지어다 (5~6절)

여호와를 경외하는 자가 누리는 셋째 복은 교회를 통해서 주시는 복이다. 여기 시온, 예루살렘, 이스라엘은 모두 교회를 가리킨다. 신자들이 받는 복 중의 또 하나의 큰 복은 교회 복이다. 사업복, 가정복도 귀하지만 교회복이 귀하다. 여호와를 경외하는 자가 누리는 복은 교회에 깊이 속해서 교회를 통해서 은혜를 받는 복이다. 무교회주의는 비성경적이다. 평안하고 은혜로운 교회에 속한 성도들은 복받은 성도들이다. 여호와를 두려워하며 공경하는 자가 이런 복을 받는다. 여호와를 경외하는 자는 교회를 잘되게 하여야 하고 교회에서 은혜와 복을 받아야 한다. 그 복은 평생토록 계속되며 자식의 자식에게까지 이어진다.

복의 근원은 여호와 하나님이시고 참된 복은 여호와를 경외하는 데서부터 온다. 이 새벽에 하나님 전에 나아온 여러분들이 여호와를 경외하는 자가 받는 복을 받으실 수 있기를 바란다.

성전에 올라가는 노래〈10〉
어제의 고난과 내일의 승리
✱ 시편 129편 ✱

본 편은 "성전에 올라가는 노래"(120~134편) 중 그 열 번째 노래이다. 포로에서 귀환한 이스라엘 백성이 70년 만에 성전으로 올라가면서 지난날에 당한 극심한 고난을 회상하며 오늘에 임한 구원과 내일에 임할 승리를 바라보았다.

1. 저희가 여러 번 나를 괴롭게 하였도다(1~4절)

"저희가 나의 소시부터 여러 번 나를 괴롭게 하였으나"(2절) 이스라엘은 애굽에서의 종살이 시절부터 바벨론과 앗수르에서의 노예 생활에 이르기까지 무수한 고난과 고통을 당했다. 이스라엘은 고난의 민족이요, 이스라엘의 역사는 고난의 역사였다. "나의 소시부터" 즉 민족의 여명의 시대부터 "여러 번" 거듭하고 또 거듭해서 고난과 고통을 당했다. 그 사실이 너무나 뼈저린 사실이었으므로 여기 두 번 반복해서 회상했다.

"밭 가는 자가 내 등에 갈아"(3절) 저들이 행한 박해의 양상은 극도로 잔인했다. 밭을 갈듯이 사람의 등을 갈아 긴 고랑을 만들었다.

하나님의 백성은 세상에서 고난과 고통을 당한다. 기독교의 역사도 어떤 의미에서는 고난의 역사였다. 우리 민족도 고난의 민족이다. 그런데 고난의 민족은 망하지 않는다. 고난을 통해서 오히려 낮아지고 겸손해지며 성숙되기 때문이다. 마음을 비우게 되며 하늘을 향해서 손을 들고 항복하게 된다. 그러면 하나님께서 긍휼과 도움의 손길을 펴신다.

"저희가 … 나를 이기지 못하였도다"(2절) 원수들이 이스라엘을 말살시키려고 여러 번 극심한 박해를 가했으나 저들은 이스라엘을 이기지 못했다. 이스라엘과 교회는 끈질기게 살아 남았다. "거꾸러뜨림을 당하여도 망하지 아니하고"(고후 4:9). 그 비결은 저들의 용맹함이나 강성함에 있지 않았다. 여호와께서 의로우시기 때문에 원수들의 박해의 줄을 끊어 버리신 것이었다(4절). 하나님의 "의"는 죄인을 의롭다고 여기시는 이상한 "의"이다. 저들이 구원함을 받은 것은 오직 여호와 하나님의 "의로우심" 때문이었다.

2. 시온을 미워하는 자는 수치를 당하여 물러간다(5~8절)

"무릇 시온을 미워하는 자는 수치를 당하여 물러갈지어다"(5절) 여기서 이스라엘이 대적의 멸망을 빈다기보다는 하나님의 공의로우신 심판을 믿는 신앙을 고백한 것이었다. 시온을 미워하는 자는 하나님의 교회와 그의 백성을 미워하는 적대자를 가리킨다.

하나님을 대적하는 자는 물러가고 만다(5절). 그래서 하나님의 백성들은 승리를 거둔다.

하나님을 대적하는 자는 지붕의 풀과 같이 말라 버리고 만다(6절). 그러면 하나님의 백성들은 승리의 기쁨을 누린다. 지붕에서 자라는 풀은 낫을 가지고 베려고 해보았자 한줌에 잡을 것도 없이 미리 말라서 없어지고 만다.

하나님을 대적하는 자는 말년에 아무에게도 축복이나 기원을 받지 못하고 버림을 받고 만다(8절). 그러면 하나님의 백성들은 공의로우신 심판을 목격하고 하나님을 경배한다.

공의로우신 하나님께서 심판장이 되어 주사 그의 백성들에게 영원한 승리의 기쁨 주심을 믿고 의지하자. 오늘도 그 하나님께서 여러분의 삶의 현장에 찾아오셔서 만나주실 것이다.

성전에 올라가는 노래⟨11⟩
깊은 데서 부르짖었나이다
✶ 시편 130편 ✶

본 편은 "성전에 올라가는 노래"(120~134편) 중 그 열한 번째 노래이다. 포로에서 귀환한 이스라엘 백성이 70여 년 동안 "깊은 데서" 부르짖었다. 아니 지금도 "깊은 데" 처해 있다. 깊은 데서 하나님께 부르짖을 수 있었던 것은 하나님의 은혜였다.

1. 내가 깊은 데서 주께 부르짖었나이다(1~2절)

성도는 깊은 데서 부르짖으며 성전으로 올라간다. 그것이 은혜요 축복이다. 요나는 물고기 뱃속 깊은 데서 하나님께 부르짖어 기도했다. "요나가 물고기 뱃속에서 그 하나님 여호와께 기도하여 가로되 내가 받는 고난을 인하여 여호와께 불러 아뢰었삽더니 주께서 내게 대답하셨고 내가 스올의 뱃속에서 부르짖었삽더니 주께서 나의 음성을 들으셨나이다"(욘 2:1~2). 성도는 세상을 살아가면서 깊은 데 처하는 때가 종종 있다. 요나처럼 하나님을 거역한 이유로 깊은 데 처할 수도 있고, 요셉처럼 단련을 받기 위해 깊은 데 처할 수도 있다. 깊은 데 처할 때 성도가 할 수 있는 일은 절망이나 원망이 아니다. 성전으로 올라가며 하나님께 부르짖는 일이다. 고통하며 신음하는 "내 목소리를 들어 달라"고 간곡히 부르짖어 기도하는 일이다. 찬송가 479장 1절을 함께 부르자.

2. 사유하심이 주께 있음은(3~6절)

깊은 데 처한 성도가 자신의 죄를 바라보며 회개하는 것은 참으로 옳은 일이다. 주님의 얼굴 앞에 자기의 죄를 다 들어내며 고백하는 것은 참으로 귀한 일이다. 하나님은 죄인들의 심장과 폐부를 살피시는 분이시기 때문이다. 그러나 깊은 데 처한 성도가 무엇보다 간절히 바라보며 의지할 것은 사죄와 사유의 하나님이시다. 하나님은 죄악을 벌하시는 심판주인 동시에 죄를 사하시는 사유의 하나님이시기 때문이다. "나는 심판을 받아 마땅한 죄인이오나 사유하심이 주께 있습니다!"라고 부르짖어야 한다. 하나님은 "진노 중에라도 긍휼을 잊지 않으시는" 분이시다(합 3:2). 찬송가 479장 2절을 함께 부르자.

성도는 깊은 데서 하나님께 부르짖으며 사유의 은총을 갈망하며 고대한다. 범죄한 자기 자신과 동족 모두에게 사유의 은총을 베푸시기를 파수꾼이 아침을 기다림보다 더 애타게 기다린다. 기다림의 간절성이 너무 간절해서 여기 두 번 반복해서 고백한다. 찬송가 479장 3절을 함께 부르자.

3. 이스라엘아 여호와를 바랄지어다(7~8절)

깊은 데서 하나님께 부르짖어 기도한 성도는 이제 자기와 같은 형편에 처한 동족을 향해서 위로와 격려의 말을 선포한다. 은혜는 개인적 소유물이 아니다. 죄인들이 함께 공유할 것이다. 여호와를 바라면 산다고 동족을 향해 권면한다. 하나님께는 인자하심과 풍성한 구속이 있기 때문이라고 격려한다. 여호와는 이스라엘을 "모든 죄악에서" 즉 크고 작은 모든 죄악, 과거와 현재의 모든 죄악에서 구속하시는 분이시기 때문이라고 위로한다. 찬송가 479장 4절을 함께 부르자.

오늘 이 새벽 우리의 죄악과 고통을 사유의 하나님께 아뢰이고 사함과 치유의 은총을 경험할 수 있게 되기를 바란다.

성전에 올라가는 노래〈12〉
내 마음이 교만치 아니하고
✱ 시편 131편 ✱

본 편은 "성전에 올라가는 노래"(120~134편) 중 그 열두 번째 노래이다. 다윗의 시라고도 할 수 있고, 포로 후기의 한 무명 시인이 다윗의 시를 의지해서 지은 노래라고도 볼 수 있다. 성전에 올라가는 사람이 가져야 할 마음의 자세를 아름답게 묘사하고 있다.

1. 여호와여 내 마음이 교만치 아니하고(1절)

성전을 향해서 올라가는 자가 가져야 할 기본적인 자세는 겸손의 자세이다. 하나님께서 겸손한 자와 함께하시고(사 57:15), 겸손한 자에게 은혜를 베푸시기 때문이다(벧전 5:5). 여기 성전을 향해 올라가는 사람은 참으로 복된 사람이다. 과거에는 교만했을지 모르나 지금은 교만하지 않게 되었고, 교만하지 않기를 결단했기 때문이다. 과거에는 눈이 높았고 분수에 지나친 행동을 했을지 모르나 지금은 그렇지 않다. 그는 과거의 교만을 회개하면서 먼저 자기의 마음이 교만치 않다고 고백했고, 자기의 눈이 높지 않다고 고백했으며, 자기 분수에 지나친 큰 일과 기이한 일을 하려고 힘쓰지 않겠다고 고백했다. 참으로 아름다운 고백이다. 진정한 겸손은 진정한 회개와 하나님 경외에서 비롯한다.

2. 내 심령으로 고요하고 평온케 하기를(2절)

진정한 회개와 겸손의 마음을 품고 하나님을 향하는 사람의 마음은 고요하고 평온하다. 교만과 자기 신뢰는 불안과 초조와 원망과 불평을 가져오고 회개와 겸손과 하나님 신뢰는 고요함과 평온함과 감사함을 가져온다.

여기 시인은 심령에 고요함과 평온함을 품되 마치 젖뗀 아이가 그 어미의 품에 안긴 것과 같다고 고백했다. 참으로 아름다운 고백이요 행복한 간증이다. 마치 젖뗀 아이가 어머니 한 사람으로 만족과 행복을 삼는 것처럼 이 시인은 하나님 한 분으로 만족과 행복을 삼는다. "평온케 하기를 … 같게 하였나니" 고요함과 평온함은 주님이 주시는 선물인 동시에 자기가 품도록 노력해서 얻는 것이기도 하다.

3. 이스라엘아 여호와를 바랄지어다(3절)

성전으로 올라가는 이 시인의 눈은 어느덧 자기 동족에게로 향했다. 자기와 같은 형편에 처한 동족을 향해서 권면과 격려의 말을 선포한다. 은혜는 개인적 소유물이 아니다. 동족이 함께 공유하는 것이다. 여호와를 바라면 산다고 동족을 향해 권면한다. 지금부터 영원까지 우리들이 힘써야 할 일은 하나님을 바라는 일이다. 여기 '바란다'는 말은 '소망하며 바라본다'는 말이다. "Israel, hope in the Lord from this time forth and forever~more."

성전을 향해서 올라가는 자가 가져야 할 기본적인 자세는 겸손의 자세이다. 성도는 하나님 앞에 나올 때에 진정한 회개와 겸손의 마음을 품어야 한다. 오늘 하루도 교만치 아니하고 겸손함으로 여호와 하나님만을 바라보기 바란다.

성전에 올라가는 노래⟨13⟩
여호와여 주의 종 다윗을 위하여
✱ 시편 132편 ✱

본 편은 "성전에 올라가는 노래"(120~134편) 중 그 열세 번째 노래이다. 솔로몬의 노래라고도 할 수 있고 포로 후기의 한 무명 시인이 다윗의 경건을 회상하며 하나님의 긍휼을 간구한 기도의 노래라고도 할 수 있다.

1. 여호와여 다윗을 위하여 그의 모든 근심한 것을 기억하소서(1~9절)

성전을 향해 올라가는 성도는 하나님의 인자하심과 긍휼하심만을 바라보고 의지하는 것이 당연하다. 그러나 때로는 경건하게 산 믿음의 선조들을 기억하고 바라보며 하나님의 긍휼을 간구하는 것도 옳은 일이다. 특히 하나님께서 믿음의 선조들에게 하신 약속들을 기억하며 그 약속들에 근거해서 하나님의 긍휼을 간구하는 것은 지극히 당연하다. "하나님 아버지, 주기철 목사님의 고난과 기도를 기억하시고 우리를 긍휼히 여기소서. 하나님 아버지, 박윤선 목사님의 모든 수고와 기도를 기억하시고 우리에게 긍휼을 베푸소서." 지금 솔로몬은 (또는 한 무명 성도는) 자기의 허물과 부족을 절감하면서 경건하게 사신 부친을 (또는 믿음의 선조를) 기억하고 바라보면서 하나님께서 긍휼을 베푸시길 간구했다.

다윗의 경건은 여호와의 성막을 위한 뜨거운 열성이었다. 하나님의 법궤를 되찾기 전에는 집에 들어가지도 않고 평안하게 자지도 않았다. 블레셋 사람들이 빼앗아간 법궤가(삼상 5:1) 에브라임 지방의 나무 밭 즉 기럇여아림에 이십 년 동안이나 오래 방치되어 있었다(삼상 7:1~2, 대상 13:6). 다윗은 즉위 후 법궤를 되찾아 왔다. 그때 너무 기뻐서 힘을 다해 춤을 추며 뛰놀았다(삼하 6:14, 21, 대상 15:29). 그러나 다윗은 그후에도 법궤를 모실 성전을 짓지 못해서 마음에 평안이 없었다(삼하 7:2). 그래서 성전을 지으려고 힘을 다해서 금은 보석들을 드렸다(대상 29:2~5). 여기서 시인은 다윗의 간절한 고백을 이렇게 묘사했다. "우리가 그의 성막에 들어가서 그 발등상 앞에 경배하리로다 여호와여 일어나사…" 한마디로 "주의 집을 위하는 열성이 [다윗을] 삼키고" 있었다. 하나님의 집을 위한 다윗의 열성에 비추어 볼 때 시인은 부끄러움과 부족함을 절감하며 지금 성전을 향해 올라가고 있었다.

2. 〈그러나 주여〉 주의 종 다윗을 위하여 주의 기름받은 자의 얼굴을 물리치지 마옵소서(10~18절)

시인은 다시 한번 다윗의 경건을 의지하며 하나님의 긍휼을 간구했다. 다윗에게 하신 약속에 근거해서 자기와 하나님이 세우신 종들을 불쌍히 여기시기를 간구했다. 여기 기름부음을 받은 자는 하나님이 세우신 종교적 및 정치적 지도자를 가리킨다. 하나님께서 다윗에게 하신 약속들을 기억하시고 주의 종들을 긍휼히 여기시기를 간구했다. 하나님께서 다윗에게 이렇게 약속하셨다. "네 몸의 소생을 네 위에 둘지라 … 저희 후손도 영영히 네 위에 앉으리라"(11~12절).

시온을 택하시고는 이렇게 약속하셨다. "이는 나의 영원히 쉴 곳이라 내가 여기 거할 것은 이를 원하였음이로다 … 내가 그 제사장들에게 구원으로 입히리니 그 성도들은 즐거움으로 외치리로다"(14~16절).

이 시편 기자와 같이 경건한 믿음의 선조를 기억하고 하나님께서 하신 약속의 말씀에 의지하여 드리는 기도는 반드시 응답을 받는다. 오늘 새벽 하나님께서 약속하신 말씀을 붙잡고 기도함으로 응답받는 기쁨을 누리자.

성전에 올라가는 노래〈14〉
형제 연합이 어찌 그리 아름다운고
✱ 시편 133편 ✱

본 편은 열네 번째 "성전에 올라가는 노래"로 다윗의 노래라고도 할 수 있고, 포로 후기의 한 무명의 성도가 다윗의 노래에 근거하여 형제 연합의 아름다움을 노래한 것이라고도 할 수 있다.

1. 형제 연합이 어찌 그리 선하고 아름다운고(1절)

신앙생활이 혼자서 하는 일이라면 그렇게 선하고 아름답게 보이지는 않을 것이다. 슬프게 보일 수도 있다.

그런데 지금 여기 성전으로 올라가는 성도는 하나님의 은혜로 혼자서 신앙생활을 하거나 혼자서 성전으로 올라가지 않고 형제와 연합해서 신앙생활을 하게 되었으며 형제와 연합해서 함께 올라가게 되었다. 그래서 너무 좋아하고 너무 기뻐했으며 신앙 안에서의 형제 연합이 지극히 선하고 지극히 아름다움을 예찬했다.

하나님은 형제 연합을 그렇게도 선하고 아름답게 보시는 것이다. 여기 "형제의 연합"은 혈통적인 형제간의 연합을 가리킬 수도 있고, 교회 안에서 성도들간의 연합을 가리킬 수도 있으며, 동족 간의 연합을 가리킬 수도 있다. 연합은 신앙생활의 요건 중의 하나요 예배의 본질 중의 하나이다.

2. 머리에 부은 아론의 기름 같고(2절)

형제 연합은 선하고 아름다운데 그것은 아론의 머리와 수염과 옷 깃에 부어 흐르는 거룩한 기름 즉 성유와 같았다.

여기 아론의 머리에 부은 기름은 하나님으로부터 구별함을 받아 거룩하게 되는 성별의 기름이었다. 즉 형제 연합의 의미는 하나의 윤리적인 차원에 머물지 않고 종교적인 차원에까지 이르렀다.

3. 산들에 내린 헐몬의 이슬 같도다(3절)

형제 연합은 선하고 아름다워서 성별에 이를 뿐 아니라 하나님의 복을 가져오게 했다. 즉 형제 연합은 팔레스틴 북쪽에 위치한 높은 산 헐몬의 이슬이 산과 들에 내려 초목을 소생시키듯 그 같은 역할을 한다는 것이다.

이슬은 하나님의 복을 상징한다. 하나님께서 친히 이렇게 말씀했다. "내가 이스라엘에게 이슬과 같으리니 저가 백합화같이 피겠고"(호 14:5). 형제 연합이 있는 곳에 하나님께서 복을 명하셨다. 복을 명하시되 영생의 복을 명하셨다.

오늘 이 새벽 시편 기자가 말하고 있듯이 하나님께서 선하고 아름답게 보시는 성도간의 연합하는 기쁨을 우리도 누릴 수 있어야 한다.

성전에 올라가는 노래〈15〉
밤에 여호와를 송축하라
✶ 시편 134편 ✶

본 편은 "성전에 올라가는 노래"(120~134편) 중 그 열다섯 번째 즉 마지막 노래이다.

1. 밤에 여호와의 집에 섰는 여호와의 모든 종들아(1절)

"밤에"(1절) 시편 중에는 아침의 노래도 있고, 저녁의 노래도 있다. 성도는 아침에도 성전으로 올라가고 저녁에도 올라간다.

134편의 노래는 밤의 노래이다. 밤에 성전으로 올라가면서 부른 노래이다. 성전으로 올라간 순례자는 캄캄한 밤인데도 성전 안에서 등불을 밝히며 봉사하는 레위인들의 모습을 보고 너무 반가워하며 그들을 향해서 여호와를 송축하라고 노래를 불렀다. 밤에도 자지 않고 성전에서 주님을 봉사하는 자들이 있다. 이 같은 사람은 참으로 복된 자들이다.

2. 성소를 향하여 너희 손을 들고 여호와를 송축하라(2절)

"**손을 들고**"(2절) 성전에서 주님을 섬기는 자는 먼저 손을 들고 기도한다. 다윗도 성소를 향하여 손을 들고 부르짖으며 기도했다(시 28:2). 모세도 손을 들고 기도했다(출 17:11). 사도 바울은 남신자들을 권면하면서 "거룩한 손을 들어 기도하라"고 했다(딤전 2:8).

"**송축하라**"(2절) 성전에서 주님을 섬기는 자는 또한 입을 열어 하나님을 송축한다. 송축은 하나님 자신을 높이고 그에게 영광을 돌리며 찬양하는 것이다. "또 찬송하는 자가 있으니 곧 레위 족장이라 저희가 골방에 거하여 주야로 자기 직분에 골몰하므로 다른 일은 하지 아니하였더라"(대상 9:33).

바울과 실라는 빌립보 옥 중에서 밤에 일어나 기도하고 하나님을 찬미했다. "밤중쯤 되어 바울과 실라가 기도하고 하나님을 찬미하매 죄수들이 듣더라"(행 16:25).

3. 여호와께서 시온에서 네게 복을 주실지어다(3절)

"**시온에서 네게 복을 주실지어다**"(3절) 이 축원은 순례자가 계속해서 성전 봉사자들을 향해서 하는 축원일 수도 있고, 순례자의 노래에 대한 성전 봉사자들의 답례적 축원일 수도 있다. 성전에서 주야로 봉사하는 자나 밤에 성전에 올라오는 자는 시온 즉 성전에서 천지를 지으신 여호와로부터 복을 받는다.

성전은 손을 들고 기도하며 입을 열고 하나님을 송축하는 곳이며, 성도들이 서로 화답하며 노래하고 축원하는 곳이다. 또한 천지를 지으신 하나님의 복을 받는 곳이다. 그리스어로 "독싸 스또쎄오"는 "하나님을 송축하라"는 뜻과 "하나님이 당신을 축복하시기를 바랍니다"라는 두 가지 뜻이 있다. 참으로 좋은 말이다. 하나님을 송축하고 하나님의 복을 받는 자는 참으로 복된 자이다.

하나님의 성전에서 하나님을 높이고 찬양하는 소리가 울려 퍼져 나가게 해야 한다. 오늘 이시간 새벽 무릎을 드리는 여러분이 이 일을 감당하기 바란다.

할렐루야 여호와의 이름을 찬송하라

✱ 시편 135편 ✱

본 편은 "성전에 올라가는 시"(120~134편) 중 그 열다섯 번째에 계속되는 시로 성전에 올라가는 자들이 하여야 할 일은 무엇보다 먼저 하나님을 찬송하는 일임을 고백한다.

본 편은 또한 "할렐루야 시"(146~150편) 중의 하나로 간주되기도 한다.

1. 여호와의 종들아 찬송하라(1~2절)

"여호와의 종들"(1절) 즉 하나님의 부르심을 받아 구원함을 받은 성도들이 하여야 할 가장 중요한 일은 하나님을 찬송하는 일이다. 그것은 하나님을 위한 그 어떤 일보다 우선한다. 물론 전도와 선교와 구제보다도(사 43:21).

"성도에게는 여호와를 위한 그 어떤 일도 여호와를 찬송하는 일보다 더 소중하거나 긴급하거나 가치가 있다고 할 수 없다"(박종렬 목사). 특히 여호와의 집 하나님의 전정에 섰는 자들 즉 하나님의 집에 올라온 모든 예배자들이 가장 힘써 해야 할 일은 하나님을 찬송하는 일이다.

2. 여호와의 선하심을 찬송하라(3절)

하나님을 찬송해야 할 이유는 오직 한 가지 즉 하나님이 선하시고 아름답기 때문이다. 하나님은 그 성품이 선하시고 아름답다. 그분은 선의 근원이시고 아름다움의 근원이시다. 선하시고 아름다우신 하나님이야말로 우리의 찬송 대상과 이유가 되신다.

3. 여호와의 선한 행적을 찬송하라(4~21절)

여기서 시인은 하나님의 선하시고 아름다우신 행적을 나열한다.
첫째, 하나님은 자기를 위하여 야곱의 자손을 그의 백성으로 선택하셨다(4절). 선택의 은혜와 축복은 가장 놀랍고 영광스러운 근본적 은혜와 축복이다. 선택의 하나님!

둘째, 하나님은 위대하셔서 자연계를 주관하시고 지배하신다(5~7절). 하나님은 하늘과 바다와 땅끝을 다스리시며 파도와 안개와 비와 번개와 바람을 만드신다. 창조주 하나님!

셋째, 하나님은 이스라엘을 출애굽시키시며 구원하셨다(8~14절). 구원은 크고 놀라운 은혜와 축복이다. 하나님의 구원 사역은 대대로 전해지며 찬송되어져야 할 사역이다. 구속주 하나님!

넷째, 하나님은 우상과 비교할 때 유일한 참 신이시다(15~21절). 이 세상에는 태고 때부터 온갖 잡신이 성행했다. 그러나 모든 잡신과 우상은 헛된 것이다. 하나님만이 오직 한 분이신 참된 신이다. 참 신 하나님!

그러므로 이스라엘은 하나님을 송축하고 찬송해야 하며 아론의 족속과 레위 족속은 물론 여호와를 경외하는 지상의 모든 성도들도 하나님을 송축하고 찬송해야 한다.

 오늘 이 새벽 하나님께 예배하는 여러분들은 구원의 하나님을 기쁨으로 찬양하는 일을 그 무엇에도 방해받거나 빼앗기지 않도록 최선을 다하기 바란다.

여호와께 감사하라

✽ 시편 136편 ✽

본 편은 "성전에 올라가는 시" 열다섯 번째(120~134편)에 계속되는 두 번째 시로, 성전에 올라가는 자들이 하여야 할 일이 하나님을 찬송하는 일과(135편) 하나님께 감사하는 일임을(136편) 가르친다. 찬양과 감사는 성도들이 마땅히 나타내 보여야 할 예배적 삶의 모습이다(시 100:4, 엡 5:19~20).

감사는 세상에서 가장 아름답고 고상한 덕목이다. 이스라엘은 광야에서 원망하다가 멸망을 당했다(민 14장, 고전 10:10). "범사에 감사하라"(살전 5:18).

1. 모든 신에 뛰어나신 하나님께 감사하라(1~3절)〈하나님 자신을 인해 감사〉

"그는 선하시며 그 인자하심이 영원함이로다"(1절) 성도들이 하나님을 찬양하고 감사해야 할 첫째 조목은 하나님의 위대하심과 선하심이다. 하나님은 모든 신에 뛰어나시고 능력이 무한하신 위대하신 분이시며 동시에 선하심과 인자하심이 영원하신 좋으신 분이시다. "좋으신 하나님"(복음성가).

2. 지혜로 하늘을 지으신 이에게 감사하라(4~9절)〈창조사역을 인해 감사〉

성도들이 하나님을 찬양하고 감사해야 할 둘째 조목은 하나님의 창조사역이다. 하나님의 창조사역은 신묘막측하다(시 139:14). 하늘과 땅과 바다와 해와 달과 별들을 조화롭게 지으시고 질서있게 주관하시는 신묘막측한 하나님의 창조사역 앞에 인간은 머리를 숙이고 찬양과 감사를 돌린다.

브람스는 알프스의 자연 속을 거닐면서 알프스에 충만한 아름다운 자연의 선율을 해칠까 두려워 경건하게 거닐었다고 한다. 칼 보버그 목사와 하이네 선교사는 하나님의 창조사역을 이렇게 노래했다. "주 하나님 지으신…"(찬송가 40장).

하나님은 인간에게 부분적 창조사역 수행의 사명과 자연관리의 사명을 부여하셨다. 즉 하나님은 아담과 하와에게 "생육하고 번성하여 땅에 충만하라"(창 1:28)는 창조사역 수행의 부분적 사명과 "땅을 정복하며 다스리라"는 자연관리의 사명을 부여하셨다. 단 하나님이 제정하신 결혼제도의 질서 안에서 그리고 사랑과 공의의 원리 안에서 수행하라고 하셨다. 따라서 인간복제와 같은 생명 창조의 시도나 자연파괴의 행위는 창조주의 자리를 찬탈하는 반역의 행위가 될 것이다. 우리를 지으신 창조주는 하나님뿐이시다. "그는 우리를 지으신 자시요 우리는 그의 것이니 … 그에게 감사하며 그 이름을 송축할지어다"(시 100:3~4).

3. 애굽의 장자를 치신 이에게 감사하라(10~26절)〈구원사역을 인해서 감사〉

성도들이 하나님을 찬양하고 하나님께 감사해야 할 셋째 조목은 하나님의 구원사역이다. 하나님의 구원사역 모델은 출애굽 사건으로 전적인 하나님의 은혜와 능력으로 이루어졌다. 하나님은 애굽과 가나안의 왕들을 치시고 이스라엘을 친히 인도하시면서 가나안 땅을 기업으로 주시는 구원을 이루셨다. 그래서 이스라엘은 언제나 출애굽 사건을 기억하며 하나님을 찬양하고 하나님께 감사했다. 하나님은 인간구원뿐 아니라 모든 육체에게 식물을 주시며 만물을 섭리하시는 하늘의 하나님이시다. 우리는 구원의 하나님과 만유섭리의 하나님께 감사와 찬양을 돌린다. "그는 여호와 전능의 하나님"(복음성가 21장).

우리가 하나님을 찬양할 수 있는 건 우리의 선함이나 의 때문이 아니라 하나님의 선하심과 위대하심 때문이다. 구원의 하나님만이 높임을 받으시기에 합당하신 분이다. 이 한날을 지낼 때에 하나님의 이름을 높여 드리는 일에 힘쓰기 바란다.

시온을 기억하며 울었도다

✱ 시편 137편 ✱

　인간의 행복은 가족과 동족과 하나님의 품안에 있는 것이고, 인간의 비극은 가족과 동족과 하나님의 품을 떠나는 것이다. 지금까지 우리는 성전에 올라가는 시 15편을 읽으며 성도의 행복이 성전에 올라와 주의 집에 거하는 것임을 확인했다. 그리고 성전에 올라온 사람들이 하는 주된 일이 찬송과 감사임도 확인했다. 시편 137편은 성전을 떠난 자가 읊은 슬픔과 아픔의 시이다.

1. 우리가 시온을 기억하며 울었도다(1절)

　지금으로부터 2600여 년 전 팔레스틴에 살던 유대인들은 가족과 동족과 성전의 품을 떠나서 사는 비극적 상황에 처하게 되었다. 주전 606년부터 586년에 이르기까지 세 차례에 걸쳐 유대인들이 바벨론의 포로로 잡혀갔다. 민족적, 종교적 비극에 처한 유대인들이 포로생활 중에 한 일이 무엇이었는가? 저들이 한 것은 눈물을 흘리며 운 일이었다.

　눈물과 울음은 약함의 표현이라기 보다는 진실함과 부드러움의 표현이다. 사람이 진실해지고 부드러워질 때 눈물을 흘리며 운다. 그와 같은 울음은 사람의 마음을 깨끗하게 만드는 해독의 역할을 하고, 사람의 마음을 부드럽게 만드는 화해의 역할을 하며, 하나님의 마음을 움직이는 능력을 나타낸다. 오늘날의 수많은 문제들도 울음으로 해결될 수 있다. 이스라엘의 역사를 돌이켜 볼 때 울음이 민족적 비극을 해결한 경우를 많이 본다.

사사시대에 이스라엘이 소리 높여 울었을 때 하나님께서 저들의 문제를 해결시켜 주셨고, 히스기야왕이 울면서 기도했을 때 하나님께서 자신과 민족의 문제를 해결시켜 주셨으며, 다윗왕이 울 기력이 없도록 소리를 높여 울었을 때 재난의 문제를 해결시켜 주셨다. 예레미야는 평생 눈물을 흘렸다. 요엘서는 "너희는 이제라도 울라"고 했고 야고보도 말세의 부한 신자들을 향해 "울며 통곡하라"고 했다.

"시온을 기억하며"(1절) 저들의 울음은 첫째로 고국과 성전을 기억하는 그리움과 탄식의 울음이었다. 여기 시온은 육체의 고향인 고국을 가리키는 동시에 영혼의 고향인 성전을 가리킨다. 아기가 엄마의 품을 떠나든지 탕자가 아버지 집을 떠났을 때 품을 그리워하며 우는 것은 당연한 일이다. 집을 떠나서도 울지 못하는 사람은 비정상적인 사람이요 병든 사람이다.

2. 버드나무에 우리가 우리의 수금을 걸었나니(2~6절)

저들의 울음은 둘째로 불순종의 죄를 뉘우치는 회개와 절제의 울음이었다. 저들은 바벨론의 여러 강변을 찾아가서 자기들이 당면한 비극이 우상숭배에 대한 하나님의 징계인 것을 뉘우치며 회개의 기도를 올렸고 절제의 다짐을 했다. 자기들이 즐기던 수금을 타는 일이나 노래를 부르는 일을 금하겠다고 다짐했다. 특히 하나님께 드려야 할 시온의 노래를 아무데서나 부르는 불경스러운 일을 절대 금하겠다고 다짐했다.

3. 에돔 자손을 치소서(7~9절)

저들의 울음은 셋째로 원수들이 진멸되기를 기원하는 저주의 울음이었다. 이와 같이 원수의 파멸을 기원하는 저주의 기원은 울다가 울다가 성령의 감동으로 하나님의 입장에서 드린 선지자적 기원이라고도 할 수 있고, 한이 지나쳐서 울다가 울다가 도에 지나친 "빗나간" 기도라고도 할 수 있다. 오늘 말씀의 중심과 결론은 "나로 하여금 울게 하소서"이다.

우리가 회개와 절제의 다짐으로써 눈물의 기도를 드릴 때 하나님의 마음을 움직이는 능력을 체험케 될 것이다.

내가 주께 감사하며 찬양하리이다

✱ 시편 138편 ✱

감사와 찬양을 가슴과 입에 지니며 사는 사람은 가장 행복한 사람이요 아름다운 사람이다. 반대로 원망과 불평을 항상 지니고 사는 사람은 가장 불행하고 추한 사람이다.

1. 내가 전심으로 주께 감사하며(1~2절)

다윗은 감사와 찬양을 항상 가슴과 입에 지니며 살았다. 다윗은 행복한 사람이요 아름다운 사람이었다. 다윗이 어떤 자세로 감사하고 찬양했는가?

다윗은 전심으로 감사했고, 신들 앞에서 즉 천사들과 온 천하 앞에서 공개적으로 찬양했다. 또한 성전을 향하여 경배했으며, 주의 인자하심과 성실하심을 인하여 주의 이름에 감사했다.

다윗은 여기서 다음 세 가지 감사의 조목을 열거하면서 주께 감사하며 찬양했다.

2. 이는 주의 말씀을 주의 모든 이름 위에 높게 하셨음이라(2~4절)

다윗의 감사와 찬양의 첫째 조목은 하나님께서 인생에게 말씀하시고, 그 말씀의 권위를 이 세상의 어떤 이름보다 높게 두신 일이다. 하나님께서 아브라함에게 말씀하셨고 그리고 그 말씀하신 것을 반드시 이루셨다. 땅의 열왕들과 백성들이 하나님의 입의 말씀을 들을 수 있는 일이야 말로 주께 감사하고 찬양할 일이다(4절).

3. 내가 간구하는 날에 주께서 응답하시고(3~6절)

다윗의 감사와 찬양의 둘째 조목은 하나님께서 다윗의 간구하는 기도를 응답하신 일이다. 하나님께서 높이 계시면서도 낮은 자를 하감하시고 그의 간구와 기도를 들으시는 일이야 말로 주께 감사하고 찬양할 일이다(6절). "여호와께서 내 음성과 내 간구를 들으시므로 내가 저를 사랑하는도다"(시 116:1).

4. 내가 환난 중에 다닐지라도 주께서 나를 소성케 하시고(7~8절)

다윗의 감사와 찬양의 셋째 조목은 하나님께서 다윗의 기도를 응답하시고 구원의 은혜를 베푸시는 일이다. 다윗은 앞에서(3절), 하나님께서 자기의 간구를 응답하시며 자기의 영혼을 장려하시고 강하게 하셨던 일을 지적하며 이를 인해 주께 감사하고 찬양했다. 다윗은 하나님께서 앞으로도 자기를 환난 중에서 소성케 하시고 주의 오른손으로 자기를 구원하실 것을 믿으며 감사와 찬양을 드린다. 자기뿐 아니라 자기와 관계된 모든 것을 완전케 하실 것을 내다본다(8절). 그리고 하나님께서 직접 손으로 지으신 자기를 영원히 버리지 마시기를 믿으며 또 간구한다.

 이른 새벽 주의 전에 나아온 여러분들이 다윗과 같이 우리의 음성과 간구를 들으시는 하나님을 가까이하고, 감사하며 찬양하는 입술이 되기를 바란다.

주께서 나를 감찰하시고 아셨나이다

✳ 시편 139편 ✳

1. 주께서 나를 감찰하시고 아셨나이다(1~6절)

성도가 누리는 평안과 위로와 축복은 하나님께서 나를 아신다는 사실이다. 내가 나를 아는 것 이상 하나님께서 나를 아신다. "나의 가는 길을 오직 그가 아시나니"(욥 23:10), 이것이 욥이 고난 중에서도 평안과 위로를 지닐 수 있었던 비결이었다.

하나님은 나를 감찰하시고 나를 아신다. 나의 앉고 일어서는 행위도 아시고, 내가 혼자서 마음에 품는 생각도 아시며, 내가 혀를 움직여 하는 모든 말도 다 아신다. 나의 행위와 생각과 말을 아시되 익히(친밀히) 아시며 알지 못하시는 것이 하나도 없을 정도로 전지(全知)하게 아신다. 그리고 그 아시는 것이 단지 지식에 그치는 앎이 아니고 어루만지시고 안수하시는 교제로 이어지는 만남의 앎이다.

창조주 하나님께서 티끌과 같은 나를 그렇게도 깊이 아신다는 사실은 너무 기이하고 커서 내 머리로는 도저히 이해할 수 없는 놀라운 사실이다. "이 지식이 내게 너무 기이하니 높아서 내가 능히 미치지 못하나이다!" 이 사실은 우리에게 두려움을 가져다 주는 동시에 한없는 평안과 위로와 용기를 가져다 준다.

2. 주께서 거기도 계시나이다(7~12절)

성도가 누리는 또 하나의 평안과 위로와 축복은 하나님께서 내가 있는 곳에는 어디나 계신다는 사실이다. 풀무불 속에도, 사자굴 속에도, 물 가운데나 불 가운데도 계신다. 옥 중에도 계시고 죽는 순간이나 죽음 이후에도 나와 함께 계신다. "내가 깰 때에도 오히려 주와 함께 있나이다"(18절). 하나님을 피해 멀리 도망치려고 해도 도망칠 수 없다. 가장 높은 하늘로 올라가도 거기에 계시고, 가장 깊은 음부로 내려가도 거기에 계신다. 가장 빠른 새벽 빛을 타고 가장 먼 곳 바다 저편으로 도피해도 거기에 계시며, 가장 캄캄한 흑암의 장막 속에 숨어도 거기에 계신다. 하나님은 나와 우주가 있는 곳에는 어디나 편재하게 계시되 "나를 인도하시며 나를 붙드시는" 사랑의 손길로 함께하신다(10절). 이 사실은 우리에게 두려움을 가져다 주는 동시에 한없는 평안과 위로와 용기를 가져다 준다.

3. 주께서 나를 지으심이 신묘막측하심이라(13~18절)

성도가 누리는 또 하나의 평안과 위로와 축복은 하나님께서 손으로 나를 신묘막측하게(놀랍게) 지으셨다는 사실이다. 사람은 하나님께서 특별한 방법으로 지으신 특제품이다. 하나님께서 나를 모태에서 지으시되 내 형질이 이루어지기 전에 나를 보시며 주의 손으로 신비하게 지으셨고, 나의 신체조직과 모습을 신묘막측하게 만드셨으며, 나의 인생 여정을 빚으시고 정하시며 인도하시는 전능하신 주의 손길이 너무나 세밀하고 놀랍다! "나를 향하신 하나님의 생각과 섭리하심이 내게 어찌 그리 보배로우신지요! 그 수가 어찌 그리 많은지요! 내가 그 수를 세려고 할지라도 그 수가 모래보다 많도소이다! 내가 깰 때에도 오히려 주와 함께 있나이다!"

4. 하나님이여 나를 살피사(19~24절)

하나님의 전지와 편재와 전능 아래 사는 성도는 이렇게 기도한다. "하나님이여 나를 살피사 내 마음을 아시며 … 내게 무슨 악한 행위가 있나 보시고 나를 영원한 길로 인도하소서"(23~24절).

우리를 지으시고 우리의 모든 것을 아시며, 우리를 변함없이 사랑하시는 하나님 안에서 평안과 은총을 누리는 오늘 하루가 되길 바란다.

나를 건지시며 보존하소서

✱ 시편 140편 ✱

기도에는 수준 높은 성자의 기도도 있지만(스데반과 모세와 바울의 경우), 수준이 낮은 죄인의 기도도 있다(세리나 강도의 경우). 시편 140편의 기도는 하나님께서 원수들의 손에서 자기를 구원하시고, 원수들의 공격을 무력하게 해달라는 극히 인간적이고 진솔한 기도이다.

1. 여호와여 나를 건지시며 나를 보존하소서(1~5절)

바른 기도는 순서와 목적이 옳아야 한다. 예수님은 "너희는 이렇게 기도하라"고 기도의 순서와 내용을 가르쳐 주셨다. 즉 바른 기도에는 찬양·감사·회개·중보·간구 등이 있어야 하며, 하나님의 영광과 뜻을 추구하는 축원이 있어야 한다. 그러나 너무 상황이 급박할 때 성도는 그저 "나를 구원하소서"라고 외마디로 부르짖는다. 베드로가 물에 빠져갈 때 이렇게 소리질렀다. "주여 나를 구원하소서"(마 14:30). 바다에 큰 파도가 일어났을 때 제자들도 이렇게 부르짖었다. "주여 구원하소서 우리가 죽겠나이다"(마

8:25).

다윗은 사방으로부터 원수의 공격을 당하면서 이렇게 외마디로 부르짖었다. "여호와여 나를 건지시며 나를 보존하소서 나를 지키소서 나를 보존하소서." 이런 기도는 근본적으로 잘못된 기도는 아니다. 예수님도 "우리를 악에서 구하소서"라고 기도하라고 하셨다. 한마디 추가하면, "하나님 나는 죄인입니다. 나를 건지시며 나를 구원하소서."라고 기도하면 족하다.

다윗은 여기서 자기가 당하는 고통의 상황 즉 사람들로부터 받는 공격과 고통을 가감없이 진솔하게 하나님께 아뢰었다. "저희가 중심에 해하기를 꾀하고 … 그 입술 아래는 독사의 독이 있나이다"(2~3절). "나를 해하려고 올무와 줄을 놓으며"(5절). 우리가 당하는 고통과 공격의 상황을 있는 그대로 하나님께 다 아뢰는 것은 진실한 기도이다.

2. 여호와여 나의 간구하는 소리에 귀를 기울이소서(6~11절)

다윗은 원수의 공격을 당하는 고통 중에서 가해자를 반격하는 대신 하나님을 바라보며 하나님께서 그의 기도를 들어주시기를 간구했다(6절). "원수 갚는 것이 내게 있으니 내가 갚으리라"고 하나님께서 말씀하셨다(신 32:35, 롬 12:19). 다윗은 모든 것을 하나님께 맡기며 하나님께서 자기의 기도를 들어주시기를 기도했다. 이것이 고난받는 성도가 고난의 현장에서 할 수 있는 최상의 일이다.

다윗은 이제 구체적으로 하나님께서 악인의 소원이나 악한 꾀가 성사되지 않게 해달라고 기도했고(8절), 자기를 향해 악인들이 또한 입술의 악담이 뜨거운 숯불로 저들에게 돌아가 떨어지고 불 가운데와 깊은 웅덩이에 빠지고 재앙이 임하여 망하게 해달라고 기도했다. 이 마지막 부분의 기도는 하나님의 입장에서 드린 기도라고 변호할 수도 있지만 아직 스데반과 같은 용서의 자리에 이르지 못한 구약시대 성도의 불완전한 기도라고도 할 수 있다.

3. 내가 알거니와 여호와는 고난당하는 자를 신원하시며
(12~13절)

고난 중에서 하나님의 구원하심을 간구하고 하나님께 모든 것을 맡기며 기도하는 성도는 하나님의 공의로운 통치와 복에 대한 확신을 갖게 된다. "내가 알거니와"(12절) "내가 알기에는"(욥 19:25). 하나님께서 세상을 다스리시며 고난당하는 자들을 구원하시는 통치자이심을 알고 그 사실을 힘있게 고백한다. 그리고 기도하는 성도가 결국 주님께 감사하고 주님 안에 거하게 될 것을 믿고 고백한다.

"나를 건지시며 나를 보존하소서"라고 기도했던 다윗의 기도가 오늘의 혼탁한 세대를 살아가고 있는 여러분의 기도가 되기를 바란다.

여호와여 속히 내게 임하소서

✱ 시편 141편 ✱

다윗은 환난 중에서 하나님의 도우심을 구하는 기도를 간절하게 드렸다. 즉 다윗은 사방으로부터 원수의 공격을 당하면서 이렇게 다급하게 부르짖었다. "여호와여 나를 건지시며 나를 보전하소서 나를 지키소서 나를 보전하소서"(시 140:1~5).

1. 여호와여 내가 주를 불렀사오니 속히 임하소서(1~2절)

다윗은 이제 하나님께서 자기에게 속히 임하시고 자기의 기도를 속히 응답하시기를 간구했다. 기도를 하는 것도 중요하지만 그 기도가 하나님께 열납되고 응답되는 것은 더 중요하다. 바리새인들은 기도를 많이 했다. 그러나 그들의 기도는 세리의 기도처럼 또는 고넬료의 기도처럼 하나님께 열납되지도 않았고 응답되지도 않았다. 그래서 다윗은 애타게 부르짖었다. "내가 주를 불렀사오니 속히 내게 임하소서 내가 주께 부르짖을 때에 내 음성에 귀를 기울이소서"(1절). 사실 형식적이고 거짓된 기도는 열납도 응답도 되지 않지만 회개와 진실과 간절함이 있는 기도는 하나님께 모두 열납되고 응답된다.

"나의 기도가 〈아침에 저녁에 드리는〉 주의 앞에 분향함과 같이 되며 나의 손 드는 것이 저녁 제사같이 되게 하소서"(2절). 신구약의 성도들은 간절하게 기도할 때 손을 들고 기도했다(출 17:11, 왕상 8:22, 스 9:5, 시 28:2, 딤전 2:8). 손을 드는 것은 항복과 전적인 의뢰를 의미한다.

2. 여호와여 내 입 앞에 파수꾼을 세우소서(3~6절)

성도는 환난을 당할 때나 사방으로부터 원수의 공격을 당할 때 마음속에서 일어나는 괴로움과 절망과 분노와 저주를 입 밖으로 토해 내기가 쉽다. 심지어는 기도를 마친 후 즉시 원망과 불평 그리고 분을 토해 낼 수도 있다. 그리고 신앙의 절개를 버리고 악도들과 동화하여 악을 악으로 갚으려고 시도할 수도 있다. 다윗이 사울왕과 압살롬의 공격을 당했을 때 이와 같은 충동을 받았을 것이다. 그래서 다윗은 이렇게 기도했다. "여호와여 내 입 앞에 파수꾼을 세우시고 내 입술의 문을 지키소서 내 마음이 악을 행치 말게 하시고 의인이 나를 칠지라도 은혜로 여기게 하소서 저희의 재난(악행) 중에라도 내가 항상 기도하리이다"(3~5절).

3. 내 눈이 주께 향하며 내가 주께 피하오니(7~10절)

환난 중에서 다윗은 다시 눈을 들어 주님을 바라본다. 그리고 주님께 피한다. 성도가 궁극적으로 바라보고 피할 곳은 이 세상의 권력이나 재력이 아니다. 다윗은 밭을 가는 쟁기 앞에서 흙덩이가 부스러뜨림을 당하는 것 같은 극심한 환난을 당하면서도 여전히 하나님만을 바라보며 하나님을 피난처로 삼았다. "성도가 고난 중에서 낙심치 않고 하나님을 앙망하는 행동, 그것이 벌써 기적이니 어찌 그 믿는 대로 되지 않으랴!"(박윤선 목사). 다윗은 하나님을 바라보며 이렇게 다시 기도했다. "내 영혼을 버려 두지 마옵소서. 나를 지키사 나를 올무와 함정에서 벗어나게 하옵소서."

하나님이 열납하시는 기도와 입을 지켜 말을 절제하는 것에 힘쓰며 하나님을 피난처로 삼는 사람은 결국 악에서 건짐을 받는다. "나는 온전히 면하게 하소서." "기도를 들으시는 주여, 나로 하여금 부르짖어 손을 들고 기도하게 하시고, 주님은 내 기도를 응답하소서. 내 입 앞에 파수꾼을 세우시고 나로 하여금 하나님만을 바라보게 하소서!"

극심한 환난 가운데 있던 다윗은 하나님만을 바라보고 하나님께로 피했다. 우리가 환난과 핍박 중에 있을지라도 하나님만을 바라보자. 하나님께서는 우리가 회개하며 진실함과 간절함으로 기도할 때 열납하시고 도와주신다. 오늘 하루도 하나님의 도우시는 손길을 느낄 수 있기를 바란다.

내가 굴에서 여호와께 부르짖나이다

✱ 시편 142편 ✱

다윗은 사울왕을 피해 엔게디 굴에 숨어 있으면서(삼상 24장) 소리내어 여호와 하나님께 부르짖으며 기도했다. 성도들은 세상을 살아가면서 고향과 집에서 쫓겨나 유리 방황할 때가 있다. 원통한 일을 당하고 우환을 만나 심령이 상하는 때도 있다. 그럴 때 우리는 다윗의 기도 소리에 귀를 기울이며 우리도 그렇게 기도해 본다.

1. 내가 소리내어 여호와께 부르짖으며(1절)

하나님께서 "환난 날에 나를 부르라"고 말씀하셨다(시 50:15). 다윗은 하나님의 말씀에 따라서 굴 속에 피해 있으면서 절망이나 원망하지 않고 하나님께 부르짖어 기도했다. 기도를 할 때 반드시 큰소리로 부르짖어야만 하는 것은 아니다. 한나는 작은 소리로 그의 심정을 물 쏟듯이 쏟는 간절한 기도를 드렸다. 그러나 성경은 많은 곳에서 부르짖어 기도하라고 했다. 간절한 기도는 부르짖는 기도이다. "어떤 때에는 소리를 내어 기도함이 더욱 유력해진다.

소리를 내면 그 기도의 사상이 잘 풀리고 열심을 갖게 된다"(박윤선 목사).

2. 내가 내 원통함을 그 앞에 토하며(2절)

하나님께서 기도할 때 "그 앞에 마음을 토하라"고 말씀하셨다(시 62:8). 다윗은 하나님의 말씀에 따라서 우환을 당했을 때 하나님께 그의 마음에 있는 원통함을 토해 내며 부르짖어 기도했다. 솔직하고 진실한 기도는 마음을 토해 내는 기도이다. 한나는 그의 심정을 하나님 앞에 토하면서 기도했다. 바리새인들의 기도는 회칠한 무덤과 같이 자기를 위선으로 가리우는 거짓된 기도였다. 예레미야의 기도는 마음을 물 쏟듯이 쏟으며 토해 내는 기도였고(애 3:19), 세리의 기도는 자기 자신의 죄를 다 들어낸 솔직하고 진실한 기도였다(눅 18:13).

3. 주께서 내 길을 아셨나이다(3~5절)

하나님은 우리의 앉고 일어섬과 우리의 생각과 가는 길을 모두 아신다고 말씀하셨다(욥 23:10, 시 139:1~3). 다윗은 하나님의 말씀에 따라서 자기가 당하는 환난과 우환과 원통함을 모두 주님께서 아신다고 고백하며 기도했다.

믿음의 기도는 하나님의 아심을 신뢰하는 기도이다. "주께서 내 길을 아셨나이다. 나를 아는 자도 없고 피난처도 없고 나를 돌아보는 자도 없나이다. 그러나 주님은 나를 아셨나이다. 주님은 나를 아시고 나의 피난처이시며 분깃(유산과 운명)이십니다." 하나님이 나를 아신다는 사실은 우리에게 큰 위로와 힘과 소망이 된다. 하나님이 나의 피난처와 분깃이 된다는 사실은 우리에게 큰 위로와 기쁨이 된다.

4. 내가 주의 이름에 감사케 하소서(6~7절)

하나님은 비천한 자를 높이 드신다고 말씀하셨다(삼상 2:8, 욥 5:11). 다윗은 하나님의 말씀에 따라서 자기의 비천함을 아뢰며 하나님께서 자기를 건져 주시기를 간구했다. 겸손한 기도는 자기의 비천을 솔직히 아뢰는 기도이다. 하나님은 약한 자와 비천한 자를 불쌍히 여기시고 겸손한 자와 함께하신다(사 57:15). "주의 이름을 감사케 하소서"(7절). 다윗의 기도 목적은 하나님께 감사하고 영광을 돌리는 것이었다. 올바른 기도이다. 굴 속에서 부르짖어 기도한 다윗은 이제 마음에 평안과 확신을 갖는다. 하나님께서 자기를 후대하실 것을 믿으며 의인들이 자기를 둘러설 것을 내다본다. 기도자가 누리는 축복이다.

까닭없이 사울에게 쫓기어 굴 속에 숨어 있던 다윗은 하나님께 부르짖어 기도했다. 우리도 전지전능하신 하나님께 우리의 사정을 모두 아뢰고 주가 주시는 평안을 누리며 감사하자.

여호와여 내 기도를 들으소서
✱ 시편 143편 ✱

시편 140~143편에서 다윗은 고난 중에 하나님을 향해 간절하게 부르짖어 기도했다. 그리고 그 다음 부분 144, 145편에서는 하나님을 향해 할렐루야의 찬송을 불렀다. 결국 다윗의 영혼과 입에서 쏟아져 나온 것은 하나님을 향한 기도와 찬송이었다.

1. 주의 진실과 의로 응답하소서(1~2, 11~12절)

다윗은 여기서 한편으로는 자기의 불의를 바라보며 숨김없이 드러내 놓고 고백(회개)하며, 다른 한편으로는 하나님의 진실과 의를 의지(신뢰)하면서 간절하게 부르짖어 기도했다. "주의 목전에는 의로운 인생이 하나도 없나이다. 그러나 나는 오직 주님의 진실과 의만을 의지하며 하나님께 부르짖어 기도하오니 내 기도를 들으시고 내 간구에 귀를 기울이소서".

자기의 죄와 불의를 고백하고 동시에 하나님의 의를 의지하면서 드리는 기도는 올바른 기도이며 힘 있는 기도이다. "여호와여 주께서 죄악을 감찰하실진대 주여 누가 서리이까 그러나 사유하심이 주께 있음은 주를 경외케 하심이니이다"(시 130:3~4).

다윗은 마지막 부분에서 다시 "주의 이름"과 "주의 의"와 "주의 인자하심"을 의지하며 하나님의 도우시는 은혜를 간구했다. 우리가 의지할 것은 주님의 이름과 의와 인자하심밖에 없다.

2. 주의 손의 행사를 생각하고 주를 향하여 손을 펴고 주를 사모하나이다(3~6절)

다윗은 여기서 한편으로는 자기의 죽게 된 모습을 바라보며 절망 가운데 슬퍼하면서도, 다른 한편으로는 주님이 행하신 놀라운 일들을 기억하고 묵상하면서 주님을 향해 손을 펴고 간절하게 부르짖어 기도했다. 자기의 모습은 "죽은 지 오랜 자" 같고 "흑암한 곳에 거하는 자" 같고 "심령이 상한 자" 같고 "마음이 속에서 참담해진 자" 같고 "영혼이 마른 땅"같이 된 자였다. 그러나 다윗은 그런 절망 중에서도 옛날에 주님이 행하신 놀라운 일들을 기억하고 묵상하며 기도했다. 구원과 은혜의 날들을 기억하는 것은 귀하다.

3. 아침에 나로 주의 인자한 말씀을 듣게 하소서(7~10절)

다윗은 여기서 한편으로는 무덤의 심판을 가까이 느끼면서도 다른 한편으로는 아침의 구원을 바라보면서 하나님께 부르짖어 기도했다. 무덤은 절망과 어두움과 심판을 상징한다. 다윗은 지금 무덤을 느낀다. "내가 무덤에 내려가는 자 같을까 두려워하나이다". 그러나 동시에 아침을 느낀다. 아침은 밝음과 소망과 구원을 상징한다. "저녁에는 울음이 기숙할지라도 아침에는 기쁨이 오리로다"(시 30:5). "새벽에 하나님이 도우시리로다"(시 46:5). "아침에 주의 인자로 우리를 만족케 하사 우리 평생에 즐겁고 기쁘게 하소서"(시 90:14).

다윗은 구원의 아침을 내다 보면서 "주의 얼굴을 내게서 숨기지 마소서" "나의 다닐 길을 알게 하소서" "나를 가르쳐 주의 뜻을 행케 하소서" "나를 공평한(의로운) 땅에 인도하소서"라고 기도했다. 바른 기도는 구원만을 위한 기도가 아니라 주님의 인자하신 얼굴을 바라보면서 바른 길로 다니고 주의 뜻을 행하며 그리고 의로운 곳으로 가게 해달라는 기도이다.

고난과 절망 중에서도 구원을 베푸신 하나님의 은혜를 기억하며 바른 길로 다니고 주의 뜻을 행하길 기도했던 다윗과 같은 신앙의 소유자들이 되도록 힘쓰자.

나의 반석 여호와를 찬송하리로다
✱ 시편 144편 ✱

다윗은 여기서 자기에게 구원을 베푸신 하나님의 위대하심을 낱낱이 열거하며 하나님을 찬양했고, 또한 하나님의 백성이 누리는 축복도 낱낱이 나열하며 하나님을 찬양했다.

1. 하나님은 위대하시고 사람은 헛것이다(1~11절)

다윗은 자기에게 구원을 베푸신 하나님의 위대하심과 세밀하심을 나열하며 하나님을 찬양했다. 승리의 때에 하나님을 높이며 찬양하기가 쉽지 않다. 그러나 다윗은 모두가 "나의 하나님" 때문이라고 간증하며 하나님을 찬양했다. 하나님은 위대하시고 사람은 헛것이다.

하나님이 "내 손을 가르쳐" 싸우게 하셨다(1절). 하나님이 "내 손가락을 가르쳐" 치게 하셨다(1절). 하나님은 우리들에게 손과 손가락을 주시었고, 그것을 사용하는 법을 가르쳐 주신다. 손과 손가락으로 악한 세력과 싸워 이기게 하시고 손과 손가락으로 주님을 섬기도록 가르쳐 주신다. 여호와는 "나의 인자시요, 나의 요새시요, 나의 산성이시요, 나를 건지시는 자시요, 나의 방패시요, 나의 피난처시요, 내 백성을 내게 복종케 하시는 자"이시다(2절). 하나님께서 사람인 다윗을 그렇게 세밀히 알아주시고 친밀히 생각해 주심은 참으로 놀라운 일이었다. "여호와여 사람이 무엇이관대 …"(3절, 시 8:4). 그리고 하나님의 위대하심에 비추어 자신을 살필 때 사람은 아무것도 아니었다. "사람은 헛것 같고 그의 날은 지나가는 그림자 같으니"(4절).

사람이 헛것임을 절감할 때 하나님의 위대하심이 보다 뚜렷하게 드러났다. 다윗은 "하늘을 드리우고 강림하시는" 위대하신 하나님께서 능력의 손으로 자기를 구원해 주시기를 다시 간구했다. 여호와께서 "주의 하늘을 드리우고 강림하시며 산들에 접촉하사 연기가 발하게 하소서 번개를 번득이사 대적을 흩으시며 주의 살을 발하사 저희를 파하소서 위에서부터 주의 손을 펴사 나를 큰 물과 이방인의 손에서 구하여 건지소서"(5~7절).

"하나님이여 내가 주께 새 노래로 노래하며"(9절) 하나님의 위대하심과 사람의 허망함을 절감한 다윗은 여기서 새 노래를 지어서 열 줄 비파로, 손과 손가락으로 구원의 하나님을 또 다시 찬양하며 자기를 구원해 주시기를 또 다시 간구했다(10~12절).

2. 여호와를 자기 하나님으로 삼는 백성은 복이 있도다
(12~15절)

여기서 다윗은 하나님의 백성이 과거와 현재에 누리는 축복을 낱낱이 나열하며 하나님을 찬양했고, 미래에 주실 축복을 확신하며 하나님의 축복을 축원했다. 모든 복은 하나님께로부터 온다.

(1) 하나님께서 아들들과 딸들을 장성한 나무와 같이 아름다운 모퉁이 돌과 같이 만드셨고 앞으로도 그렇게 만드실 것이다(12절). 자녀들이 영육에 있어서 이상적으로 성장함은 하나님의 큰 축복이다. 특히 자녀들이 하나님의 집에 모퉁이 돌과 같이 되었다면 이는 복 중의 큰 복이다.

(2) 곳간에는 백곡이 가득하게 하셨고, 들에는 양들이 천천만만으로 번성하게 하셨으며, 수소는 짐을 무겁게 실어 나르도록 하셨다(13~14절). 물질의 부요함은 큰 축복이다.

(3) 우리를 괴롭히고 해치는 일들이 없게 하셨고 앞으로도 그렇게 하실 것이다(14절). 사회의 평화도 큰 축복이다.

(4) 거리에는 슬피 부르짖는 일이 없도록 하셨다(14절). 사회정의가 확립됨은 큰 축복이다.

여호와를 자기 하나님으로 삼는 백성은 이와 같은 복을 받는 사람들이다.

우리의 연약함을 하나님께 고백하고, 하나님의 위대하심을 높이자. 위대하신 하나님은 자기 자녀에게 복 주시기를 즐겨하시는 분이시다.

왕이신 나의 하나님을 송축하리이다
✱ 시편 145편 ✱

다윗은 시편의 마지막 부분 즉 145~150편에서(델리치의 견해) 어떠한 절규나 탄원없이 그저 하나님을 송축하고 감사하며 찬양했다. 다윗과 시편 기자들의 영혼은 결국에 가서는 하나님 찬양으로 충만했다. 그것이 하나님께서 사람을 지으신 궁극적인 목적이 아니었던가!

1. 하나님의 위대하심을 송축함(1~7절)

다윗은 여기서 하나님의 위대하심을 송축했다. 즉 하나님이 왕이시고, 광대하시고 광대하시며 능하시고 존귀하며 영광스러우시고 크심을 송축했다(3~7절).

다윗은 하나님을 송축하되 주를 높이고(extol), 주의 이름을 송축하며(bless), 날마다 주를 송축하고(bless), 영원히 주의 이름을 송축하며(praise), 대대로 주의 행사를 크게 칭송하고(laud), 주의 능한 일을 선포하며(declare), 주의 기사를 묵상하고(meditate), 주의 광대하심을 선포하며(declare), 주의 의를 노래했다(sing aloud)(1~7절).

"날마다"(2절) "그날이 어떠한 날이든지, 그날에 나의 형편과 조건이 어떠하든지, 나는 계속 하나님을 송축하리라"(스펄젼). "영영히" 찬양은 날마다 그리고 영영히 할 것이다.

"대대로"(4절) 찬양의 전통을 후손에게 대대로 물려 준다. "내가" 찬양은 누구에게 위임하는 것이 아니고 내가 하는 것이다.

2. 하나님의 통치를 송축함(10~13절)

다윗은 여기서 하나님의 나라와 그의 통치하심을 송축했다. 주의 지으신 모든 것과 주의 성도가 주께 감사하고 주를 송축하는 것은 하나님께서 저들을 통치하시며 다스리시기 때문이다. 여기 시인의 영안은 주의 나라의 영광을 바라본다. 앞으로는 물론 지금도 하나님께서 우주와 성도들을 통치하시며 그의 나라가 실현되고 있는 것이다. 주의 나라는 영원한 나라이고 주의 통치는 대대에 이른다.

3. 하나님의 은혜를 송축함(8~9, 14~21절)

다윗은 여기서 만물과 인생에게 베푸신 하나님의 은혜와 긍휼하심을 송축했다. 하나님은 은혜로우시며 자비하시고 노하기를 더디하시며 인자하심이 크시다(8절). 여호와는 만유를 선대하시며 그 지으신 모든 것에 긍휼을 베푸신다(9절). 여호와께서는 모든 넘어지는 자를 붙드시며 비굴한 자를 일으키신다(14절). 주를 앙망하는 모든 자들에게 때를 따라 식물을 주신다(15절). 손을 펴사 모든 생물의 소원을 만족케 하신다(16절). 모든 행위에 의로우시고 은혜로우시다(17절). 자기에게 진실하게 간구하는 모든 자에게 가까이 하신다(18절). 자기를 경외하는 자의 소원을 이루시며 저희 부르짖음을 듣고 구원하신다(19절). 하나님께서 자기를 사랑하는 자는 다 보호하신다(20절).

그러므로 성도의 입은 여호와의 영예를 말하며 모든 피조물은 그의 성호를 영영히 송축해야 한다. 내가 주님을 찬양하며 그리고 모든 육체가 주님을 찬양한다.

하나님의 은혜를 체험한 성도는 하나님의 위대하심과 통치와 은혜로 인하여 하나님을 높이고 찬양해야 한다.

할렐루야 내 영혼아

✱ 시편 146편 ✱

본 편은 시편의 마지막 다섯 편 "할렐루야 시"의 첫 편이다. 할렐루야로 시작하고 할렐루야로 마치는 이 다섯 편의 "할렐루야 시"에는 어떠한 절규나 탄원 없이 그저 하나님을 송축하고 감사하며 찬양하는 내용뿐이다. 신자들의 마지막 고백도 어떠한 절규나 탄원 없이 그저 하나님을 송축하고 감사하며 찬양하는 내용뿐이어야 할 것이다.

1. 나의 생전에 여호와를 찬양하며 나의 평생에 내 하나님을 찬송하리로다(1~2절)

"내 영혼아"(1절) 시인은 여기서 먼저 자기의 영혼을 향해서 하나님을 찬양하라고 분부한다. 입술의 찬양도 중요하고 몸의 찬양도 중요하지만 영혼의 찬양이 가장 귀하다.

"나의 생전에"(2절) 때에 따라서 잠깐 찬양하지 않고 자기의 생전과 자기의 평생에 하나님을 찬양하겠다고 선언한다. 죽기 전에, 살아있는 동안, 그리고 평생토록 계속해서 하나님을 찬양하겠다고 결심한다. 그의 가슴에는 하나님이 내려 주신 은혜와 사랑에 대한 감사와 감격이 가득하기 때문이다. 찬양이 평생토록 계속되는 사람은 복된 사람이다.

2. 야곱의 하나님으로 자기 도움을 삼는 자는 복이 있도다(3~10절)

"방백들을 의지하지 말며"(3절) 시인은 자기가 하나님을 찬양하는 이유를 제시한다. 사람들은 의지할 대상이 되지 못하지만 하나님은 영원히 의지할 대상이 되기 때문이라는 것이다. 즉 방백들(권력자들)은 물론 인생은 누구를 막론하고 도울 힘이 없는 무상한 존재들인데 비해 하나님은 이스라엘을 도우실 수 있는 영원하신 분이라는 것이다.

시인이 여기서 자기가 하나님을 찬양하는 이유가 자기는 하나님을 의지하고 하나님으로 도움을 삼으며 하나님에게 소망을 두는 복된 자가 되었기 때문이라는 것이다.

"여호와는 천지와 바다와 그중의 만물을 지으시며"(6절) 여기서 시인은 그가 찬양하는 하나님이 어떠한 분이심을 고백한다. 첫째, 그가 찬양하는 하나님은 천지를 지으신 창조주이시다. 하나님은 천지만물을 지으시고 진실하게 지키시는 분이시다. 둘째, 그가 찬양하는 하나님은 피조물과 인생들에게 긍휼을 베푸시고 은혜를 베푸시는 자비하신 분이시다. 즉 하나님은 압박당하는 자들을 공의로 다스리신다. 하나님은 주린 자에게 식물을 주시고, 갇힌 자를 해방시키신다. 소경을 보게 하시고 비천한 자를 높이신다. 의인 즉 하나님의 의를 믿는 자를 사랑하신다. 객을 보호하신다. 고

아와 과부를 붙드시고, 악인의 길을 굽게 하신다. 즉 그가 찬양하는 여호와 하나님은 그가 지으신 피조물과 인생들을 영원토록 대대에 통치하시며 은혜를 이슬과 같이 단비와 같이 항상 베푸시는 분이시다. 그러므로 "할렐루야"이다.

"할렐루야"(10절) 우리도 우주만물을 지으시고 다스리시며 피조물과 인생들에게 긍휼과 은혜를 베푸시는 여호와 하나님을 삶 깊이 체험하고 그분의 은혜와 사랑에 감격하여 그분을 의지하고 소망하며 평생토록 "할렐루야, 할렐루야"를 외치며 하나님을 찬양하자. 찬양이 평생토록 계속되는 사람은 참으로 복된 사람이다.

사람은 태어나면서부터 떠나는 순간까지 하나님을 찬양해야 한다. 이것이 하나님이 사람을 지으신 목적이며 이유이다. 오늘 하루도 우리는 하나님을 찬양하는 복된 사람이 되자.

이스라엘의 회복자를 찬양하라

✱ 시편 147편 ✱

본 편은 시편의 마지막 다섯 편의 "할렐루야 시" 중 둘째 편으로 포로 귀환 후 성전 봉헌식을 위해서 사용된 찬양시로 알려져 있다. 이스라엘 백성들은 본 편에서 이스라엘을 포로에서 돌이키시고 회복시킨 하나님을 찬양했다.

1. 이스라엘의 흩어진 자를 모으신 하나님을 찬양하라(1~5절)

"하나님께 찬양함이 선함이여 … 아름답고 마땅하도다"(1절) 세상에 선하고 아름답고 마땅한 일이 많지만 그중에서도 가장 선하고 아름답고 마땅한 일은 하나님을 찬양하는 일이다. 인생이 창조되고 존재하는 목적이 바로 하나님을 찬양하는 일이기 때문이다(사 43:21). "찬송은 정직한 자의 마땅히 할 바로다"(시 33:1).

"여호와께서 예루살렘을 세우시며"(2절) 하나님을 찬양하는 첫 번째 이유는 하나님께서 오래 전에 이스라엘을 선택하시고 축복했을 뿐 아니라 범죄하여 하나님의 심판을 받았던 이스라엘을 다시 돌이키시고 회복시키셨기 때문이다. 하나님은 무너진 예루살렘을 다시 세우셨고, 이스라엘의 흩어진 자들을 다시 모으셨고, 상심한 자들을 고치셨고, 저희 상처를 싸매어 주셨다. 별의 수효를 계수하시는 하나님은 선민 하나하나를 다 그 이름대로 부르셔서 은혜를 베푸실 정도로 크시고 능하시며 무궁하시다.

2. 겸손한 자를 붙드시고 경외하는 자를 기뻐하시는 하나님을 찬양하라(6~11절)

"여호와께서 겸손한 자는 붙드시고"(6절) 하나님을 찬양하는 두 번째 이유는 하나님께서 겸손한 자를 붙드시고 강한 자들보다는 오히려 약한 자들과 하나님을 경외하며 하나님의 인자하심을 바라보는 자들을 기뻐하시고 그들에게 은혜를 베푸셨기 때문이다. 그래서 이스라엘 백성들은 감사함으로 노래하며 수금으로 하나님을 찬양했다.

"여호와는 말의 힘을 즐거워 아니하시며"(10절) 지금까지 이스라엘은 바벨론과 앗수르의 강력한 군사력에 힘없이 굴복했었다. 군사의 힘이 얼마나 크고 무서운 것인가를 절실하게 체험했다. 그러나 지금은 다르다. "구름으로 하늘을 덮으시고" "들짐승과 까마귀 새끼에게 먹을 것을 주시는" 능력과 자비를 겸비하신 하나님께서 강한 군대의 힘을 기뻐하지 않으시고 오히려 하나님만을 경외하며 하나님의 자비를 바라보는 힘없는 이스라엘에게 긍휼과 은혜를 베푸시는 것을 체험하고 하나님을 찬양했다.

3. 네 문 빗장을 견고히 하시고 자녀에게 복을 주시는 하

나님을 찬양하라 (12~20절)

"네 문빗장을 견고히 하시고"(13절) 이스라엘이 하나님을 찬양하는 세 번째 이유는 하나님께서 이스라엘을 포로에서 돌아오게 하실뿐 아니라 저들 위에 평강과 번영을 베푸셨기 때문이다. 침략자들로부터 저들을 보호하셨다(13절). 자녀들에게 복을 주시고 거주지역을 평안케 하셨다(13~14절). 땅을 축복하시고 곡식들이 풍성케 하셨다(14~18절). 계시의 말씀을 보내시고 그 말씀을 그들에게 위탁하셨다(19절). 이는 어느 나라에도 행치 않으신 특권이요 축복이었다. "그러므로 할렐루야 하나님을 찬양하라".

힘이 없고 연약한 자를 도우시는 능력과 자비의 하나님을 바라보자. 택한 자들에게 긍휼과 자비를 베푸시는 하나님을 찬양하게 될 것이다.

하늘·땅·세상이여 여호와를 찬양하라

✳ 시편 148편 ✳

본 편은 시편의 마지막 다섯 편의 "할렐루야 시" 중 셋째 편으로 이스라엘 백성들이 포로 귀환 후 성전을 봉헌하며 기쁨과 감격에 넘쳐서 이스라엘은 물론 하늘과 땅과 모든 피조세계가 다 함께 하나님을 찬양하라고 외쳤다. 하나님이 받으실 만한 찬양은 지극히 작은 어린아이와 젖먹이의 찬양과 함께(마 21:16), 온 우주가 다함께 찬양하는 웅장한 우주적인 찬양이다.

1. 하늘에서 여호와를 찬양하라(1~6절)

"하늘에서 여호와를 찬양하라"(1절) 사람은 물론 하늘과 천사들이 지음받은 목적은 하나님을 찬양하는 데 있다. 여기 '사자'와 '군대'는 천사들을 가리킨다. 사람은 물론 천사들이 존재하는 목적은 하나님을 찬양하는 것이다. "허다한 천군이 그 천사와 함께 있어 하나님을 찬송하여 가로되"(눅 2:13). "모든 천사가 … 보좌 앞에 엎드려 얼굴을 대고 하나님께 경배하여 가로되 …"(계 7:11~12).

"해와 달아"(3절) 어리석은 인간들은 하늘과 해와 달을 숭배의 대상으로 삼는다. 그러나 영감을 받은 시인과 이스라엘 백성들은 하늘과 해와 달과 별들더러 하나님을 찬양하라고 독촉한다. 하늘의 하늘도 그리고 하늘 위에 있는 물들도 하나님을 찬양하라고 한다.

"그것들이 여호와의 이름을 찬양할 것은"(5절) 하늘과 하늘의 천체들이 하나님을 찬양해야 할 이유는 그것들이 하나님에 의해 지음을 받았고, 제 자리에 세움을 받았으며, 그것들의 경계와 궤도가 정해졌기 때문이다.

2. 땅에서 여호와를 찬양하라(7~10절)

"너희 용들과 바다여"(7절) 이제 하늘의 찬양은 땅의 찬양과 어우러져야 한다고 외친다. 여기서 시인은 찬양의 주체들을 용들과 바다와 불과 우박과 눈과 안개와 광풍과 산들과 언덕과 과실나무와 백향목과 짐승과 가축들과 기는 것과 나는 새들이라고 나열한다. 이성 없는 무생물들과 동물들이 어떻게 하나님을 찬양할 수 있는가? 그들은 하나님을 찬양할 수 있다. 그들이 지음받은 목적대로 존재하며 움직인다면 그것은 바로 하나님을 찬양하는 것이다. 예수님은 이렇게 말씀하신 일이 있다. "만일 이 사람들이 잠잠하면 돌들이 소리지르리라"(눅 19:40). 요나단 에드워즈는 이렇게 기록한 일이 있다. "모든 사물 안에 하나님의 영광과 고요함과 달콤함이 나타나 보이는 듯했다. 하나님의 위대하심과 지혜와 순결과 사랑이 만물 안에 나타나 보이는 듯했다. 해와 달과 별들 안에, 구름과 푸른 하늘 안에, 풀포기와 꽃들과 나무 안에, 그리고 물들과 모든 자연 안에 하나님의 아름다우심이 나타나 보이는 듯 했다."

3. 세상의 왕들아 다 여호와의 이름을 찬양할지어다(11~14절)

이제 하늘과 땅의 찬양은 사람들의 찬양과 어우러져야 한다고 외친다. 여기서 시인은 찬양의 주체들을 세상의 왕들과 모든 백성과 방백과 모든 사사와 청년 남자와 처녀와 노인과 아이들이라고 나열한다. 사람은 예외없이 누구나 다 여호와의 이름을 찬양해야 하는 존재들이다. 사람들이 하나님을 찬양해야 할 이유는 하나님이 천지에 가장 높으신 분이시고 가장 뛰어나신 분이시기 때문이다. 특히 이스라엘과 성도들이 하나님을 찬양해야 할 이유는 하나님께서 저들을 위해서 메시아를 높이 세우셨고 구원을 베푸셨기 때문이다.

구원의 은총을 베푸시는 하나님을 찬양하는 일이야 말로 우리가 마땅히 해야 할 일이다.

춤추고 소고치며 찬양하라

✱ 시편 149편 ✱

시편의 마지막 다섯 편의 "할렐루야 시" 중 넷째 편인데 이제 이스라엘 백성들의 찬양이 절정에 이르렀다. 저들의 마음에는 즐거움과 기쁨이 넘쳐 흘렀고, 저들의 몸은 춤으로 움직였으며, 저들의 손에는 소고와 수금이 들려져서 찬양이 총체적인 앙상블을 이루었다. 찬양아! 하늘과 땅과 세상에 가득 차고 마음과 몸과 영혼에 가득 차라!

1. 할렐루야 새 노래로 여호와께 노래하라(1절)

"새 노래로"(1절) 하나님의 은혜를 깨닫는 자들은 어제 부른 노래로 하나님을 찬양하는 것은 부족하다. 오늘 깨달은 하나님의 은혜가 너무나 새롭고 너무나 깊고 너무나 높기 때문이다. 그래서 하나님의 백성들은 새로운 가사와 곡조를 만들어 하나님을 찬양하고, 같은 곡조와 가사의 노래를 부르면서도 새로운 느낌과 감정으로 하나님을 찬양한다.

"성도의 회중에서"(1절) 찬양은 혼자서도 부를 수 있지만 본래 성도들과 함께 서로 화답하며 성도의 회중에서 부르도록 되어 있다. "신령한 노래들로 서로 화답하며"(엡 5:19).

2. 자기를 지으신 자로 인하여 즐거워하며(2~5절)

"자기를 지으신 자로 인하여 … 저희의 왕으로 인하여"(2절) 찬양의 근본적인 이유와 내용과 주제는 하나님의 크심과 위대하심이다. 하나님이 우리를 지은 창조주이신 사실이 우리로 하여금 하나님을 찬양하게 한다. 하나님이 우리를 다스리는 왕이신 사실이 우리로 하여금 하나님을 찬양하게 한다. "왕이신 나의 하나님, 내가 주를 높이고 영원히 …"

"여호와께서는 자기 백성을 기뻐하시며 겸손한 자를 구원으로 아름답게 하심이로다"(4절). 찬양의 또 다른 이유와 내용과 주제는 하나님이 자기 백성된 우리들을 기뻐하시고 구원하시며 아름답게 만드신 일이다. 놀랍도다 하나님의 은혜여! 찬양하라 구원의 하나님을!

"즐거워하며 … 즐거워할지어다 … 즐거워하며 저희 침상에서 기쁨으로 노래할지어다"(2~5절). 찬양은 우리에게 즐거움과 기쁨을 가져다 준다. 우리는 찬양하며 기뻐하고 기뻐하며 찬양한다. 찬양을 통한 즐거움과 기쁨! 이것은 가장 순수하고 신비롭고 아름다운 축복이다!

"춤 추며 … 소고와 수금으로"(3절) 찬양이 절정에 달할 때 성도들은 목소리로 찬양하는 데만 머물 수가 없다. 찬양이 춤으로 어우러진다. 찬양이 악기로 앙상블을 이룬다. 동원할 수 있는 것을 모두 동원해서 하나님을 찬양한다. 그것들은 바로 창조주요 왕이시요 구원자이신 하나님을 찬양하기 위해서 지음받은 것들이 아닌가!

3. 그 수중에는 두 날 가진 칼이로다(6~9절)

"두 날 가진 칼"(6절) 하나님을 찬양해야 할 또 하나의 이유와 주제는 하나님께서 자기 백성들에게 "두 날 가진 칼"과 같은 말씀의 검을 주셔서 원수들의 세력을 무찌르고 승리케 하시는 일이다. 이것으로 하나님을 대적하는 열방의 세력들을 벌하고 굴복시키신다. 원수를 무찌르는 영광은 모든 성도에게 주어진다. 그러므로 할렐루야!

창조주요, 왕이시요, 구원자이신 하나님을 새노래로, 소고와 수금으로 춤추면서 찬양하자.

모든 곳에서 모든 악기로 다 찬양하라

✱ 시편 150편 ✱

시편의 "할렐루야 시" 중 마지막 다섯째 편인데 이제 이스라엘 백성들의 찬양이 절정에 이르렀다. 저들의 할렐루야 찬양은 이제 총체적이고 우주적인 찬양이 되었다.

1. 그 성소에서, 그 권능의 궁창에서(1~2절)

"그 성소에서"(1절) 성소는 하나님께 기도 드리는 만민의 기도하는 집인 동시에 하나님을 찬양하는 만민의 찬양하는 집이다. "오직 여호와는 그 성전에 계시니 온 천하는 그 앞에서 잠잠할지니라"(합 2:20). 그러나 하나님 찬양이 성소에 국한되어서는 부족하다. "하늘과 하늘들의 하늘이라도 주를 용납하지 못하겠거든 하물며 내가 건축한 이 전이오리이까"(대하 6:18). 하나님 찬양은 성전에서 뿐 아니라 그의 권능이 나타나 있는 하늘 궁창에서도 드려져야 한다(시 19:1). 그러므로 그 성소에서 그리고 그 궁창에서 하나님을 찬양하라고 외친다.

"그의 능하신 행동을 인하여 찬양하며 그의 지극히 광대하심을 좇아"(2절) 찬양의 주제와 내용은 하나님의 행사와 하나님의 존재이시다. 창조의 행사와 구원의 행사는 찬양의 주제와 내용이 되며, 또한 인자하시고 자비하시며 은혜로우시고 위대하시며 사랑이 풍성하신 하나님의 존재와 인격도 찬양의 주제와 내용이 된다.

2. 나팔 소리로, 비파와 수금으로(3~5절)

찬양은 우선 목소리로 한다. 그러나 목소리 만으로는 부족하다. 모든 악기들을 총동원하여 하나님을 찬양한다. 유대인들이 사용하던 악기들을 여기 총동원했다. 즉 나팔과 비파와 수금과 소고와 현악과 퉁소와 큰소리나는 제금과 높은 소리나는 제금을 총동원해서 하나님을 찬양했다. 지금은 현대적인 악기들을 총동원하여 하나님을 찬양함이 마땅하다. 모든 문화와 악기들이 세례를 받으면 하나님을 찬양하는 도구들이 된다. 그러나 악기만으로도 부족하다. 춤을 추며 몸으로 찬양한다. 율동으로, 발레로, 고전 무용과 현대 무용으로 하나님을 찬양함이 마땅하다. 마음과 목소리와 악기들과 춤을 모두 동원해서 총체적으로 하나님을 찬양한다.

3. 호흡이 있는 자마다(6절)

찬양은 지음받은 모든 피조물들과 구원받은 모든 성도들이 해야 하는 것이다. 물론 유대인들 중에서 레위인들과 제사장들이 하나님을 찬양했고, 지금은 성가대원들이 하나님을 찬양한다. 그러나 여기 찬양의 주체로 어느 특별한 계층의 사람들을 지적하지 않고, 호흡이 있는 모든 자 즉 살아있는 모든 인간과 생명을 가진 모든 피조물을 지칭한다. 살아있는 모든 피조물이 존재하는 이유는 하나님을 찬양하는 것이다. 그러므로 이렇게 외친다. "호흡이 있는 자마다〈살아서 움직이는 자마다〉여호와를 찬양할지어다 할렐루야!"

우리를 지으신 이 곧 우리에게 구원을 행하시는 이는 우리가 모든 도구와 방법을 동원해서 드리는 찬양을 기뻐하신다. 우리의 호흡이 다할 때까지 우리의 구원이시요 창조주이신 하나님을 찬양하자!

시편묵상 새벽설교

●

2001년 10월 5일 1판 1쇄 발행
2013년 5월 20일 1판 4쇄 발행

지은이·김명혁 목사
펴낸이·김기찬

펴낸곳 **한국문서선교회**

등록·1981. 11. 12. NO. 제 14-37호
주소·서울시 중구 다산로 42 나길 45-6
이메일·mission3496@naver.com
☎ 2253-3496·2253-3497
FAX. 2253-3498
정가 18,000원

●

잘못된 책은 바꾸어 드립니다.

ISBN 978-89-8356-183-1-13230